KB116644

에드거 앨런 포 단편집

검은 고양이, 페스트 대왕 외

미국대학위원회 추천 필독서
에드거 앨런 포 단편집 검은 고양이 · 페스트 대왕 외

원 작 Edgar Allan Poe
엮은이 넥서스콘텐츠개발팀
펴낸이 임상진
펴낸곳 (주)넥서스

초판 1쇄 인쇄 2018년 7월 1일
초판 1쇄 발행 2018년 7월 15일

출판신고 1992년 4월 3일 제311-2002-2호
주소 10880 경기도 파주시 지목로 5
전화 (02)330-5500 팩스 (02)330-5555

ISBN 979-11-6165-427-0 44740
       979-11-6165-445-4 44740 (세트)

출판사의 허락 없이 내용의 일부를
인용하거나 발췌하는 것을 금합니다.

가격은 뒤표지에 있습니다.
잘못 만들어진 책은 구입처에서 바꾸어 드립니다.

이 도서의 국립중앙도서관 출판예정도서목록(CIP)은
서지정보유통지원시스템 홈페이지(http://seoji.nl.go.kr)와
국가자료공동목록시스템(http://www.nl.go.kr/kolisnet)에서 이용하실 수 있습니다.
(CIP제어번호 : CIP2018019866)

www.nexusbook.com

Short Stories of
Edgar Allan Poe

에드거 앨런 포 단편집 검은 고양이, 페스트 대왕 외

넥서스

이 시리즈의 특징

1 미국대학위원회 추천 필독서

미국대학위원회 추천 필독서 시리즈는 미국 대학입학자격시험인 SAT를 주관하는 미국대학위원회 The College Board에서 추천한 도서들로 구성되어 있습니다. 미국뿐 아니라 세계 주요 대학에서도 필독서로 인정받고 있는 도서들입니다.

2 쉬운 영어로 Rewriting

주옥같은 영미 문학 작품을 영어로 읽어 보면 우리말로 번역된 책을 읽을 때는 느끼지 못했던 또 다른 재미와 감동을 느낄 수 있습니다. 본 책은 영문을 부담 없이 읽을 수 있도록, 원문을 최대한 살리면서 쉬운 영어로 각색하였습니다. 또한 중학교 영어 수준에서 벗어나는 어려운 어휘는 별도로 뜻풀이를 해 두었습니다.

3 학습용 MP3 파일

책과 함께 원어민 MP3 파일을 들어 보세요. 전문 원어민 성우들의 실감나는 연기가 담긴 MP3 파일을 들으면서, 읽기와 함께 듣기 및 말하기까지 연습할 수 있습니다.

MP3 파일 무료 다운 nexusbook.com

휴대폰에서 MP3 듣기

Step1

들으면서 의미 추측하기

책을 읽기에 앞서 MP3 파일을 들으며 이야기의 내용을 추측해 본다.

Step2

빨리 읽으면서 의미 추측하기

STORY 및 SCENE의 영문 제목과 우리말 요약을 읽은 다음, 본문을 읽으면서 혼자 힘으로 뜻을 파악해 본다. 모르는 단어나 문장이 나와도 멈추지 말고 전체적인 흐름을 파악하는 데 주력한다.

Step3

정확히 읽으면서 의미 파악하기

단어 풀이와 우리말 번역을 참고하면서 정확한 의미를 파악한다.

Step4

소리 내어 읽으면서 소리와 친해지기

단어와 단어가 연결될 때 나타나는 발음 현상과 속도 등에 유의하면서 큰 소리로 또박또박 읽어 본다.

Step5

따라 말하면서 회화 연습하기

MP3 파일을 들으며 원어민의 말을 한 박자 늦게 돌림노래 부르듯 따라 말하면서, 속도감과 발음 등 회화에 효과적인 훈련을 한다.

에드거 앨런 포
Edgar Allan Poe

에드거 앨런 포(Edgar Allan Poe, 1809~1849)는 미국이 낳은 천재적인 시인이자 소설가이며 비평가이다. 포는 시와 소설의 이론을 개척했고, 특히 추리소설의 선구자로 지금까지도 널리 인정받고 있다.

1929년에 시집을 출간한 바 있던 포는 1833년에 볼티모어의 한 주간지에 「병 속에서 발견된 수기」를 발표했고, 1835년에는 리치먼드에서 잡지사 편집자로 일했다. 1838년에 포는 「아서 고든 핌의 이야기」를 출간하여 좋은 반응을 얻었다. 1839년에는 필라델피아에 있는 「버튼스 젠틀맨스 매거진」의 공동 편집자가 되었고, 이때부터 공포소설을 쓰기 시작하여 「윌리엄 윌슨」과 「어셔 가의 몰락」을 발표했다. 포의 기괴하고 특이한 상상력이 동원된 이러한 유형의 소설은 곧 많은 사람들의 관심을 끌었으며 이에 힘입어 「그로테스크와 아라베스크에 관한 이야기들」, 「모르그 가의 살인 사건」, 「황금벌레」 등 많은 작품들을 썼다. 1848년에는 우주에 대한 초자연적 해설집인 「유레카」를 발표했지만, 세간에서는 호평과 악평을 동시에 받았다.

포는 태어난 지 얼마 되지 않아 부모를 모두 폐결핵으로 잃는 불운을 겪었고 입양 가정으로 보내졌다. 포는 학생 때에는 도박에, 사회생활을 하면서부터는 알코올 중독에 빠지는 등 건전하지 못한 생활로 사회생활에도 우여곡절이 많았다. 20대부터 폭음을 즐기던 포는 결국 1849년 9월 말 어떤 부인의 생일 파티에 갔다가 폭음으로 인한 심장마비로 사망했다.

에드거 앨런 포 단편집
Short Stories of Edgar Allan Poe

에드거 앨런 포의 소설들은 대부분 기괴하고 음울하며 종종 상상을 초월한 광기와 환상이 지배한다. 그러나 포의 상상은 마구잡이식이 아니었으며, 오히려 철저히 논리적이고 과학적인 사고와 줄거리를 고집했다는 점에서 높이 평가받고 있다. 특히 결말로 가면서 파국을 맞는 주인공들에 대한 뛰어난 심리 묘사가 일품인데, 이는 인간의 내면에 내재한 심리 변화를 합리적으로 표현하려는 시도로 보인다. 그가 창조해 낸 공포소설은 리얼리즘을 바탕으로 한 공포물로써 더욱 오싹한 분위기를 연출했으며, 사실에 바탕을 둔 인간의 심리 변화를 구체적으로 묘사함으로써 더욱 몽환적인 분위기를 만들어 냈다는 평가를 받는다. 일각에서는 이러한 포의 작품 성향이 어려서 부모를 잃었던 것, 첫사랑이자 약혼녀였던 여인이 다른 남자와 결혼했던 것, 도박과 폭음으로 인한 순탄치 못한 학창 생활 및 직장 생활 등에서 그가 겪은 여러 가지 상실감에서 나온 것이라는 분석도 있다.

한편 포의 작품 세계에서 주목해야 할 사항은 그가 청교도적인 소설이 주류를 이루던 당시 미국의 문학계에 완전히 성격이 다른 생소한 장르의 문학을 소개했다는 점이다. 생전에 그의 독창성과 천재성이 미국에서는 인정받지 못했던 반면, 프랑스 시인 보들레르나 발레리에게서는 인정을 넘어 추앙을 받을 정도였으며, 로버트 루이 스티븐슨의 「보물섬」, 쥘 베른의 공상과학 소설, 코난 도일의 「셜록 홈즈」 시리즈 등에도 큰 영향을 준 것으로 알려져 있다.

*Those who dream by day are cognizant of
many things which escape those
who dream only by night.*
낮에 꿈꾸는 사람은 밤에만 꿈꾸는 사람에게는 찾아오지 않는 많은 것을 알고 있다.

Edgar Allan Poe

Contents

Story 01   The Black Cat   10
검은 고양이

Story 02   Hop-Frog   34
절름발이 개구리

Story 03   The Cask of Amontillado   58
아몬틸라도 술통

Story 04   The Island of the Fay   76
요정의 섬

Story 05   King Pest   88
페스트 대왕

Story 06   The Thousand-And-Second Tale of Scheherazade   114
세헤라자데의 천두 번째 이야기

Story 07   The Sphinx   144
스핑크스

Story 08   A Predicament   156
곤경

Story 09   Never Bet the Devil Your Head   170
악마에게 머리를 걸지 마라

Story 10   The Manuscript Found in a Bottle   182
병 속에서 발견된 수기

Story 11   You Are the Man   206
네가 범인이다

Story 12   The Telltale Heart   246
숨길 수 없는 심장 소리

Story 01

The Black Cat

I neither expect nor solicit* belief in the wild narrative*
which I am about to write. I would be mad to expect
it. Yet, I am not mad, nor am I dreaming. Tomorrow I
will die, and today I would unburden my soul.* My goal
is to place before the world,* plainly,* a series of mere
household* events. In their consequences,* I have been
terrified* and destroyed.*

Yet I will not try to explain them too much. To me,
they have presented* nothing but* horror.* After this
time, perhaps, some intellect* may be found which will
reduce my phantasm*—some intellect who is calmer,
more logical,* and far less excitable* than my own.
Maybe that intellect will perceive* nothing more than an

검은 고양이

나는 어린 시절에 성격이 유순하고 동물과 친했다.
그러나 성장 후 나의 성격은 이상하게 변덕스러워졌다.
어느 날 술에 취해서 집에 돌아온 나는
검은 고양이가 나를 피하는 것을 보고 감정이 일시에 폭발한다.

나는 내가 막 쓰려고 하는 터무니없는 사건 묘사를 믿는 것을 기대하지도 않고
믿어 달라고 사정하지도 않는다. 그것을 기대하다가는 내가 미쳐 버릴 것이다. 하
지만 나는 미치지도 않았고, 꿈을 꾸고 있는 것도 아니다. 내일이면 나는 죽게 될
것이고, 오늘 나는 내 마음을 털어놓으려고 한다. 나의 목표는 세상 앞에 솔직하
게 그냥 집 안에서 일어난 일련의 사건들을 공개하는 것이다. 그 사건들의 결과
나는 겁에 질려 왔고 파괴되어 왔다.

그러나 나는 그 일들을 설명하려고 너무 많은 애를 쓰지는 않겠다. 나에게 있
어서 그 사건들은 단지 공포 외에는 어떤 것도 보여 주지 않아 왔다. 앞으로, 아
마도 내가 본 환영을 줄여줄 어떤 지성인이, 내 자신보다 더 침착하고, 더 논리적
이고, 훨씬 흥분을 덜하는 지성인이 발견될지도 모른다. 어쩌면 그 지성인은 아주
당연한 원인과 결과의 평범한 연속성 외에는 아무것도 아닌 것을 인지할지도 모
른다.

---

solicit 간청하다, 사정하다 **narrative** (소설 속 사건들에 대한) 묘사, 기술 **unburden one's soul**
마음을 털어놓다 **before the world** 공공연히 **plainly** 솔직하게 **household** 가족, 온 집안
식구 **in one's consequence** ~의 결과 **terrified** 몹시 두려워하는, 겁이 난 **destroy** 파괴하다
present 제출하다, 내놓다 **nothing but** 단지 ~일 따름인, ~에 지나지 않는 **horror** 공포, 전율
intellect 지식인, 식자 **phantasm** 상상의 산물, 환영 **logical** 논리적인 **excitable** 격하기 쉬운,
흥분하기 쉬운 **perceive** 지각하다, 인지하다

ordinary* succession* of very natural causes and effects.

From my infancy,* I was known for the docility* and humanity* of my disposition.* My tenderness* of heart made me the joke of all of my companions.* I was especially fond of animals, and my parents provided me with* a great variety of pets. I spent most of my time with my pets, and was happiest when feeding and caressing* them.

This peculiarity* of character* grew with my growth, and in my manhood,* I derived it from* my biggest source* of pleasure. To those who have had a faithful* dog, I hardly need to explain the nature or the intensity* of the gratification* a dog can give its owner. There is something in the unselfish* love of a dog, which goes directly to the heart of Man.

I got married early, and was happy to find in my wife a disposition similar to my own. Observing* my partiality for* domestic* pets, she bought those of the most agreeable* kind. We had birds, goldfish, a fine dog, rabbits, a small monkey, and a cat.

Our cat was a large and beautiful animal, entirely black, and very intelligent.* In speaking of his intelligence,* my wife, who was a little superstitious,* made frequent* reference to* the notion* that all black cats are witches* in disguise.* But she was never serious about this point.

유년기 때부터 나는 유순하고 친절한 성격이라고 알려져 있었다. 나의 무른 성격은 나를 나의 친구들 모두의 놀림감이 되게 했다. 나는 특히 동물들을 좋아했으며, 부모님께서는 나에게 아주 다양한 종류의 애완동물들을 주셨다. 나는 내 시간의 대부분을 나의 애완동물들과 함께 보냈으며, 그들에게 먹이를 주고 그들을 쓰다듬어 줄 때 가장 행복했다.

이러한 성격의 유별남은 나의 성장과 더불어 증가했고, 성년이 되어서 나는 그 유별난 성격을 가장 큰 기쁨의 원천에서 끌어내었다. 충실한 개를 가진 사람에게 개가 그 주인에게 줄 수 있는 만족감의 성질이나 강렬함을 설명할 필요는 없으리라. 개의 이타적인 사랑에는 무언가 중요한 것이 있으며, 그것은 인간의 마음에 직접적으로 다가온다.

나는 일찍 결혼했고, 내 아내에게서 나의 기질과 유사한 기질을 발견하고 기뻤다. 애완동물들에 대한 나의 편애를 관찰하고서 아내는 가장 호감 가는 종류의 애완동물들을 구입했다. 우리는 새들, 금붕어들, 멋진 개, 토끼들, 작은 원숭이, 그리고 고양이를 길렀다.

우리의 고양이는 몸집이 크고 아름다운 동물이었으며 완전히 새까맣고 머리가 아주 좋았다. 그 고양이의 지능에 대해 말하자면, 다소 미신을 믿는 나의 아내는 검은 고양이들은 모두 변장한 마녀라는 견해를 자주 언급했다. 하지만 아내가 이 점을 심각하게 받아들인 것은 결코 아니었다.

---

ordinary 평상의, 보통의 succession 연속, 계속 infancy 유년, 유년기 docility 온순, 유순 humanity 인정, 친절 disposition 성질, 기질 tenderness 마음이 무름 companion 친구, 동무 provide A with B A에게 B를 제공하다 caress 어루만지다, 쓰다듬다 peculiarity 기벽, 기태 character 성격, 성질 manhood 성년, 장년 derive A from B B에서 A를 끌어내다 source 원천, 근원 faithful 충실한 intensity 강렬함, 격렬함 gratification 만족감 unselfish 이기적이 아닌, 이타적인 observe 보다, 목격하다 partiality for ~을 아주 좋아함, ~에 대한 편애 domestic 애완용의, 길들여진 agreeable 호감 가는 intelligent 총명한, 재치 있는 intelligence 지능, 총명 superstitious 미신을 믿는 frequent 빈번한 make reference to ~을 언급하다, ~을 참조하다 notion 의견, 개념 witch 마녀, 여자 마법사 in disguise 변장한

The cat's name was Pluto, and he was my favorite pet and playmate.* I alone fed him, and he followed me wherever I went about the house. In fact, it was difficult for me to prevent him from* following me through the streets.

Our friendship lasted in this manner for several years. During those years, my general temperament* and character took a radical* turn for the worse.* Day by day, I grew more moody,* more irritable,* more regardless of* the feelings of others. I sometimes even used intemperate language* to my wife. My pets, of course, also felt the change in my disposition. I not only neglected, but maltreated* them. For Pluto, however, I still had sufficient affection* to restrain me from* maltreating him. But my disease grew on my hand,* and at last even Pluto began to experience the effects of my ill temper.*

One night, I returned home drunk and saw that the cat was avoiding me. I grabbed* him. Shocked at my violence, he made a small wound on my hand with his teeth. The fury* of a demon* instantly took over me. I no longer knew myself. My soul seemed, at once, to leave my body and give way to* a wicked malevolence.* I took a penknife* from my pocket, grasped* the poor cat by the throat, and cut out one of its eyes from the socket*! I blush,* I burn, and I shudder,* whenever I think of the atrocity.*

그 고양이의 이름은 플루토였으며, 플루토는 내가 가장 좋아하는 애완동물이 자 놀이 상대였다. 나만 그 녀석에게 먹이를 주었으며, 그 녀석은 내가 집 안 어느 곳을 가든 나를 따라다녔다. 사실대로 말하면 나는 그 녀석이 거리까지 나를 따라오는 것을 막기가 어려웠다.

우리의 우정은 이러한 방식으로 수년 동안 이어졌다. 그 세월 동안 나의 총체적인 기질과 성격은 급격히 나쁜 쪽으로 변해 갔다. 날마다 나는 더욱 변덕스러워지고 짜증을 잘 내고, 다른 사람들의 기분을 개의치 않게 되었다. 나는 때때로 내 아내에게 폭언을 사용하기까지 했다. 물론 내 애완동물들 역시 내 기질에서의 변화를 느꼈다. 나는 내 애완동물들에게 소홀하기만 한 것이 아니라 학대도 했다. 그러나 플루토에 대해서는 내가 그 녀석을 학대하지 못하게 할 정도로 충분한 애정을 여전히 가지고 있었다. 하지만 나의 병은 내가 감당하기 힘들 지경이 되어 갔고, 마침내 플루토조차도 나의 악한 기질의 영향을 받기 시작했다.

어느 날 밤 나는 술이 취해서 집으로 돌아왔고, 그 고양이가 나를 피하고 있는 것을 보았다. 나는 그 녀석을 붙잡았다. 나의 폭력 행사에 충격을 받아 고양이는 자신의 이빨로 내 손에 작은 상처를 냈다. 악마의 분노가 즉시 나를 사로잡았다. 나는 더 이상 제정신이 아니었다. 나의 영혼은 즉시 내 몸을 떠나 사악한 증오심에 무너지고 만 듯했다. 나는 내 주머니에서 주머니칼을 꺼내고 가엾은 고양이의 목을 움켜잡은 다음, 눈구멍에서 한쪽 눈을 도려내었다! 그 극악무도함을 생각할 때마다 나는 얼굴을 붉히고 화끈거림을 느끼며 몸서리를 친다.

---

playmate 놀이 친구 **prevent A from B** A가 B하는 것을 막다 **temperament** 기질, 신경질적임 **radical** 근본적인, 급격한 **take a turn for the worse** 차차 악화되다 **moody** 변덕스러운 **irritable** 짜증을 잘 내는 **regardless of** ~을 개의치 않고 **intemperate language** 폭언 **maltreat** 학대하다 **affection** 애정, 호의 **restrain A from B** A가 B하지 못하게 하다 **grow on one's hand** ~가 감당할 수 없게 되어 가다 **ill temper** 심술궂음, 화를 잘 냄 **grab** 부여잡다, 붙들다 **fury** 격노, 분노 **demon** 악마, 마귀 **give way to** ~에 못 이기다, ~에 무너지다 **malevolence** 증오, 적의 **penknife** 주머니칼 **grasp** 붙잡다, 움켜잡다 **socket** 눈구멍 **blush** 얼굴을 붉히다 **shudder** 몸서리치다 **atrocity** 잔악 행위

When reason returned with the morning, I experienced a sentiment* half of horror, half of remorse.* Still it was, at best, a feeble* feeling, and the soul remained untouched. I again plunged into* excess,* and soon drowned* all my memory of the deed* in wine.

In the meantime, the cat slowly recovered. The socket of the lost eye was a frightful* sight, but he no longer appeared to suffer* any pain. He went about the house as usual, but fled in extreme terror at my approach.

I was grieved* by this evident* dislike from a pet which had once so loved me. But this feeling soon gave way to irritation.* And then came the spirit of perverseness.* I am sure that perverseness is one of the indivisible* primary* faculties,* or sentiments, that make up the character of Man. Who has never committed* a vile* or a silly action, for no other reason than because he knows he should not?

This spirit of perverseness took over me in the end. It was this longing of the soul to do wrong for the wrong's sake only that urged me to* kill the poor cat. One morning, in cold blood,* I slipped a noose* around his neck and hung him to the limb* of a tree. I hung him with tears streaming* from my eyes and with the bitterest remorse at my heart. I cried because I knew that he had loved me, and because I felt he had given me no reason to kill him. I cried because I knew that I was committing a sin.*

아침이 오고 이성을 되찾았을 때, 나는 반쯤은 공포에 떨고 반쯤은 후회스러운 감정을 경험했다. 그러나 그것은 기껏해야 미약한 감정이었고, 영혼은 어떤 감응도 느끼지 못했다. 나는 다시 폭음에 빠졌고, 곧 그 행동에 대한 기억은 모두 술 속으로 사라졌다.

그 사이 고양이는 서서히 회복되었다. 눈이 없어진 눈구멍은 보기 끔찍한 것이었으나, 고양이는 어떠한 고통에도 시달리지 않는 것처럼 보였다. 고양이는 평소처럼 집 안을 돌아다녔으나, 내가 다가가면 극도의 공포를 느끼며 도망쳤다.

한때 나를 아주 사랑했던 애완동물에게서 받는 이런 명백한 혐오감에 나는 몹시 슬펐다. 그러나 이러한 감정은 곧 짜증에 무너지고 말았다. 그런 다음 심술궂은 기분이 찾아왔다. 나는 심술이 인간의 성격을 구성하는 불가분의 주요한 능력 내지 감성의 하나라고 확신한다. 해서는 안 된다는 것을 안다는 것 외에 다른 이유가 없다고 해서 절대 용납할 수 없거나 어리석은 행동을 저지른 적이 없는 사람이 누가 있겠는가?

이러한 심술궂은 마음은 결국 나를 사로잡았다. 나에게 그 가엾은 고양이를 죽이라고 재촉하는 악행을 위해서만 잘못을 저지르는 영혼의 이와 같은 갈망이었다. 어느 날 아침, 나는 냉혹하게 그 녀석의 목에 올가미를 스르륵 걸고 그 녀석을 나무의 큰 가지에 매달았다. 눈에서는 눈물을 흘리고 마음으로는 아주 쓰라린 양심의 가책을 느끼며 나는 그 녀석을 매달았다. 그 녀석이 나를 사랑했다는 것을 알고 있었고, 그 녀석이 자신을 죽일 이유를 나에게 제공한 적이 없다고 느꼈기 때문에 나는 울었다. 나는 내가 죄를 저지르고 있다는 것을 알기 때문에 울었다.

---

sentiment 감상 remorse 후회, 양심의 가책 feeble 연약한, 허약한 plunge into ~에 빠져들다 excess 도를 넘는 행위(폭음, 폭행 등) drown 침수시키다 deed 행위 frightful 무서운, 끔찍한 suffer 시달리다, 고통 받다 grieve 몹시 슬퍼하다, 마음 아파하다 evident 분명한, 명백한 irritation 짜증, 분노 perverseness 심술궂음, 괴팍함 indivisible 분할할 수 없는, 불가분의 primary 주요한, 주된 faculty 능력, 재능 commit 범하다, 저지르다 vile 비도덕적인, 절대 용납할 수 없는 urge A to B A가 B하게 재촉하다 in cold blood 냉혹하게, 냉정하게 noose 올가미 limb 큰 가지 stream 흘리다 commit a sin 죄를 저지르다

On the night of the day on which this cruel deed was done, I was woken from sleep by the cry of fire. The curtains of my bed were in flames.* The whole house was ablaze.* It was with great difficulty that my wife, a servant, and myself, made our escape from the house. The whole house was completely destroyed. My entire worldly wealth* was swallowed up,* and I fell into deep despair.*

Now I will detail* the chain of facts. I wish not to leave a single possible link imperfect.* On the day following the fire, I visited the ruins.* All of the walls, with one exception, had fallen in. This exception was found in a wall, not very thick, which stood about the middle of the house. The head of my bed had rested against it. The plastering,* which had recently been spread, resisted the fire. A crowd of people had gathered around this wall, and many of them seemed to be examining* a particular portion* of it with very minute* and eager attention. I approached and saw, on the white surface,* the figure* of a gigantic* cat. There was a rope around the animal's neck.

When I first saw this sight, my wonder and my terror were extreme. But at last, memory came to my aid.* The cat, I remembered, had been hung in a garden near the house. On cries of fire, this garden had been immediately filled by the crowd. Someone from the crowd must have cut the cat from the tree and thrown

이러한 잔혹한 행위가 이루어진 그날 밤에, 나는 '불이다'라는 외침에 잠에서 깨었다. 내 침대의 커튼은 화염에 휩싸여 있었다. 집 전체가 불타고 있었다. 나의 아내, 하인, 그리고 내 자신이 집에서 빠져나오는 것이 대단히 어려웠다. 집 전체가 전소되었다. 나의 전 재산이 불에 삼켜졌으며, 나는 깊은 절망에 빠졌다.

이제 나는 일련의 사실들을 자세히 말할 것이다. 나는 단 하나의 가능한 연결 고리도 불완전하게 남겨 두고 싶지 않다. 화재가 난 다음 날, 나는 폐허를 방문했다. 한 곳만 제외하고 벽은 모두 무너져 있었다. 이 예외의 벽은 그리 두껍지 않은, 집 가운데쯤에 서 있던 벽으로 밝혀졌다. 내 침대의 머리 부분이 그 벽에 기대어져 있었다. 최근에 발린 회반죽은 불을 견뎠다. 한 무리의 사람들이 이 벽 주위로 모여들었고, 그들 중 많은 사람들이 아주 세심하고 각별한 주의를 기울여 벽의 특정 부분을 조사하고 있는 것 같았다. 나는 다가가서 흰 표면에 있는 거대한 고양이의 형상을 보았다. 그 동물의 목에는 밧줄이 있었다.

내가 이 광경을 처음 보았을 때, 나의 놀라움과 공포는 극에 달했다. 하지만 마침내 기억이 나를 돕기 위해 찾아왔다. 내 기억에 그 고양이는 집 근처에 있는 어느 정원에서 목이 매달렸었다. 불이 났다는 외침이 있었을 때 이 정원은 즉시 사람들로 꽉 채워졌다. 군중들 중 누군가가 고양이를 나무에서 잘라 내어 그것을

---

in flames 화염에 휩싸여, 활활 타올라서　**ablaze** 불길에 휩싸인　**worldly wealth** 재산, 재화　**swallow up** 삼키다　**fall into despair** 절망에 빠지다　**detail** 상술하다, 열거하다　**imperfect** 불완전한, 불충분한　**ruins** 폐허, 잔해　**plastering** 회반죽 칠, 미장 공사　**examine** 검사하다, 조사하다　**portion** 부분, 파편　**minute** 상세한　**surface** 표면, 수면　**figure** 형태, 형상　**gigantic** 거대한　**come to one's aid** ~을 원조하러 오다

it, through an open window, into my room. This had probably been done with the view of* waking me from sleep. The other walls had fallen and compressed* the cat into the substance* of the freshly-spread plaster.* The lime* in the plaster, with the flames and the ammonia* from the carcass,* had then made the gruesome* portrait* on the wall.

For months, I could not get the image of the cat out of my head. I began to regret the loss of the animal and to look for another cat with a similar appearance.

One night as I sat, half drunk, my attention was suddenly drawn to some black object.* It was resting on the head of one of the immense* hogsheads* of Gin, or of Rum, which made up the chief furniture of the bar. I approached the black object and touched it with my hand. It was a black cat. It was as large as Pluto, and closely resembled him in every respect* but one. Pluto didn't have a single white hair on any part of his body, but this cat had a large, although indefinite* splotch* of white which covered nearly the whole region of the breast. When I touched him, he immediately arose, purred* loudly, rubbed* against my hand, and appeared delighted. This, then, was the very creature* I had been searching for. I at once offered to purchase* it from the landlord,* but he told me it was not his. In fact, he claimed he had never seen it before.

열린 창문을 통해 내 방에 던져 놓은 것이 분명했다. 이는 아마도 나를 잠에서 깨우려는 목적으로 행해진 듯했다. 다른 벽들이 무너져서 고양이를 새로 바른 회반죽 재료 속으로 압착시켰던 것이었다. 회반죽 속의 석회는 화염과 고양이 사체에서 나온 암모니아와 함께 벽에 섬뜩한 초상을 만들어 낸 것이었다.

몇 달 동안 나는 그 고양이의 이미지를 내 머릿속에서 떨쳐 버릴 수 없었다. 나는 그 동물을 잃은 것을 후회하고 비슷한 외모의 다른 고양이를 찾기 시작했다.

어느 날 밤 내가 반쯤 취해서 앉아 있을 때, 나의 관심이 갑자기 어떤 검은 물체에 끌렸다. 그것은 술집의 주요 가구를 이루는 진 혹은 럼주가 담긴 거대한 통들 중 하나 위에 앉아 있었다. 나는 그 검은 물체에 다가가 손으로 그것을 건드려 보았다. 그것은 검은 고양이였다. 그 녀석은 플루토만 했고, 한 가지만 제외하고 모든 점에서 플루토와 밀접하게 닮아 있었다. 플루토는 그의 몸 어느 부분에도 한 올의 흰털도 가지고 있지 않았지만, 이 고양이는 가슴 부분 거의 전체를 덮는 하얀, 그러나 모양은 분명하지 않은 큰 반점이 있었던 것이었다. 내가 그 녀석을 건드렸을 때, 그 녀석은 즉시 일어나 큰 소리로 그르렁거렸고, 내 손에 몸을 비볐으며, 기뻐하는 것처럼 보였다. 그렇다면 이것은 내가 찾고 있던 바로 그 동물이었다. 나는 즉시 그 녀석을 집주인으로부터 구입하겠다고 제안했으나, 집 주인은 그 고양이가 자기 것이 아니라고 했다. 사실, 그 사람은 그 고양이를 전에 한 번도 본 적이 없다고 주장했다.

---

with the view of ~하려는 목적으로, ~할 작정으로 **compress** 압축하다, 압착하다 **substance** 물질 **plaster** 회반죽, 산화칼슘 **lime** 석회 **ammonia** 암모니아 **carcass** (동물의) 사체 **gruesome** 소름 끼치는, 섬뜩한 **portrait** 초상 **object** 물건, 물체 **immense** 엄청난, 어마어마한 **hogshead** 큰 통 **in every respect** 모든 점에서 **indefinite** 분명하지 않은 **splotch** 큰 얼룩점, 반점 **purr** 그르렁거리다 **rub** 비비다, 마찰하다 **creature** 생물, 동물 **purchase** 사다, 구입하다 **landlord** 주인

I continued to caress it, and, when I prepared to go home, the animal started to follow me. I allowed it to do so, occasionally* stooping* and patting it as I proceeded.* When it reached the house, it made itself at home immediately and became a great favorite with my wife.

As for myself, I soon found a dislike to it arising* within me. Its evident fondness* for me rather disgusted* and annoyed* me. By slow degrees,* these feelings of disgust and annoyance* grew into* the bitterness* of hatred.* I avoided the cat; a certain sense of shame, and the remembrance of my former* cruelty, prevented me from physically* abusing* it. For weeks, I did not act violently* toward it. But gradually,* very gradually, I came to look on* it with unutterable* loathing,* and to flee silently from its presence.*

What added to my hatred of the beast was the discovery, on the morning after I brought it home, that it was also missing an eye. This, however, only endeared* it to my wife.

With my hatred to this cat, however, its love for me seemed to increase. It followed me wherever possible. Whenever I sat, it would crouch beneath my chair, or spring on my knees, covering me with its loathsome* caresses. When I arose to walk, it would get between my feet and nearly throw me down, or, fastening its long and sharp claws in my clothes, clamber* to my chest. At

나는 그 고양이를 계속해서 어루만져 주었고, 내가 집에 갈 채비를 할 때 그 동물은 나를 따라오기 시작했다. 나는 그 녀석이 그렇게 하도록 내버려 두었고, 가다가 이따금 몸을 웅크려 그 녀석을 쓰다듬어 주었다. 집에 도착했을 때, 그 녀석은 즉시 제 집처럼 편하게 지냈고, 내 아내에게도 가장 좋은 애완동물이 되었다.

나로 말하자면, 나는 곧 그 녀석에 대한 혐오가 내 안에서 일어나는 것을 알았다. 나에 대한 그 녀석의 명백한 호감은 나에게 상당히 혐오감을 일으키고 짜증나게 했다. 서서히 이러한 혐오감과 짜증스러움의 감정들은 증오라는 쓰라린 감정으로 자라났다. 나는 그 고양이를 피했고, 어떤 수치감과 예전에 내가 행했던 잔인한 행동에 대한 기억이 내가 그 녀석을 물리적으로 학대하는 것을 막았다. 몇 주 동안 나는 그 녀석을 향해 난폭하게 행동하지 않았다. 하지만 서서히, 아주 서서히, 나는 말로 표현할 수 없는 혐오감으로 그 녀석을 지켜보았고, 그 존재로부터 말없이 도망치게 되었다.

그 짐승에 대한 나의 증오심을 더하게 한 것은 그 녀석을 집에 데려온 날 다음 날 아침에 그 녀석 역시 한쪽 눈이 없다는 점을 발견한 것이었다. 하지만 이 때문에 그 녀석은 나의 아내에게 더욱 사랑받게 되었다.

하지만 이 고양이에 대한 나의 혐오감에 비례해 나에 대한 그 녀석의 사랑은 커지는 것 같았다. 그 녀석은 가능한 어디든 나를 따라다녔다. 내가 앉을 때마다 그 녀석은 내 의자 밑에 몸을 웅크리고 있거나 내 무릎 위로 뛰어올라 싫어서 견딜 수 없을 정도로 내 몸 구석구석에 자신의 몸을 비벼 댔다. 내가 걸어가려고 일어서면, 그 녀석은 내 다리 사이로 비집고 들어와 나를 거의 넘어질 뻔하게 하거나 자신의 길고 날카로운 발톱으로 내 옷에 매달려 가슴까지 기어오르곤 했다.

---

occasionally 때때로, 가끔 **stoop** 웅크리다, 몸을 굽히다 **proceed** 나아가다, 이동하다 **arise** 일어나다, 발생하다 **fondness** 좋아함 **disgust** 역겹게 하다; 혐오감 **annoy** 짜증나게 하다 **by slow degrees** 차차 **annoyance** 불쾌함, 짜증 **grow into** ~이 되다 **bitterness** 쓰라림, 비통 **hatred** 증오, 미움 **former** 이전의 **physically** 육체적으로 **abuse** 학대하다 **violently** 난폭하게 **gradually** 서서히 **look on** 구경하다, 지켜보다 **unutterable** 이루 말할 수 없는 **loathing** 강한 혐오, 증오 **presence** 존재, 실재 **endear** 사랑받게 하다 **loathsome** 혐오스러운 **clamber** 기어오르다, 기어가다

such times, I longed to* kill it with a blow.* However, I was held back from* doing so, partly by a memory of my former crime,* but mainly by absolute* dread of the beast.

This dread was not exactly a dread of physical evil, and yet I cannot otherwise define* it. My wife pointed out, more than once, how the mark of white hair on the cat was the sole visible difference between the strange beast and the one I had killed. This mark, although large, had been originally* very indefinite. But, by slow degrees, it had gained a distinct* outline.* It then slowly became the representation* of an object that I shudder to name—the GALLOWS!

I became terrified more and more every day, and finally, could neither get any rest by day nor night. During the day, the creature left me no moment alone, and during the night I awoke, hourly,* from dreams of unutterable fear. I would find the hot breath of the cat on my face and its vast weight on my chest!

Under the pressure of* such torments,* the little good that remained in me began to disappear. I began to have evil thoughts—the darkest and most evil of thoughts. Soon, they were the only thoughts I had. My moody temper gradually increased to hatred of all things and of all mankind.*

그럴 때면 나는 한 방 때려서 그 녀석을 죽이고 싶은 마음이 간절했다. 하지만 나는 그렇게 하는 것을 자제했는데, 부분적으로는 내가 예전에 저지른 죄에 대한 기억 때문이었으나, 대체적으로는 그 짐승에 대한 절대적인 두려움 때문이었다.

이러한 공포는 꼭 육체적인 사악함에 대한 공포만은 아니었으나, 나는 그것을 달리 정의 내릴 수가 없다. 내 아내는 그 고양이의 흰 털 자국이 어찌해서 그 이상한 짐승과 내가 죽인 고양이 사이의 유일한 가시적인 차이인지 여러 번 나에게 지적해 주었다. 이 자국은 비록 크기는 했지만, 처음 모양은 그다지 분명하지 않았다. 하지만 서서히 그 자국은 뚜렷한 윤곽을 형성해 갔다. 그런 다음 그것은 서서히, 이름만으로도 나를 몸서리치게 하는 물체, 즉 '교수대'를 나타내게 되었다!

나는 날마다 점점 더 두려워졌고, 마침내 낮에도 밤에도 휴식을 취할 수 없었다. 낮 동안에는 그 짐승이 나를 한시도 떠나지 않았고, 밤에는 말로 표현할 수 없는 두려움이 느껴지는 꿈으로 매 시간마다 잠에서 깨었다. 나는 내 얼굴에서 그 고양이의 뜨거운 숨결을, 그리고 내 가슴에서는 그 고양이의 엄청난 무게를 느낄 수 있었다!

그러한 고통스러운 중압감을 느끼면서 나에게 그나마 조금 남아 있던 착한 마음씨가 사라지기 시작했다. 나는 사악한 생각, 그러니까 가장 어둡고 가장 사악한 생각을 하기 시작했다. 머지않아 그 생각들은 내가 가지고 있는 유일한 생각이 되었다. 나의 변덕스러운 기질은 점차 모든 사물들과 모든 인류에 대한 증오심으로 커져 갔다.

---

long to ~을 열망하다 with a blow 한 대 쳐서 hold back A from B A가 B하는 것을 억제하다 crime 죄 absolute 절대적인, 완전한 define 정의를 내리다 originally 원래 distinct 뚜렷한, 명료한 outline 윤곽 representation 표시, 표현 hourly 1시간마다, 매 시간 under the pressure of ~의 압력을 받아 torment 고통, 고민거리 mankind 인류

One day, my wife accompanied* me on some household chores* into the cellar.* The cat followed me down the steep* stairs and nearly made me fall headlong* onto the ground. I turned red with madness. Uplifting* an ax, I aimed* a blow at the animal. But this blow was stopped by the hand of my wife. Infuriated* by the interference,* I withdrew* my arm from her grasp and buried the ax in her brain. She fell dead on the spot without making a sound.

After this hideous* murder,* I set myself immediately to the task of hiding the body. I knew that I could not remove* it from the house, either by day or by night, without the risk of being seen by the neighbors. Many possibilities* came to my mind. I thought of cutting the body into small fragments* and burning them one by one. Then I thought about digging a grave in the floor of the cellar. Then I thought about casting* it in the well in the yard. Finally, I hit on what I considered a far better idea than all of these. I decided to wall it up in the cellar, just as the monks* of the Middle Ages are recorded to have walled up their victims.*

For a purpose* such as this, the cellar was very suitable.* Its walls had recently been plastered with a rough plaster, which the dampness* of the atmosphere* had prevented from hardening.* Moreover,* in one of the walls was a projection,* caused by a false chimney* or fireplace,* that had been filled up* and made to

어느 날 나의 아내는 자질구레한 집안일을 하러 나를 따라 지하실로 갔다. 고양이는 나를 따라 가파른 계단을 내려오다가 나를 거의 땅으로 가꾸라질 뻔하게 했다. 나는 미칠 정도로 화가 나서 얼굴이 붉어졌다. 도끼를 들어 올려서 나는 그 동물을 겨냥하여 한 대 내려쳤다. 하지만 이 일격은 나의 아내의 손에 의해 저지되었다. 그러한 방해로 인해 노발대발해서, 나는 내 팔을 잡고 있는 아내의 손을 뿌리치고 도끼를 아내의 머리에 박아 넣었다. 아내는 소리도 지르지 못하고 그 자리에서 쓰러져 죽었다.

이러한 흉측한 살인이 있은 후, 나는 즉시 그 시체를 숨기는 일에 착수했다. 나는 내가 이웃 사람들에게 들키는 위험을 무릅쓰지 않고서는 낮에든 혹은 밤에든 그 시체를 집에서 없애지 못할 것임을 알았다. 많은 가능성들이 내 머릿속에 떠올랐다. 나는 시체를 작게 조각내어 그것을 하나씩 태우는 것에 대해 생각해 보았다. 그 다음에 나는 지하실 바닥에 무덤을 파는 것에 대해 생각해 보았다. 그 다음에는 마당에 있는 우물에 시체 조각을 던져 버리는 것을 생각해 보았다. 마침내 나에게는 이 모든 생각들보다 훨씬 더 좋다고 여겨지는 것이 떠올랐다. 나는 중세의 수도사들이 희생자들을 벽에 넣고 막았다고 기록된 것처럼 시체를 지하실에 있는 벽 안에 넣고 벽을 세우기로 결정했다.

이와 같은 용도로 지하실은 아주 적당했다. 최근에 그 벽들에 입자가 굵은 회반죽을 발라 놓았는데 눅눅한 공기가 그 벽이 단단하게 굳는 것을 막았다. 게다가 벽들 중 하나에는 돌출부가 있었는데, 지하실의 나머지 부분과 마찬가지로 보이게 만들어진 가짜 굴뚝인지 벽난로인지에 의해 생긴 것으로 속은 메워져 있었

---

accompany (~와) 동반하다, 동행하다 **household chores** 자질구레한 집안일 **cellar** 지하실 **steep** 가파른 **fall headlong** 가꾸러지다 **uplift** 들어 올리다 **aim** 겨누다, 겨냥하다 **infuriate** 격분하다, 노발대발하다 **interference** 간섭, 방해 **withdraw** 빼내다, 움츠리다 **hideous** 흉측한, 흉물스러운 **murder** 살인, 모살 **remove** 치우다, 제거하다 **possibility** 가능성 **fragment** 파편, 단편 **cast** 던지다, 내던지다 **monk** 수도사 **victim** 희생자, 피해자 **purpose** 목적, 목표 **suitable** 적당한, 적절한 **dampness** 축축함, 눅눅함 **atmosphere** 대기, 공기 **harden** 굳히다 **moreover** 게다가, 더욱이 **projection** 돌출부, 돌출물 **chimney** 굴뚝 **fireplace** 벽난로 **fill up** ~을 채우다

resemble* the rest of the cellar. I saw that I could easily displace* the bricks* at this point, insert* the body, and wall the whole thing up as before.

I was right. Using a crowbar,* I easily dislodged* the bricks. Having carefully leaned the body against* the inner wall, I relaid* the whole structure* as it originally stood. When I finished, I felt satisfied with my work.

My next step was to look for the animal which had been the cause of so much wretchedness.* I had, at last, decided to put it to death. However, the crafty* animal had been alarmed* at the violence of my previous* anger, and had hidden itself from me. It is impossible to describe the blissful* sense of relief which the absence of the cat brought to my bosom. It did not appear during the night. So, for one night at least, since its introduction into the house, I slept soundly. Even the burden of murder did not prevent me from getting to sleep.

The second and the third day passed, and still the cat did not appear. Once again I was a free man. The monster, in terror, had fled the house forever! I would see it no more! I was happy beyond measure*! The guilt* of the murder only disturbed* me a little. A few inquiries* had been made, but nothing pointed to me. Even a search had been carried out, but of course nothing was discovered.

다. 나는 이 지점에 있는 벽돌들을 쉽게 옮기고 시체를 끼워 넣은 다음, 전처럼 전체를 벽을 쌓아 막아 놓을 수 있다는 것을 알았다.

내가 옳았다. 쇠지레를 사용하여, 나는 쉽게 벽돌들을 제거했다. 안쪽 벽에 조심스럽게 시체를 비스듬히 기대어 놓고 나는 벽 전체를 원래 세워져 있던 대로 다시 쌓았다. 일을 끝냈을 때, 나는 내 일에 만족감을 느꼈다.

내가 할 다음 단계의 일은 그 비참한 일의 원인이 된 동물을 찾는 것이었다. 나는 마침내 그 녀석을 죽이기로 결심했던 것이었다. 하지만 그 교활한 동물은 내가 이전에 보여 주었던 분노로 인해 생긴 난폭함에 깜짝 놀라 나에게서 자취를 감추고 말았다. 그 고양이의 부재가 내 마음에 가져다준 더할 나위 없이 즐거운 안도감은 설명하기가 불가능하다. 고양이는 밤새 나타나지 않았다. 그래서 그 고양이가 우리 집에 온 이래로 적어도 그날 하룻밤 동안 나는 푹 잤다. 심지어 살인으로 인한 괴로움조차도 내가 잠자는 것을 막지 못했다.

둘째 날과 셋째 날이 지나갔고, 그래도 여전히 고양이는 나타나지 않았다. 다시 한번 나는 자유인이었다. 그 괴물은 겁에 질려 집에서 영원히 도망친 것이었다! 이제 더 이상 그 녀석을 보지 않게 될 것이었다! 나는 더할 나위 없이 기뻤다! 살인에 대한 죄책감만이 나를 약간 괴롭혔다. 몇 번의 취조가 이루어졌지만, 아무것도 나를 범인으로 지목하지는 못했다. 심지어 수색이 행해지기까지 했지만, 물론 아무것도 발견되지 않았다.

---

resemble 닮다, 유사하다　displace 바꾸어 놓다, 옮겨 놓다　brick 벽돌　insert 끼워 넣다, 삽입하다　crowbar 쇠지레　dislodge 이동시키다, 제거하다　lean A against B A를 B에 비스듬히 기대어 놓다　relay 다시 쌓다　structure 건조물, 구조물　wretchedness 지독함, 불쾌함　crafty 교활한, 술수가 뛰어난　alarmed 불안해하는, 두려워하는　previous 앞의, 이전의　blissful 더없이 행복한, 즐거운　beyond measure 굉장히, 더할 나위 없이　guilt 죄, 범죄　disturb 방해하다, 어지럽히다　inquiry 조사, 취조

30

On the fourth day after the murder, a group of policemen suddenly came into the house. They began to rigorously* investigate* my house. Feeling sure that they would not find anything, I felt no embarrassment.* The officers asked me to accompany them in their search. They left no nook* or corner unexplored.* At last, for the third or fourth time, they went down into the cellar. I remained perfectly calm. The police, having found nothing, prepared to depart.* I felt the need to say something to assure them of* my seeming* innocence.*

"Gentlemen," I said, as the policemen ascended* the steps, "I am glad I have dispelled your suspicions.* I wish you all health. By the way, gentlemen, this is a very well constructed* house, wouldn't you agree?" In the desire to say something easily, I scarcely knew what I was saying at all. "These walls were solidly* put together." Then I rapped* heavily with my cane* on the very portion of the brickwork behind which stood the body of my wife.

As soon as the reverberation* of my blows sunk into silence, there came a voice from the inside of the tomb*! Though muffled* and broken, it sounded like the sobbing* of a child. Then quickly it turned into one long, loud, and continuous* scream. It was inhuman.* It was a howl,* half of horror and half of triumph.*

　살인이 일어난 지 나흘째 되는 날, 갑자기 한 무리의 경찰관들이 집으로 들이 닥쳤다. 그들은 내 집을 철저하게 조사하기 시작했다. 그들이 어떤 것도 찾지 못할 것을 확신했으므로 나는 전혀 당황하지 않았다. 경찰관들은 수색할 때 나에게 그들과 동행해 줄 것을 요청했다. 그들은 어느 구석 하나 수색하지 않고 그냥 두는 곳이 없었다. 결국 세 번째인가 네 번째로 그들은 지하실로 내려갔다. 나는 동요 하나 없이 차분한 상태였다. 아무것도 찾아내지 못한 경찰은 떠날 채비를 했다. 나는 그들에게 겉보기에 그럴싸한 나의 결백을 확신시켜 주기 위하여 무슨 말이라도 해야 한다는 필요성을 느꼈다.

　"경찰 여러분." 경찰관들이 계단을 올라갈 때 내가 말했다. "여러분의 의혹을 없애 드리게 되어 기쁘군요. 모두 건강하시기 바랍니다. 그런데 경찰관 여러분, 이 집은 참 잘 지어진 집이에요. 동의하지 않으세요?" 느긋하게 무슨 말이든 하자는 바람에 나는 내가 무슨 말을 하고 있는지도 거의 모르고 있었다. "이 벽들은 견고하게 세워져 있지요." 그런 다음 나는 나의 지팡이로 뒤에 내 아내의 시체가 서 있는 바로 그 벽돌 벽 부분을 세게 툭툭 쳤다.

　내 일격의 반향이 침묵으로 빠져들자마자 무덤 내부에서 어떤 목소리가 나왔다! 소리가 명료하지 않고 뚝뚝 끊겼지만 그 소리는 어린아이가 흑흑 흐느껴 우는 소리처럼 들렸다. 그런 다음 그 소리는 곧 길고 크게 지속적으로 나는 비명으로 변했다. 그 비명은 인간의 것이 아니었다. 그것은 반쯤은 공포로 반쯤은 승리감으로 울부짖는 소리였다.

---

rigorously 엄격하게, 철저하게　**investigate** 조사하다, 수사하다　**embarrassment** 당황, 낭패　**nook** 구석진 곳, 외딴 곳　**unexplored** 살펴보지 않은, (손 등으로) 더듬어 보지 않은 **depart** 출발하다, 떠나다　**assure A of B** A에게 B를 보장하다　**seeming** 겉으로의, 허울만의 **innocence** 무죄, 결백　**ascend** 오르다, 올라가다　**dispel one's suspicion** ~의 의심(의혹)을 몰아내다　**construct** 건축하다, 짓다　**solidly** 견고하게　**rap** 톡톡 두드리다　**cane** 지팡이 **reverberation** 반향, 반사　**tomb** 무덤, 묘　**muffle** 소거하다, 소리를 내지 못하게 덮어씌우다 **sob** 흐느껴 울다　**continuous** 지속적인, 계속적인　**inhuman** 인간이 아닌　**howl** 울부짖는 소리 **triumph** 승리, 정복

I cannot begin to describe the horror which I felt. I staggered* to the opposite* wall. For one instant, the policemen stood motionless* on the stairs. They were terrified* and in awe.* Next, they began pulling the wall down.* It fell easily. The body, already decayed,* stood erect* before the eyes of the spectators.* On its head, with a red mouth and one eye of fire, sat the hideous beast whose craft had seduced me into* murder, and whose informing* voice had sent me to the hangman.* I had walled the beast up within the tomb!

　나는 내가 느낀 공포를 묘사하는 것을 시작조차 할 수 없다. 나는 반대편 벽 쪽으로 비틀거리며 갔다. 한순간 경찰관들은 층계에서 움직임을 멈추고 서 있었다. 그들은 겁에 질린 한편 경외심을 느꼈다. 다음 순간, 그들은 벽을 허물기 시작했다. 그것은 쉽게 무너졌다. 시신이 이미 부패된 채 구경꾼들의 눈앞에 똑바로 서 있었다. 그 시체의 머리 위에는, 빨간 입과 활활 타오르는 눈이 하나 달려 있는, 교활함으로 나를 살인하도록 꾀고 고발하는 듯한 목소리로 나를 교수형 집행인에게 보낸 그 흉물스러운 짐승이 앉아 있었다. 내가 그 무덤 안에 그 짐승을 넣은 채로 벽을 세운 것이었다!

---

stagger 비틀거리다, 갈지자로 걷다　**opposite** 반대편의, 맞은편의　**motionless** 움직이지 않는, 부동의　**terrified** 겁에 질린, 무서워하는　**in awe** 두려워하여, 경외하여　**pull down** (벽, 건축물 등을) 허물다　**decay** 부식하다, 부패하다　**erect** 똑바로 선, 직립한　**spectator** 구경꾼, 관객　**seduce A into B** 감언이설로 A가 B하도록 꾀다　**inform** 알리다, 알려 주다　**hangman** 교수형 집행인

Hop-Frog

I never knew anyone who loved a joke as much as the king did. He seemed to live just for joking. To tell a good joke, and to tell it well, was the surest way to get his favor.* Thus it happened that his seven ministers* were all famous for their accomplishments* as jokers. They were all similar to the king, too, in being large, fat, oily* men, as well as inimitable* jokers. Whether people grow fat by joking, or whether there is something in fat itself which makes it easy to tell a joke, I have no idea. But it is hard to see a slim* joker.

About the refinements,* or, as he called them the 'ghosts' of wit, the king troubled himself very little. He had admiration* for breadth* in a joke, and would often

절름발이 개구리

나는 먼 나라에서 잡혀 온 절름발이 난쟁이 어릿광대다.
왕과 대신들에게 온갖 멸시를 받으면서도
같은 처지의 트리페타 때문에 그 수모를 견디고 살았다.
어느 날 왕이 그녀를 함부로 대하는 것을 보고 나는 분노한다.

그 왕만큼 실없는 장난을 좋아하는 사람을 나는 한 사람도 알지 못했다. 왕은 오로지 실없는 장난을 하는 것이 삶의 주된 이유 같았다. 기막힌 농을 하는 것, 그리고 그 실없는 장난을 잘하는 것은 그의 호의를 얻는 가장 확실한 방법이었다. 그래서 마침 왕의 일곱 대신들 모두 익살꾼으로서의 재주로도 유명했다. 그들은 또한 모두 아무나 흉내 낼 수 없는 익살꾼이라는 점뿐만 아니라 몸집이 크고, 뚱뚱하고, 알랑거리는 사람들이라는 점에서도 왕과 비슷했다. 사람들이 실없는 장난을 해서 뚱뚱해지는 것인지, 혹은 뚱뚱함 자체에 실없는 장난을 하기 쉽게 하는 무엇인가가 있는 것인지 나는 잘 모르겠다. 하지만 몸이 호리호리한 익살꾼은 보기가 힘들다.

농의 세련미(왕이 위트의 '유령'이라고 부르는 것)에 대해서 왕은 거의 신경도 쓰지 않았다. 왕은 실없는 장난에 들어 있는 생각의 폭에 대해 감탄했고, 종종 그

---

favor 호의, 친절　**minister** 장관, 대신　**accomplishment** 재주, 기량　**oily** 번지르르한, 알랑거리는 듯한　**inimitable** 아무나 흉내 낼 수 없는　**slim** 호리호리한, 가냘픈　**refinement** 세련, 고상함　**admiration** 감탄, 존경　**breadth** 웅대함, 생각의 폭

put up with* length for the sake of it. Too much detail wearied* him. And, generally, practical jokes suited* his taste far better than verbal* ones.

At the time of my story, professional* jesters* had not altogether gone out of fashion* at court.* Many kings still kept their 'fools,' who wore motley,* with caps and bells, and who were expected to be always ready with sharp witticisms.*

Our king, of course, had his own 'fool' too. The fact is that he required something in the way of* folly* to counterbalance* the heavy wisdom of the seven wise men who were his ministers, as well as himself.

His 'fool', or professional jester, was not only a fool, however. His value* was doubled in the eyes of the king by the fact he was also a dwarf* and a cripple.* Dwarfs were as common* at court as fools in those days. Most kings could not go through* a single day without having a jester make them laugh, and a dwarf to laugh at. But, as I have already said, most jesters are fat and round, and most dwarfs could not tell jokes. So it was no surprise that our king loved Hop-Frog (this was the fool's name) doubly for being a jesting* dwarf.

The name 'Hop-Frog' was the dwarf's real name. I believe it was given to him by the ministers because he was unable to walk as other men do. In fact, Hop-Frog could only do something between a leap* and a wriggle.*

것을 위해 그 장난의 길이쯤은 감수했다. 지나치게 상세한 설명은 왕을 지루하게 만들었다. 그리고 대체로 생활 속의 실없는 장난이 말로만 하는 장난보다는 훨씬 더 왕의 구미에 맞았다.

내 이야기의 배경이 된 시대에도 직업적인 익살꾼들이 모두 궁중에서 한물간 존재였던 것은 아니었다. 많은 왕들은 여전히 광대 옷을 입고 모자를 쓰고 방울을 단 '광대들'을 두었고, 그들은 언제나 신랄한 재담을 할 수 있도록 준비되어 있어야 했다.

우리의 왕 역시 물론 자신의 '광대'를 두고 있었다. 사실은 왕이 자기 자신은 물론 자신의 대신들인 일곱 명의 현자들의 깊이 있는 지혜를 상쇄하기 위한 방법으로 무언가 바보 같은 짓을 요구했다는 것이다.

하지만 왕의 '광대' 혹은 직업적 익살꾼은 단순한 광대만은 아니었다. 그의 가치는 그가 난쟁이에다 절름발이라는 사실에 의해 왕의 눈에는 갑절이 되었다. 난쟁이들은 그 당시에 광대만큼이나 궁중에서 흔했다. 대부분의 왕들은 그들을 웃게 해 주는 광대와 놀려 먹을 난쟁이 없이는 단 하루도 지낼 수 없었다. 그러나 내가 이미 말한 것처럼 익살꾼들은 대부분 뚱뚱하고 두루뭉술했고, 난쟁이들은 대부분 농을 할 줄 몰랐다. 그래서 우리의 왕이 익살 부리는 난쟁이라는 이유로 절름발이 개구리(이는 그 '광대'의 이름이었다)를 두 배로 사랑한 것은 놀라운 일이 아니었다.

'절름발이 개구리'라는 이름은 난쟁이의 실제 이름이었다. 나는 그 이름이 그가 다른 사람들처럼 걸을 수 없었기 때문에 대신들에 의해 지어진 이름이라고 믿는다. 실제로 절름발이 개구리는 껑충거리기와 꿈틀거리기 사이의 중간쯤 되는 어떤 동작만을 할 수 있을 따름이었다. 왕은 이러한 동작에 크게 재미있어 하기도

put up with ~을 참다　**weary** 지치게 하다, 피곤하게 하다　**suit** 어울리다　**verbal** 말의　**professional** 직업적인　**jester** 어릿광대　**go out of fashion** 유행하지 않게 되다, 한물가다　**court** 궁정, 궁중　**motley** 광대 옷　**witticism** 재담, 재치 있는 말　**in the way of** ~으로, ~에 관하여　**folly** 어리석은 행동, 바보짓　**counterbalance** 대등하게 하다, 상쇄하다　**value** 가치, 값어치　**dwarf** 난쟁이　**cripple** 절름발이　**common** 평범한, 통속적인　**go through** 지내다, ~을 겪다　**jest** 농담하다, 익살 부리다　**leap** 껑충 뛰어오름; 껑충 뛰다　**wriggle** 꿈틀거리기; 꿈틀거리다

The king was both greatly amused and touched by this movement.

But although Hop-Frog, through the distortion* of his legs, could move only with great pain* and difficulty along a road or floor, he had very strong, muscular* arms. With these arms, he could climb anything. When he did so, he resembled* a squirrel,* or a small monkey, more than a frog.

I cannot remember clearly which country Hop-Frog originally* came from. It was some barbarous* region,* however, that no person ever heard of. Hop-Frog and a young girl named Trippetta had been kidnapped* from their homes and sent as presents to the king by one of his generals.* The young girl, though dwarfish* herself, had exquisite* beauty and was a marvelous* dancer.

Under these circumstances,* a close intimacy* arose between the two little captives.* They soon became sworn* friends. Hop-Frog, although he made people laugh, was by no means popular. Trippetta, on the other hand,* was universally* admired and petted* for her grace* and beauty. As a result, she possessed* much influence* which she used, whenever she could, for the benefit of* Hop-Frog.

On some grand state* occasion,* the king decided to have a masquerade.* Whenever a masquerade or anything of that kind occurred* at our court, both Hop-Frog and Trippetta were sure to be called into play.

하고 감동을 받기도 했다.

하지만 비록 다리의 비틀림으로 몹시 고통스럽고 힘겹게 길이나 바닥을 이동할 수 있었음에도 불구하고, 절름발이 개구리에게는 아주 튼튼한 근육질의 팔이 있었다. 이러한 팔로 절름발이 개구리는 무엇에든 오를 수 있었다. 그렇게 할 때, 절름발이 개구리는 개구리보다는 다람쥐, 혹은 작은 원숭이와 비슷했다.

나는 절름발이 개구리가 애초에 어느 나라에서 왔는지 분명하게 기억하지 못한다. 하지만 그것은 아무도 들어보지 못한 어느 미개한 지역이었다. 절름발이 개구리와 트리페타라는 이름의 어린 처녀는 그들의 고향에서 납치되어 왕의 장군들 중 한 명에 의해 왕에게 선물로 보내진 것이었다. 어린 처녀는 비록 난쟁이 같이 유난히 몸집이 작았지만 굉장히 뛰어난 미모를 지니고 있었고 놀라운 무용수였다.

이러한 상황 속에서 두 명의 작은 포로들 사이에는 친밀감이 솟아났다. 그들은 곧 장래를 약속한 친구가 되었다. 절름발이 개구리는 사람들을 웃겨 주기는 했어도, 전혀 인기가 없었다. 반면에 트리페타는 그녀의 기품과 미모로 대체로 감탄을 받고 귀여움을 받았다. 그 결과, 트리페타는 할 수 있을 때마다 절름발이 개구리를 위해 사용하는 많은 영향력을 갖게 되었다.

어느 성대한 국가적인 행사 때 왕은 가장무도회를 열기로 결정했다. 가장무도회나 그와 같은 종류의 행사 중 어떤 것이 궁중에서 열릴 때마다 절름발이 개구리와 트리페타는 반드시 연기를 하도록 부름을 받았다. 절름발이 개구리는 야외

---

distortion 염좌, 좌섬 pain 고통 muscular 근육의 resemble 닮다 squirrel 다람쥐 originally 원래 barbarous 야만스러운, 미개한 region 지역 kidnap 유괴하다, 납치하다 general 장군 dwarfish 난쟁이 같은, 유난히 작은 exquisite 아주 아름다운 marvelous 놀라운, 믿기 어려운 circumstances 주위의 사정 intimacy 친밀함, 친교 captive 포로 sworn 맹세한, 언약한 on the other hand 반면에, 한편 universally 보편적으로, 대체로 pet 귀여워하다 grace 우아함, 기품 possess 소유하다, 가지다 influence 영향력 for the benefit of ~을 위해 state 국가의 occasion 행사 masquerade 가면무도회 occur 일어나다, 생기다

Hop-Frog was so inventive* in the way of getting up pageants,* suggesting new characters and arranging* costumes* that nothing could be done without his assistance.*

The night of the fete* had arrived. A gorgeous* hall had been prepared, in Trippetta's eyes,* with every kind of device* which could possibly give glamor* to a masquerade. The whole court was in a fever of* expectation. As for costumes and characters, most people had made up their minds (as to what roles they should play) a week, or even a month, in advance,* except in the case of the king and his seven ministers. Why they hesitated* I did not know, unless they did it as a joke. They probably found it difficult to make up their minds because they were so fat. As a last resort,* they sent for Trippetta and Hop-Frog.

When the two little friends obeyed* the summons* of the king, they found him drinking wine with his seven ministers. The king knew that Hop-Frog was not fond of* wine, for it excited the poor cripple almost to madness. But the king loved his practical jokes, and took pleasure in* forcing Hop-Frog to* drink and 'to be merry.'

"Come here, Hop-Frog," he said, as the jester and his friend entered the room. "Drink this wine in memory of* your absent friends, and then let us have the benefit of your invention. We want our characters to be

극을 연출하고, 새로운 배역들을 제안하고 의상을 준비하는 데 있어 아주 독창적이어서 그의 도움 없이는 아무 일도 되지 않았다.

축제의 밤이 다가왔다. 트리페타가 보기에는 가장무도회에 매력을 부여할 수 있는 것 같은 온갖 종류의 장치가 마련된 화려한 홀이 준비되었다. 궁중 전체는 기대감으로 달아올라 있었다. 의상과 배역에 관해서는, 왕과 그의 일곱 대신들의 경우를 제외하고는, 대부분의 사람들이 일주일 혹은 심지어 한 달 전에 미리 (자신들이 어떤 역할을 할 것인지) 마음을 정해 둔 터였다. 농담거리로 의상과 배역을 정한 게 아니었다면, 그들이 왜 망설였는지 나는 이유를 알 수가 없었다. 그들은 아마도 자신들이 아주 뚱뚱해서 마음을 정하기가 어렵다는 것을 알았을지도 몰랐다. 최후의 수단으로써 그들은 트리페타와 절름발이 개구리를 부르러 사람을 보냈다.

두 명의 몸집 작은 친구들이 왕의 부름에 순종하여 따랐을 때, 그들은 왕이 일곱 명의 대신들과 함께 술을 마시고 있는 것을 발견했다. 왕은 절름발이 개구리가 술을 좋아하지 않는다는 것을 알았는데, 술은 가엾은 절름발이를 거의 미칠 지경까지 흥분시키기 때문이었다. 하지만 왕은 자신의 생활 속의 실없는 장난을 좋아했고, 절름발이 개구리에게 술을 마시고 '쾌활해지도록' 강요하는 것을 즐겼다.

"이리 오너라, 절름발이 개구리야." 광대와 그의 친구가 방으로 들어왔을 때 왕이 말했다. "이 자리에 없는 네 친구들을 추억하며 이 술을 마시고 나서 네가 고안해 낸 것의 혜택을 우리가 보도록 해 주어라. 우리는 우리 배역이 무언가 새로

---

inventive 창의적인, 독창적인 pageant 야외극, 패전트 arrange 정하다, 준비하다 costume 복장 assistance 조력, 원조 fete 기념행사 gorgeous 호화스러운, 화려한 in one's eyes ~가 보기에는 device 장치 glamor 매력, 화려함 in a fever of ~으로 달아올라, 열이 올라 in advance 미리 hesitate 주저하다, 머뭇거리다 as a last resort 최후의 수단으로서, 최후의 보루로서 obey 복종하다, 준수하다 summon 소환, 호출 be fond of ~을 좋아하다 take pleasure in ~을 즐기다, 좋아하다 force A to B A가 B하도록 억지로 시키다(강요하다) in memory of ~을 기억하여, ~을 기리며

something new. We are bored with* this everlasting* sameness.* Come, drink! The wine will brighten* your wits.*"

Now, the day happened to be the poor dwarf's birthday, and the command* to drink to his 'absent friends' brought tears to his eyes. Many large, bitter* drops fell into the goblet* as he took it from the hand of the tyrant.*

"Ah! Ha! Ha!" roared* the king. "See what a glass of good wine can do! Your eyes are shining already!"

Poor Hop-Frog! His large eyes were gleaming,* not shining. The effect* of the wine on his small brain was powerful and instantaneous.* He placed the goblet nervously* on the table and looked at the men around him with a half-insane* stare.* They all seemed amused at the success of the king's 'joke.'

"And now to business," said the prime minister,* a very fat man.

"Yes," said the king. "Come and help us. We need to come up with* characters! Do you have a suggestion?"

"I am trying to think of something new," replied the dwarf absentmindedly,* for he was quite bewildered* by the wine.

"Trying!" cried the king fiercely.* "What do you mean by that? Ah, I know. You are sulky,* and want more wine. Here, drink this!"

운 것이면 좋겠구나. 우리는 이 끝도 안 나는 똑같은 일에 싫증이 난다. 와서 마셔라! 술은 너의 재치를 빛내 줄 것이다."

그런데 그날은 마침 그 가엾은 난쟁이의 생일이었고, '그 자리에 없는 친구들'을 위해 술을 마시라는 명령은 그의 눈에 눈물이 고이게 만들었다. 난쟁이가 폭군의 손에서 술잔을 받아들 때 쓰디쓴 굵은 눈물방울이 술잔 속으로 많이 떨어졌다.

"아! 하! 하!" 왕이 크게 웃었다. "좋은 술 한 잔이 할 수 있는 일을 보아라! 네 눈이 벌써 반짝거리고 있구나!"

가엾은 절름발이 개구리! 그의 커다란 눈은 반짝거리는 것이 아니라 번득거리고 있었다. 그의 작은 뇌에 가해진 술의 효과는 강력하고 즉각적이었다. 절름발이 개구리는 초조하게 술잔을 탁자 위에 놓고 반쯤 정신이 나간 눈빛으로 자신의 주위에 있는 사람들을 쳐다보았다. 그들은 모두 왕의 농담의 성공을 보고 즐거워하는 듯했다.

"그럼 이제 일 이야기를 하시지요." 아주 뚱뚱한 남자였던 수상이 말했다.

"그리하라." 왕이 말했다. "와서 우리를 도와주거라. 우리는 배역을 생각해 내야 한다! 제안할 것이 있느냐?"

"무언가 새로운 것을 생각해 내려고 애쓰고 있습니다." 난쟁이가 건성으로 대답했는데, 술에 의해 정신이 상당히 혼미했기 때문이었다.

"애쓰고 있다니!" 왕이 기세 좋게 소리쳤다. "그것이 무슨 말이냐? 아, 알겠다. 골이 나서 술을 더 원하는 거로구나. 자, 이것을 마셔라!"

---

be bored with ~에 싫증이 나다, 질리다 everlasting 변하지 않는, 영원한 sameness 동일성, 단조로움 brighten 빛내다, 반짝이게 하다 wit 기지, 재치 command 명령, 분부 bitter 쓴 goblet 술잔 tyrant 폭군 roar 으르렁거리다 gleam 반짝거리다, 번득거리다 effect 효과, 영향 instantaneous 즉각적인 nervously 신경질적으로, 초조하게 half-insane 반쯤 정신이 나간 stare 응시 prime minister 수상 come up with ~을 안출하다, 제안하다 absentmindedly 건성으로 bewildered 얼떨떨한, 정신이 혼미한 fiercely 사납게, 기세 좋게 sulky 골난, 부루퉁한

The tyrant poured* out another goblet of wine and offered it to the dwarf, who merely gazed at it, gasping for breath.

"Drink, I say!" shouted the king.

The dwarf hesitated, and the king grew purple* with rage. The ministers smirked.* Trippetta, pale as a corpse,* walked over to the king's seat. She fell to her knees before him and begged him to spare* her friend.

The tyrant looked at her for some time, clearly in wonder at her audacity.* He did not know what to do or say. At last, without saying a word, he pushed Trippetta violently away, and threw the contents* of the brimming* goblet in her face.

The poor girl got up as fast as she could. Not daring even to sigh, she resumed her position* at the foot of* the table.

There was a dead silence for about half a minute. This silence was interrupted* by a low, but harsh* and protracted* grating* sound which seemed to suddenly come from every corner of the room.

"What are you making that noise for?" asked the king, turning furiously to the dwarf.

The dwarf seemed to have recovered from his intoxication.*

"Me?" replied the dwarf. "How could it have been me?"

폭군은 술을 또 한 잔 가득 따라 그것을 난쟁이에게 주었고, 난쟁이는 숨을 헉 헉 몰아쉬며 그것을 바라보기만 했다.

"마시라고 했다!" 왕이 외쳤다.

난쟁이는 망설였고, 왕은 분노로 얼굴이 시퍼레졌다. 대신들은 능글능글하게 웃었다. 시체처럼 창백해진 트리페타가 왕이 앉아 있는 자리로 다가왔다. 트리페타는 왕 앞에 무릎을 꿇고 자기 친구를 살려 달라고 간청했다.

폭군은 그녀의 주제넘은 행동에 명백히 놀라서 잠시 동안 트리페타를 쳐다보았다. 왕은 무슨 일을 해야 할지, 아니면 무슨 말을 해야 할지 몰랐다. 마침내 한마디도 하지 않고, 왕은 트리페타를 거칠게 밀쳐 내고 그득한 술잔의 술을 그녀의 얼굴에 끼얹었다.

가엾은 처녀는 가능한 한 빨리 일어났다. 감히 한숨 소리 한 번 내지 못하고, 트리페타는 탁자 끝자리인 자기 위치로 다시 돌아갔다.

아주 잠깐 동안 완전한 정적이 흘렀다. 이러한 침묵은 갑자기 그 방의 사방에서 나는 작지만 귀에 거슬리고 오랫동안 계속되는 이를 부드득부드득 가는 소리에 의해 방해를 받았다.

"왜 그런 소리를 내는 것이냐?" 왕이 사납게 난쟁이에게 몸을 돌리고 물었다.

난쟁이는 술이 좀 깬 것 같았다.

"제가요?" 난쟁이가 대답했다. "제가 어떻게 그럴 수 있겠습니까?"

---

pour 붓다 purple 자주색의 smirk 능글능글하게 웃다 corpse 시체, 송장 spare (죽음 등을) 면하게 해 주다, 살려 주다 audacity 주제넘은 행동, 뻔뻔함 contents 내용물 brimming 그득한 resume one's position 자기 위치로 돌아가다 at the foot of ~의 발치에, ~의 끝에 interrupt 가로막다, 방해하다 harsh 귀에 거슬리는, 듣기 싫은 protracted 오래 계속된 grating 이를 부드득부드득 가는, 삐걱대는 intoxication 취함, 취한 상태

"The sound appeared to come from outside," said one of the ministers. "I think it might have been a parrot* at the window."

"Maybe," replied the king, as if much relieved by the suggestion. "But I thought it was the gritting of this dwarf's teeth.*"

The dwarf laughed and displayed* a set of large, powerful, and very repulsive* teeth. Then he said he would swallow* as much wine as desired. This calmed the king down. Having drained* another goblet with no perceptible* effect, Hop-Frog entered at once, and with spirit,* into* the hall for the masquerade.

"Just after Your Majesty* had struck the girl and thrown the wine in her face, and while the parrot was making that odd* noise outside the window, I came up with an idea," said the dwarf calmly. "There is a game we used to play at masquerades back in my country. No one here will have ever seen anything like it. Unfortunately, however, it requires a group of eight people and...."

"Here we are!" cried the king, laughing at his discovery of the coincidence.* "There are eight of us—me and my seven ministers! Tell us what the game is."

"We call it the Eight Chained Orangutans," replied the Hop-Frog. "It is an excellent* game, only if well enacted.*"

"We will enact it," said the king, drawing himself up.

"소리는 밖에서 들려온 것 같았습니다." 대신들 중 한 명이 말했다. "제 생각에는 그것이 창가에 있는 앵무새 소리인지도 모르겠습니다."

"그럴지도 모르겠구나." 그러한 의견에 많이 안심한 듯이 왕이 대답했다. "하지만 나는 그것이 이 난쟁이가 이를 부드득부드득 갈고 있는 소리라고 생각했었다."

난쟁이는 웃으면서 크기가 큰 데다가 치력이 세고 혐오스러운 이를 드러내었다. 그런 다음 원하는 만큼 술을 들이켜겠다고 말했다. 이는 왕을 진정시켰다. 눈에 띄는 아무런 효과 없이 또 한 잔을 쭉 들이켜고 나서 절름발이 개구리는 그 즉시, 활기차게 가장무도회를 위한 홀 준비에 착수했다.

"폐하께서 저 여자를 치고 술을 얼굴에 끼얹으셨을 때, 그리고 앵무새가 창문 밖에서 저 기묘한 소리를 내고 있는 동안 저에게 생각이 하나 떠올랐습니다." 난쟁이가 차분하게 말했다. "제 고국에서의 일을 돌이켜 보니 가장무도회에서 하던 놀이가 하나 있습니다. 여기 계신 분들은 아무도 그와 같은 것을 보신 적이 없을 것입니다. 하지만 불행히도 그 놀이에는 여덟 명의 사람이 필요한데요……."

"우리가 있잖아!" 우연의 일치를 발견한 것을 알고 웃으면서 왕이 소리쳤다. "여기 우리 여덟 명이 있잖아. 나와 나의 일곱 대신들 말이다! 그 놀이가 무슨 놀이인지 말해 보아라."

"우리는 그 놀이를 쇠사슬에 묶인 여덟 마리의 오랑우탄이라고 부릅니다." 절름발이 개구리가 대답했다. "그것은 잘 시연하기만 한다면 아주 훌륭한 놀이입니다."

"우리가 그것을 시연할 것이다." 왕이 몸을 일으키며 말했다.

---

parrot 앵무새 **grit one's teeth** 이를 갈다 **display** 나타내다, 드러내다 **repulsive** 혐오스러운, 역겨운 **swallow** 들이켜다 **drain** 쭉 마셔 버리다 **perceptible** 눈에 띄는, 지각할 수 있는 **with spirit** 활기차게 **enter into** ~에 착수하다, ~을 시작하다 **Your Majesty** 폐하, 전하 **odd** 이상한, 기묘한 **coincidence** 우연의 일치 **excellent** 아주 훌륭한, 뛰어난 **enact** 상연하다, 시연하다

"The beauty of the game is that it will scare the women greatly," continued Hop-Frog.

"Marvelous*!" roared in chorus* the king and his ministry.

"I will dress you up as orangutans," said the dwarf. "The resemblance will be so striking that everyone will take you for real beasts. Of course, they will be as much terrified as astonished."

"Oh, what a grand idea!" exclaimed the king.

The dwarf's method of dressing up the king and his ministers as orangutans was very simple, but effective* enough for his purposes.* Once the disguises* were completed,* a long chain was prepared. First, it was passed around the waist of the king, and tied, then passed and tied around the waists of the ministers in succession.* When this chaining arrangement* was complete, the party stood as far apart from each other as possible and they formed a circle.

The grand hall in which the masquerade was to take place was a circular* room. It was very lofty* and received the light of the sun only through a single window in the ceiling. At night, it was illuminated* mainly by a large chandelier* which hung from a chain from the center of the skylight.* The chandelier was raised and lowered by means of* a counterbalance* which passed outside the cupola* and over the roof.

"이 놀이의 묘미는 여자들을 크게 겁줄 것이라는 것입니다." 절름발이 개구리가 말을 이어갔다.

"훌륭하구나!" 왕과 대신들이 한 목소리로 고함쳤다.

"제가 여러분께 오랑우탄처럼 옷을 입혀 드릴 것입니다." 난쟁이가 말했다. "아주 놀라울 정도로 닮아서 모두가 여러분을 진짜 짐승으로 생각할 것입니다. 물론 그들은 깜짝 놀란 만큼이나 두려움으로 떨 것입니다."

"오, 참으로 거창한 생각이구나!" 왕이 소리쳤다.

왕과 대신들에게 오랑우탄처럼 옷을 입히려는 난쟁이의 방법은 아주 간단했으나, 자신의 목적을 위해서는 충분히 효과적이었다. 변장이 끝나자마자 긴 쇠사슬이 준비되었다. 먼저 쇠사슬은 왕의 허리에 둘러져 넘겨졌고, 그런 다음 대신들의 허리에 차례차례 순서대로 묶이고 넘겨졌다. 이러한 쇠사슬 묶기 작업이 끝났을 때, 일행은 가능한 한 서로 멀리 떨어져 서서 원을 만들었다.

가장무도회가 벌어지기로 되어 있는 그랜드 홀은 원형의 방이었다. 그 방은 천장이 아주 높았고 천장에 있는 단 하나의 창문을 통해서만 햇빛이 들어왔다. 밤에는 주로 채광창 가운데에 쇠사슬로 매달려 있는 커다란 샹들리에에 의해 그 방이 밝혀졌다. 샹들리에는 둥근 천장 밖을 지나 지붕을 넘어 가는 평형추를 사용하여 들어 올려지고 내려졌다.

---

marvelous 훌륭한, 굉장한 **in chorus** 한 목소리로, 입을 모아 **effective** 유효한, 효과적인 **purpose** 목적 **disguise** 변장, 위장 **complete** 완료하다, 끝마치다 **in succession** 잇달아, 계속하여 **arrangement** 정리, 배열 **circular** 원의, 원형의 **lofty** 매우 높은, 우뚝한 **illuminate** 비추다, 밝게 하다 **chandelier** 샹들리에 **skylight** 채광창 **by means of** ~의 도움으로, ~을 써서 **counterbalance** 평형추 **cupola** 둥근 천장

Trippetta had been in charge of* arranging the room. In some particulars,* however, she had been guided by the calmer judgment* of her friend. At his suggestion, the chandelier was removed. The dwarf said that the waxen drippings* from the candles would be seriously harmful to the expensive dresses of the guests. Additional* sconces* were put up in various parts of the hall instead.

The eight orangutans, taking Hop-Frog's advice, waited patiently* until midnight before making their appearance.* As soon as the clock struck twelve, the king and his ministers rushed in, or rather rolled in, all together. The chains had caused them to stumble* and fall as they entered.

There was great excitement among the masqueraders, which filled the heart of the king with joy. A general rush was made for the doors, but the king had ordered them to be locked immediately on his entrance.

While the commotion* was at its height and each masquerader* attentive* only to his own safety, the chain by which the chandelier ordinarily* hung descended* very slowly until its hook came within three feet of the floor.

Soon after this, the king and his seven ministers, having run about the hall in all directions, found themselves in its center. They were now in immediate contact with* the chain. At that moment, the dwarf took

트리페타는 방을 정돈하는 책임을 맡고 있었다. 하지만 몇몇 세부 사항을 살펴보면 트리페타는 자기 친구의 보다 침착한 판단에 의해 인도받고 있는 터였다. 그 친구의 제안으로 상들리에는 치워졌다. 난쟁이는 초에서 떨어지는 촛농이 손님들의 값비싼 드레스에 심각할 정도로 해로울 것이라고 말했다. 대신에 추가로 촛대들이 홀의 여러 곳에 설치되었다.

여덟 마리의 오랑우탄들은 절름발이 개구리의 충고를 받아들여 자신들이 출연하기 전인 자정까지 끈기 있게 기다렸다. 시계가 12시를 치자마자 왕과 그의 대신들은 모두 함께 서둘러 들어왔다. 아니, 굴러 들어왔다는 편이 맞겠다. 쇠사슬 때문에 그들은 들어오면서 발부리에 걸려 넘어졌다.

가장무도회 참가자들 사이에 큰 흥분이 일었고, 이는 왕의 마음을 기쁨으로 채웠다. 사람들이 문을 향해 달려가는 일반적인 일이 발생했지만, 왕은 자신이 들어가자마자 즉시 문을 잠그라고 명령을 내려둔 터였다.

소동이 절정에 달해 있는 동안, 그리고 가장무도회 참가자 각자가 자기 자신의 안전에만 주의를 기울이고 있는 동안, 대개는 상들리에에 매달려 있는 쇠사슬이 쇠사슬의 갈고리가 바닥으로부터 3피트 높이도 되지 않는 곳에 닿을 때까지 아주 천천히 내려왔다.

이후 얼마 지나지 않아 왕과 그의 일곱 대신들은 사방으로 뛰어다니다가 자신들이 홀 가운데에 있는 것을 알았다. 그들은 이제 쇠사슬과 직접적으로 닿았다. 그때 난쟁이는 왕과 대신들 중 한 명 사이에 있는 쇠사슬 부분을 잡았다. 재빠르

---

in charge of ~을 맡고 있는, ~을 책임지고 있는   **particulars** (공적 문서에 기록하는) 세부 사항   **judgment** 판단, 심판   **waxen droppings** 촛농   **additional** 부가적인, 추가의   **sconce** 양초 꽂이, 돌출 촛대   **patiently** 끈기 있게   **make one's appearance** 출현하다, 모습을 나타내다   **stumble** 발부리가 걸리다   **commotion** 동요, 소요   **masquerader** 가면무도회 참가자   **attentive** 주의 깊은, 세심한   **ordinarily** 보통, 대개   **descend** 내려가다, 내려오다   **be in contact with** ~와 접촉하고 있다

hold of the section* of the chain between the king and one of his ministers. Here, with the rapidity of thought, the dwarf inserted the hook from the chandelier line. In an instant,* by some unseen* agency,* the chandelier-chain was drawn far upward and out of reach.* As a result, the orangutans were taken up together in close connection,* and face to face.

The masqueraders, by this time, had recovered. Thinking that the whole thing was another one of the king's jokes, and they broke out into laughter at the apes* in need.*

"Leave them to me!" screamed Hop-Frog. "I think I know them. If I can only get a good look at them, I can tell who they are."

At that moment, the chandelier chain was brought down a little. Hop-Frog grabbed one of the sconces and jumped onto the chained apes, and then the chandelier chain was raised high up toward the ceiling.

"I shall soon find out who they are!" shouted Hop-Frog down at the masqueraders.

And now, while the whole assembly* (the apes included) roared with laughter,* the dwarf thrust* his torch* down toward the apes, as though he were trying to discover who they were.

Then came the same low, harsh, grating sound that had attracted the attention of* the king when he threw the wine in the face of Trippetta. But now, there was no

게 생각을 해낸 난쟁이는 여기에 샹들리에 쇠사슬에서 나온 갈고리를 끼워 넣었다. 순식간에 어떤 보이지 않는 작용에 의해 샹들리에의 쇠사슬은 위쪽으로 끌려올라가 손이 닿지 않는 곳에 있게 되었다. 결과적으로 오랑우탄들은 얼굴과 얼굴을 맞댄 채로 가까이 연결되어 한 덩어리가 된 채 끌어 올려졌다.

가장무도회 참가자들은 이때쯤 제정신을 차렸다. 모든 것이 왕의 또 다른 실없는 장난들 중 하나라고 생각했고, 그들은 도움이 필요한 유인원들을 보고 웃음을 터뜨렸다.

"저들을 저에게 맡겨 주십시오!" 절름발이 개구리가 소리쳤다. "제가 저들을 아는 것 같습니다. 만약 저들을 자세히 볼 수만 있다면 제가 저들이 누구인지 말할 수 있습니다."

그 순간 샹들리에의 쇠사슬이 약간 아래로 내려왔다. 절름발이 개구리는 촛대 중 하나를 잡고 쇠사슬로 묶인 유인원들 위로 뛰어올랐으며, 그런 다음 샹들리에 쇠사슬은 천장을 향해 위로 올려졌다.

"그들이 누구인지 제가 곧 밝혀내겠습니다!" 절름발이 개구리가 아래쪽의 가장무도회 참가자들에게 소리쳤다.

그리고 이제, (유인원을 포함한) 모임 전체가 폭소하는 동안 난쟁이는 그들이 누구인지 발견하려고 애쓰는 듯 자신의 횃불을 유인원들을 향해 아래쪽으로 밀어 넣었다.

그런 다음 왕이 트리페타의 얼굴에 술을 끼얹었을 때 왕의 주의를 끌었던 작지만 귀에 거슬리는 이를 부드득부드득 가는 소리가 났다. 하지만 지금은 그 소리

---

section 부분, 구분 in an instant 순식간에 unseen 보이지 않는 agency 작용, 힘 out of reach 손이 닿지 않는 connection 연결 ape 유인원 in need 도움이 필요한 assembly 모임 roar with laughter 폭소하다 thrust 밀다, 쑤셔 넣다 torch 횃불 attract the attention of ~의 주의를 끌다

doubt as to where the sound was coming from. It came from the fang-like* teeth of the dwarf, who ground them as he foamed* at the mouth. As he did so, he glared, with an expression* of maniac* rage, into the upturned* faces of the king and his seven ministers.

"Ah, ha!" said the angry jester. "I begin to see who these people are now!" Here, pretending* to see the king more closely, he held the sconce close to the furry* coat the king had worn to disguise himself as an orangutan. The coat instantly burst into a sheet of vivid* flame. In less than half a minute,* the whole eight orangutans were burning fiercely amid* the shrieks* of the multitude* who gazed at them from below. No one could help the poor beasts.

Soon, the growing flames forced the jester to climb higher up the chain.

"I now see clearly what kind of people these masqueraders are," said the dwarf as the crowd watched on. "They are a great king and his seven ministers—a king who does not hesitate to strike a defenseless* girl and his seven ministers who inspire him to* enrage* her. As for myself, I am simply Hop-Frog, the jester, and this is my last jest.*"

The eight corpses swung* in their chains, now a blackened, hideous, and indistinguishable* mass.* The dwarf threw his sconce at them, clambered* leisurely* to the ceiling, and disappeared through the skylight.

가 어디에서 나오고 있는지에 대해 의심의 여지가 없었다. 그것은 난쟁이의 송곳니 같은 이에서 나왔는데, 그는 입에 거품을 물고 이를 갈고 있었다. 그렇게 할 때, 난쟁이는 광적인 분노의 표현으로 땅을 향해 거꾸로 있는 왕과 일곱 대신들의 얼굴을 노려보았다.

"하, 하!" 화가 난 광대가 말했다. "이 사람들이 누구인지 이제 보이기 시작합니다!" 이쯤해서 왕을 더 가까이 들여다보는 척하면서, 절름발이 개구리는 촛대를 왕이 오랑우탄으로 변장하려고 입은 모피 외투 가까이에 가져다 대었다. 외투는 즉시 활활 타오르는 화염 한 자락에 휩싸였다. 머지않아 여덟 마리의 오랑우탄 전부는 아래에서 그들을 지켜보는 군중들의 비명 속에서 맹렬하게 타오르고 있었다. 아무도 그 가엾은 짐승들을 도울 수 없었다.

머지않아 커져가는 화염은 광대를 쇠사슬의 윗부분으로 더 높이 올라가게 했다.

"이제 나는 이 가장무도회 참가자들이 어떤 종류의 사람들인지 알겠습니다." 군중들이 지켜보고 있을 때 난쟁이가 말했다. "그들은 위대한 왕과 왕의 일곱 대신들이군요. 무방비 상태의 처녀를 때리는 것을 주저하지 않는 왕과 왕이 그 처녀에게 격분하도록 왕을 부추긴 일곱 명의 대신들이죠. 저로 말하자면, 저는 그저 광대일 뿐인 절름발이 개구리이고, 이것은 저의 마지막 장난입니다."

여덟 구의 시체는 이제 검게 타서 오싹하고 구별하기 어려운 덩어리가 되어 쇠사슬에 매달린 채 흔들렸다. 난쟁이는 그가 들고 있던 촛대를 그들에게 던지고 유유히 천장 쪽으로 기어 올라갔으며, 채광창을 통해 사라졌다.

---

fang-like 송곳니 같은 foam 거품을 일게 하다 expression 표현 maniac 광적인 upturned 뒤집힌, (위아래가) 거꾸로 된 pretend ~인 체하다 furry 모피로 덮인 vivid 생생한 in less than half a minute 머지않아, 곧 amid ~의 한복판에, ~이 한창일 때에 shriek 비명 multitude 군중, 많은 사람 defenseless 무방비의 inspire A to B A가 B하도록 부추기다 enrage 격분하게 만들다 jest 익살, 장난 swing 흔들리다, 진동하다 indistinguishable 구별하기 어려운 mass 큰 덩어리 clamber 기어오르다, 기어가다 leisurely 유유히, 느긋하게

It was clear that Trippetta, on the roof, had been the accomplice* of her friend in his fiery* revenge.* Neither of them was ever seen again, and it is said that they escaped together to their own country.

지붕 위에 있던 트리페타가 자기 친구의 격양된 복수극에서 그의 공범자였던 것은 분명했다. 둘 다 다시는 보이지 않았는데, 그들은 같이 그들의 고국으로 탈출했다고 한다.

---

accomplice 공범자 **fiery** 격양된, 불같은 **revenge** 복수

The Cask
of Amontillado

I had borne* the thousand injuries* Fortunato had given
to me as best as I could. When he dared to insult* me,
however, I vowed* revenge. You will not suppose,* I
hope, that I simply gave utterance* to a threat.* I decided
not only to punish* Fortunato, but to punish him with
impunity.*

It must be known that, neither by word nor deed,*
had I given Fortunato cause to doubt my good will. I
continued to smile in his face, and he did not perceive*
that my smile now was at the thought of his doom.*

He had a weakness, although in other regards* he was a
man to be respected and even feared. He was very proud
of his connoisseurship* in wine.

아몬틸라도 술통

내게는 포도주를 좋아하는 친구 포투네이토가 있다.
그러나 그는 무례하여 나에게 많은 마음의 상처를 주었다.
나는 마음속으로 치명적인 복수를 꿈꾸며
그의 무례를 참고 거짓 얼굴을 하고서 매일 그를 대한다.

나는 포투네이토가 나에게 주는 수많은 마음의 상처를 최대한 참아 왔다. 하지만 그가 감히 나를 모욕하려고 했을 때, 나는 복수를 맹세했다. 바라건대, 여러분은 내가 단순히 위협의 말만 했으리라고는 생각하지 않을 것이다. 나는 포투네이토를 벌주는 것뿐만 아니라 내가 처벌 받는 일 없이 그를 벌주겠다고 결심했다.

　말로든 혹은 행위로든 내가 포투네이토에게 나의 선의를 의심하게 하는 원인을 제공하지 않았다는 것이 알려져 있음은 분명하다. 나는 포투네이토의 면전에서 계속해서 미소를 지었고, 그는 나의 미소가 당시 그의 파멸에 대해 생각하는 중이라는 것을 감지하지 못했다.

　비록 다른 면에서 포투네이토는 존경받고 심지어는 두려움을 느끼게까지 하는 사람이었지만, 그에게는 약점이 있었다. 포투네이토는 자신의 포도주 감식안을 매우 자랑스러워했다.

---

bear 참다, 견디다　**injury** (마음의) 상처　**insult** 모욕하다, 욕보이다　**vow** 맹세하다, 서약하다
suppose 가정하다, 상상하다　**utterance** 발언, 말　**threat** 위협, 협박　**punish** 벌하다, 응징하다
with impunity 벌을 받지 않고, 무사히　**deed** 행위　**perceive** 지각하다, 감지하다　**doom** 운명,
파멸　**regard** 관계, 관련　**connoisseurship** 감정, 감식

One evening during the madness of the carnival* season, I encountered* my friend. He talked to me with excessive* warmth, for he had been drinking much. The man was wearing a clown* costume.* He had on a tight, striped* dress, and on his head was a conic* cap and bells. I was very pleased to see him.

"My dear Fortunato, you look remarkably* well today!" I said. "I need your help. I have just received a cask* of Amontillado, but I have my doubts."

"How?" he said. "Amontillado? A whole cask? And in the middle of the carnival? That's impossible!"

"As I said, I have my doubts," I replied. "I was silly enough to pay the full Amontillado price without consulting* you in the matter. I could not find you, and I was fearful of losing a bargain.*"

"Come, let us go," he said.

"Go where?" I asked.

"To your vaults,*" he said. "I will take a look at the wine."

"My friend, no," I said. "I do not wish to burden you. You are busy, and…."

"I am not busy," he said. "Come."

"But it is cold, and the vaults are extremely* damp,*" I said. "They are encrusted* with niter.*"

사육제 기간의 광기가 만연한 어느 날 저녁, 나는 내 친구와 마주쳤다. 그는 나에게 지나칠 정도로 따뜻하게 말을 걸었는데, 그가 술이 많이 취해 있는 상태였기 때문이었다. 그 친구는 어릿광대 옷을 입고 있었다. 그는 꼭 끼는, 줄무늬 옷을 입고 있었고, 그의 머리 위에는 방울이 달린 원뿔 모자가 있었다. 나는 그를 보게 되어 무척 기뻤다.

"내가 좋아하는 포투네이토, 자네 오늘 기분이 아주 좋아 보이는군!" 내가 말했다. "나는 자네의 도움이 필요하네. 내가 방금 아몬틸라도 술 한 통을 받았는데, 의심이 들어서 말이야."

"어떻게?" 포투네이토가 말했다. "아몬틸라도를? 한 통을 통째로 샀다고? 그것도 사육제 도중에? 그것은 불가능해!"

"말했듯이 나는 의심이 생긴다네." 내가 대답했다. "나는 그 문제에 있어서 자네와 상의하지도 않고 아몬틸라도 값 전부를 지불해 버릴 만큼 정말로 어리석었다네. 자네를 찾을 수 없었고, 싼 물건을 놓칠까 봐 두려워서 말이야."

"자, 가세." 포투네이토가 말했다.

"어디로 가자는 말인가?" 내가 물었다.

"자네의 포도주 저장고로." 포투네이토가 말했다. "내가 그 포도주를 살펴보겠네."

"이 친구야, 안 돼." 내가 말했다. "자네에게 부담을 주고 싶지는 않네. 자네는 바쁘고……."

"나 안 바빠." 포투네이토가 말했다. "가세."

"하지만 지금은 춥고, 포도주 저장고는 몹시 눅눅하다네." 내가 말했다. "그것들은 질산칼륨으로 덮여 있어."

---

carnival 사육제 **encounter** 만나다, 마주치다 **excessive** 과도한, 지나친 **clown** 어릿광대, 익살꾼 **costume** 복장, 옷차림 **striped** 줄무늬가 있는 **conic** 원뿔의 **remarkably** 몹시, 매우 **cask** 큰 통, 술통 **consult** 의견을 묻다 **bargain** 싼 물건 **vault** 아치형 지붕이 있는 건물(장소) **extremely** 매우, 몹시 **damp** 축축한, 습기 찬 **encrust** 외피로 덮다 **niter** 질산칼륨, 칠레초석

"Let us go, nevertheless," he said. "The cold is nothing. It is Amontillado!"

Thus speaking, Fortunato grabbed[*] my arm. We hurried to my house.

There was no one at home, for everyone was busy enjoying the carnival. I had told them that I would not return until the morning, and had given them explicit[*] orders not to leave the house empty.[*] I knew these orders would ensure[*] their immediate disappearance as soon as my back was turned.

I took two torches[*] from their sconces,[*] giving one to Fortunato. Then I led him through several rooms to the archway[*] that led into the vaults. I passed down a long and winding[*] staircase, telling him to be cautious as he followed. We came at last to the damp ground of the catacombs[*] of the Montresors.

The gait[*] of my friend was unsteady[*] because he was drunk, and the bells on his cap jingled[*] as he strode.[*]

"Where is the cask?" he asked.

"We have to go farther," I said. "Watch out for the white niter gleams from these cavern[*] walls."

He coughed[*] roughly[*] for a few seconds.

"Did you say niter?" he asked, at last.

"Yes," I replied. "How long have you had that cough?"

"Ugh! Ugh! Ugh!"

"그래도 가자고." 포투네이토가 말했다. "추위는 아무것도 아니야. 아몬틸라도 잖아!"

그렇게 말하며 포투네이토는 내 팔을 잡았다. 우리는 나의 집으로 서둘러 갔다.

집에는 아무도 없었는데, 모두 사육제를 즐기느라 분주했기 때문이었다. 나는 그들에게 내가 아침까지 돌아오지 않을 것이라고 말해 둔 터였고, 집을 비워 놓지 말라고 명백한 지시를 내려둔 터였다. 나는 이러한 지시들은 내가 등을 돌리자마자 어김없이 즉각 사라져 버릴 것임을 알았다.

나는 횃불 꽂이에서 두 개의 횃불을 집어 들었고, 하나를 포투네이토에게 주었다. 그런 다음 포투네이토를 몇 개의 방들을 지나 포도주 저장고로 이어진 아치 모양의 길로 안내했다. 나는 따라오는 동안 조심하라고 포투네이토에게 말하며 구불구불한 긴 계단을 내려갔다. 우리는 마침내 몬트레소르 집안의 지하 묘지의 축축한 땅에 도달했다.

내 친구는 취해 있었기 때문에 걸음걸이는 비틀거렸고, 그의 모자에 달린 방울은 그가 성큼성큼 걸을 때 딸랑딸랑 소리를 냈다.

"술통은 어디에 있나?" 포투네이토가 물었다.

"더 가야 해." 내가 말했다. "이 동굴 벽에서 나오는 질산칼륨의 허여스름한 빛들을 주의하게."

포투네이토는 잠시 동안 격렬하게 기침을 했다.

"질산칼륨이라고 했나?" 마침내 포투네이토가 물었다.

"그래." 내가 대답했다. "기침을 한 지 얼마나 오래되었나?"

"콜록! 콜록! 콜록!"

---

grab 붙들다, 움켜쥐다 **explicit** 명백한, 뚜렷한 **empty** 빈 **ensure** 확실하게 하다 **torch** 횃불
sconce 양초 꽂이, 횃불 꽂이 **archway** 아치 길 **winding** 꾸불꾸불한 **catacomb** 지하 묘지
gait 걷는 모양, 걸음걸이 **unsteady** 비틀비틀하는, (걸음걸이가) 불안정한 **jingle** 딸랑딸랑, 짤랑짤랑
stride 큰 걸음으로 걷다 **cavern** 동굴, 땅굴 **cough** 기침하다 **roughly** 격렬하게

My poor friend found it impossible to stop coughing for many minutes.

"It is nothing," he said, finally.

"Come, we will go back," I said. "Your health is precious.* You are rich, respected, admired, and loved. You are happy, as once I was. You are a man to be missed. We should go back. If we continue, you will be ill, and I cannot be responsible.*"

"That's enough," he said. "The cough is nothing. It will not kill me. I will not die of a cough."

"True, true," I replied. "I had no intention of* alarming* you unnecessarily,* but you should use all proper* caution.* A drink of this Medoc will defend* us from the damp and the cold."

Here I knocked off the neck of a bottle which I drew from a long row of bottles that lay on the ground.

"Drink," I said, handing him the wine.

He raised it to his lips with a smile. He paused and nodded to me. His bells jingled.

"I drink to the buried that rest around us," he said.

"And I drink to your long life," I said.

He again grabbed my arm, and we proceeded.*

"These vaults are extensive,*" he said.

"The Montresors once were a great and numerous family," I replied.

"I have forgotten your family's coat of arms,*" he said.

나의 가엾은 친구는 한참 동안 기침을 멈추기가 불가능하다는 것을 알았다.

"아무것도 아니네." 마침내 포투네이토가 말했다.

"자, 우리 돌아가야겠네." 내가 말했다. "자네의 건강은 소중하네. 자네는 부유하고, 존경받고, 칭송받고, 사랑받고 있어. 자네는 한때 내가 그랬던 것처럼 행복하다네. 자네는 보고 싶어지는 사람이야. 우리는 돌아가야 해. 만약 우리가 계속 가면, 자네는 병이 들 것이고, 나는 책임질 수 없네."

"됐네." 포투네이토가 말했다. "기침은 아무것도 아니야. 기침이 나를 죽이지는 않을 거야. 나는 기침으로 죽지는 않을 것이네."

"맞아, 맞아." 내가 대답했다. "나는 쓸데없이 자네를 놀라게 할 의도는 없었지만, 자네는 모든 적절한 주의를 기울여야 하네. 이 메독 한 모금이 축축함과 추위에서 우리를 지켜 줄 것이네."

여기서 나는 땅에 길게 한 줄로 놓여 있는 병들 사이에서 꺼낸 병의 마개를 땄다.

"마시게." 나는 포도주를 포투네이토에게 건네며 말했다.

포투네이토는 미소를 지으며 술을 입가로 들어 올렸다. 포투네이토는 잠시 멈추고 나에게 고개를 끄덕였다. 그의 방울이 딸랑딸랑 울렸다.

"우리 주위에서 휴식을 취하는 망자들을 위해 건배." 포투네이토가 말했다.

"그리고 자네의 장수를 위해 건배." 내가 말했다.

포투네이토는 내 팔을 잡았고 우리는 나아갔다.

"이 포도주 저장고는 아주 넓군." 포투네이토가 말했다.

"몬트레소르 집안은 한때 대가족이었으니까." 내가 대답했다.

"내가 자네 집안의 문장을 잊어버렸다네." 포투네이토가 말했다.

---

precious 귀중한　**responsible** 책임이 있는　**have no intention of** ~할 의도가 전혀 없다　**alarm** 위급을 알리다, 놀라게 하다　**unnecessarily** 불필요하게, 쓸데없이　**proper** 적당한, 적절한　**caution** 주의, 경고　**defend** 방어하다, 지키다　**proceed** 나아가다, 이동하다　**extensive** 넓은, 광대한　**coat of arms** 문장(집안을 나타내기 위한 상징적인 표지)

66

"It is a huge human foot in a blue field," I said. "The foot is crushing* a snake whose fangs* are embedded* in the heel."

"And what is the motto*?"

"No one insults me with impunity.*"

"That is good!" he said.

The wine sparkled* in his eyes and the bells jingled. We passed through walls of piled* bones,* with casks and barrels* intermingling,* into the inmost* recesses* of the catacombs. I paused again, and this time I grabbed Fortunato by the arm.

"The niter!" I said. "See, it grows thicker. It hangs like moss* on the vaults. We are below the river's bed, and the drops of moisture* trickle down* through the bones. Come, we will go back before it is too late. Your cough is getting worse."

"It is nothing," he said. "Let us keep going. But first, let me take another swig* of the Medoc."

I opened and passed him a bottle of strong spirits.* He emptied* it in one breath.* His eyes flashed with a fierce light. He laughed and threw the bottle upward with an elaborate,* grotesque* gesture which I did not understand.

I looked at him in surprise. He repeated the movement.

"You do not understand?" he said.

"우리 집안의 문장은 푸른 들판에 찍힌 거대한 인간의 발이네." 내가 말했다. "그 발은 발뒤꿈치에 송곳니를 박고 있는 뱀을 짓밟고 있지."

"그리고 가훈이 뭐더라?"

"벌을 받지 않고서는 아무도 나를 모욕하지 못한다."

"그거 멋지군." 포투네이토가 말했다.

포도주가 포투네이토의 눈 속에서 반짝거렸으며 방울은 딸랑딸랑 울렸다. 우리는 큰 술통과 작은 술통이 뒤섞여 있는, 뼈로 쌓아 올린 벽을 지나 지하 묘지의 가장 깊숙한 곳으로 갔다. 나는 다시 걸음을 멈추었고, 이번에는 포투네이토의 팔을 잡았다.

"질산칼륨이군!" 내가 말했다. "보게, 점점 짙어지고 있어. 이끼처럼 지하실에 매달려 있다네. 우리는 강바닥 아래에 있고, 습기를 품은 물방울들이 뼈들 사이로 똑똑 떨어지고 있어. 자, 우리는 너무 늦기 전에 돌아갈 거야. 자네의 기침 소리가 점점 더 나빠지고 있군."

"그것은 아무것도 아니야." 포투네이토가 말했다. "계속 가세. 하지만 우선 메독 한 모금만 더 마시자."

나는 독한 술 한 병을 따서 포투네이토에게 그 술을 건넸다. 포투네이토는 단숨에 그 병을 비웠다. 그의 눈은 맹렬한 빛으로 번쩍거렸다. 포투네이토는 웃으면서 그 병을 내가 이해할 수 없는, 정교하면서도 괴상한 몸짓과 함께 위쪽으로 던졌다.

나는 놀라서 포투네이토를 바라보았다. 포투네이토는 그 동작을 반복했다.

"이해가 안 가나?" 포투네이토가 말했다.

---

crush 짓밟다, 쭈그러뜨리다 **fang** (뱀의) 독니 **embed** 단단히 박다, 끼워 넣다 **motto** 좌우명, 표어 **with impunity** 벌을 받지 않고 **sparkle** 번쩍이다, 번득이다 **piled** 쌓아 올린 **bone** 뼈 **barrel** 통 **intermingle** 섞다, 혼합하다 **inmost** 가장 깊은 곳의, 맨 안쪽의 **recess** 깊숙한 곳, 구석진 곳 **moss** 이끼 **moisture** 습기, 수분 **trickle down** (눈물 등이) 떨어지다 **take a swig** ~을 꿀꺽꿀꺽 마시다 **strong spirits** 독한 술 **empty** 비우다, 다 마셔 버리다 **in one breath** 단숨에 **elaborate** 공들인, 정교한 **grotesque** 괴상한, 괴기한

"No," I replied.

"Then you are not of the brotherhood,*" he said.

"Brotherhood?" I asked.

"You are not a Freemason," he said.

"Yes, yes," I said, "yes, I am."

"You?" he cried. "Impossible! A Freemason?"

"Yes," I replied.

"Show me a sign," he said.

"Here it is," I answered, showing the trowel* I had been carrying under my coat.

"You are joking," he exclaimed, laughing. "Now let us proceed to the Amontillado."

"Of course," I said, replacing* the trowel under the coat, and again offering him my arm. He leaned* on it heavily. We continued in our search of the Amontillado. We passed through a range of low arches, descended, passed on, and descended again. We finally arrived at a small, deep niche,* in which the foulness* of the air caused our torches to glow rather than burn.

Its walls had been lined with human remains, piled to the vault* overhead,* similar to the great catacombs of Paris. Three sides of this niche were decorated in this manner. The bones had been thrown down from the fourth, furthermost* wall, and lay scattered* on the ground, forming at one point a mound* of some size.

"Go on," I said. "The Amontillado is in there."

"모르겠네." 내가 대답했다.

"그렇다면 자네는 단원이 아닌 거로군." 포투네이토가 말했다.

"단원?" 내가 물었다.

"자네는 프리메이슨 단원이 아니야." 포투네이토가 말했다.

"아니, 그렇지 않아." 내가 말했다. "맞아, 나는 프리메이슨 단원이야."

"자네가?" 포투네이토가 외쳤다. "불가능해! 프리메이슨 단원이라고?"

"그래." 내가 대답했다.

"증거를 보여 주게." 포투네이토가 말했다.

"여기 있네." 내가 외투 안에 가지고 다니는 흙손을 보여 주며 대답했다.

"자네 농담이지." 포투네이토가 웃으며 외쳤다. "이제 아몬틸라도 쪽으로 가세."

"물론이네." 나는 흙손을 외투 안에 도로 넣고, 다시 포투네이토에게 내 팔을 내주며 말했다. 포투네이토는 내 팔 쪽으로 무게를 실어 기대었다. 우리는 아몬틸라도를 찾아서 계속 나아갔다. 우리는 낮은 아치 모양의 공간을 지나 계단을 내려가고 통로를 지나 다시 아래로 내려갔다. 우리는 마침내 작고 깊은 틈새에 도착했는데, 그 틈새 안에 있는 공기의 탁함은 횃불을 타오르게 하기보다는 번쩍거리게 하는 원인이 되었다.

그 벽은 인간의 유해들로 줄지어져 있었는데, 파리의 거대한 지하 묘지와 비슷하게 머리 위쪽 천장까지 쌓여 있었다. 이 틈새의 삼면은 이와 같은 방식으로 장식되어 있었다. 뼈들은 가장 멀리 있는 네 번째 벽에서 아래쪽으로 던져진 것이었으며, 어느 한 지점에서는 상당한 크기의 무더기를 형성하며 땅바닥에 흩어진 채 놓여 있었다.

"계속 가세." 내가 말했다. "아몬틸라도가 그곳에 있네."

---

brotherhood 조합, 단체　**trowel** 흙손, 모종삽　**replace** 제자리에 놓다　**lean** 기대다, 기대서다
niche 벽감, 틈새　**foulness** 탁함, 불결한 것　**vault** 둥근 천장, 아치 천장　**overhead** 머리 위의
furthermost 가장 먼　**scattered** 산발적인　**mound** 흙무더기

Fortunato stepped forward unsteadily, and I followed immediately at his heels.* In an instant,* he had reached the end of the niche, and in another moment I had chained him to the wall from which the bones had been thrown down. On its surface* were two iron* rings, about two feet apart. From one of these hung a short chain, and from the other a padlock.* Throwing the chain around his waist, it took me only a few seconds to secure* it. He was too drunk and astonished* to resist. Withdrawing* the key from the lock, I stepped back from the niche.

"Pass your hand over the wall," I said. "You should be able to feel the niter. It is very damp here. We should return. No? Then I must leave you. But I must first pay you all the little attentions* in my power."

"The Amontillado!" exclaimed my friend, not yet recovered from his astonishment.

"Yes," I replied, "the Amontillado."

As I said these words, I went through the pile of bones on the ground. Throwing them aside, I soon uncovered* building stones and mortar.* Using these materials* and my trowel, I began to wall up the entrance of the niche.

I had almost laid the first layer* of stones when I discovered that Fortunato was beginning to sober up.* The earliest reaction* on this was a low, moaning* cry from the depth of the recess. It was not the sound of a

포투네이토는 비틀거리며 앞으로 걸어갔고, 나는 즉시 그의 뒤를 따라갔다. 즉시 포투네이토는 틈새 끝에 도달했고, 다음 순간 나는 뼈들이 던져졌던 그 벽에 포투네이토를 묶었다. 그 표면에는 두 개의 쇠고리가 있었는데, 서로 2피트 가량 떨어져 있었다. 이 쇠고리들 중 하나에는 짧은 쇠사슬이 달려 있었고, 다른 쪽에는 맹꽁이자물쇠가 달려 있었다. 쇠사슬을 포투네이토의 허리에 두르고 그것을 고정시키는 데에는 불과 몇 초도 걸리지 않았다. 포투네이토는 너무 취한 데다가 깜짝 놀라서 저항할 수도 없었다. 자물쇠에서 열쇠를 빼낸 다음 나는 틈새에서 뒤로 물러났다.

"손으로 벽을 더듬어 보게." 내가 말했다. "자네도 질산칼륨을 느낄 수 있을 거야. 여기는 몹시 눅눅하네. 우리는 돌아가야 해. 안 된다고? 그러면 내가 자네를 떠나야겠군. 하지만 나는 내 힘이 닿는 한 먼저 자네에게 사소한 배려라도 모두 해 주겠네."

"아몬틸라도!" 놀란 상태에서 아직 제정신을 차리지 못한 내 친구가 소리쳤다.

"그래." 내가 대답했다. "아몬틸라도가 있지."

이 말을 하면서 나는 땅 위에 쌓여 있는 뼈들 사이를 지나갔다. 그 뼈들을 한옆으로 던져 버리며, 나는 곧 건축용으로 쓰는 돌과 모르타르를 덮어 두었던 덮개를 벗겼다. 이러한 재료와 내 흙손을 사용하여 나는 틈새의 입구에 담을 쌓기 시작했다.

포투네이토가 술에서 깨기 시작하고 있다는 것을 발견했을 때 나는 첫 번째 돌층을 거의 다 쌓은 상태였다. 이에 대한 맨 처음 반응은 우묵하게 들어간 땅의 깊은 곳에서 나오는 낮게 신음하는 소리였다. 그것은 취한 사람이 내는 소리가 아

---

follow at one's heels ~의 뒤를 따라가다 in an instant 즉시, 곧 surface 표면 iron 철, 쇠 padlock 맹꽁이자물쇠 secure 고정시키다, 잡아매다 astonished 깜짝 놀란 withdraw 물러나다 attentions (주로 복수로) 배려 uncover 덮개를 벗기다, 뚜껑을 열다 mortar 모르타르, 회반죽 material 재료 layer 층 sober up 술이 깨다 reaction 반응, 반작용 moan 신음하다

drunken man. Then came a long and obstinate* silence. I laid the second layer, and the third, and the fourth. And then I heard the furious* vibrations* of the chain.

The noise lasted for several minutes, during which I stopped and sat down on the bones so that I could enjoy the moment with more satisfaction. When at last the clanking* subsided,* I went back to work. I finished without interruption* the fifth, the sixth, and the seventh layers. The wall was now nearly as high as my chest. I paused again, and holding the torch over the layers of stone, threw a few feeble* rays on the man inside.

A succession of* loud and shrill* screams,* bursting suddenly from the throat of the chained man, seemed to thrust me violently back. For a brief moment I hesitated, then, realizing that no one could hear, I began mocking* his cries. I replied to the yells* with even louder yells. I did this, and my victim* grew still.

It was now midnight, and my task was drawing to a close.* I had completed the eighth, the ninth, and the tenth layers. I then finished a portion of the last layer, leaving just a single stone to be fitted and plastered in. I placed the heavy stone partially* in its destined* position. But now there came from the niche a low laugh that made the hairs on the back of my neck stand up. It was followed by a sad voice, which I had difficulty in recognizing* as that of the noble* Fortunato.

니었다. 그런 다음 길고 고집스러운 침묵이 흘렀다. 나는 두 번째 층을 쌓았고, 세 번째 층, 그리고 네 번째 층을 쌓았다. 그러고 나서 나는 쇠사슬이 질질 끌리며 요란하게 울리는 소리를 들었다.

소음은 몇 분 동안 계속되었고, 그동안 나는 더 만족스럽게 그 순간을 즐기려고 일을 멈추고 뼈들 위에 앉았다. 마침내 철커덕거리는 소리가 잦아들었을 때 나는 다시 일을 시작했다. 나는 방해받지 않고 다섯 번째 층, 여섯 번째 층, 그리고 일곱 번째 층을 세우는 일을 끝냈다. 벽은 이제 거의 내 가슴 높이만큼 높아졌다. 나는 다시 멈추고, 돌을 쌓은 층 너머로 횃불을 올려 안에 있는 사람에게 희미한 불빛을 약간 던졌다.

쇠사슬에 묶인 사람의 목구멍에서 갑자기 터져 나오는 크고 날카로운 연속적인 비명 소리는 나를 난폭하게 뒤로 떠밀어 버리는 것 같았다. 잠시 나는 망설였지만, 그런 뒤 아무도 듣지 못한다는 것을 깨닫고, 나는 그의 비명을 흉내 내기 시작했다. 나는 보다 더 큰 고함 소리로 그 고함 소리에 응답했다. 내가 이렇게 하자 나의 희생자는 조용해졌다.

이제 자정이었고, 나의 일은 끝나 가고 있었다. 나는 여덟 번째 층, 아홉 번째 층, 그리고 열 번째 층을 끝냈다. 그런 다음 돌 하나를 끼워 회반죽을 발라 넣는 작업 하나만 남기고 마지막 층 부분의 작업도 끝냈다. 나는 무거운 돌을 원래 놓이도록 정해진 지점에 일부만 걸쳐 놓았다. 하지만 이제 틈새에서 낮은 웃음소리가 나와 내 머리 뒤쪽의 머리카락이 곤두섰다. 웃음소리 다음에는 슬픈 목소리가 뒤따라 나왔는데, 그것이 당당한 포투네이토의 목소리였는지는 알아듣기가 어려웠다.

---

obstinate 완고한, 고집 센 furious 격렬한, 맹렬한 vibration 진동 clanking 철커덕거리는 소리 subside 가라앉다, 진정되다 interruption 중단, 방해 feeble 연약한, 희미한 a succession of 일련의 shrill 날카로운, 새된 scream 비명 mock 흉내 내며 놀리다 yell 고함 소리, 외침 victim 희생자, 피해자 draw to a close 종말에 가까워지다 partially 부분적으로 destined 예정된, 운명 지어진 recognize 인정하다, 인지하다 noble 당당한

"Ha! Ha! Ha! What a great joke!" he said. "Excellent, excellent. We will have many laughs about it at home! He! He! He! Over our wine!"

"The Amontillado!" I said.

"Yes, the Amontillado. Ha! Ha!" he said. "But is it not getting late? They'll be waiting for us at home, my Lady Fortunato and the rest of the people. Let us go now."

"Yes," I said, "let us go."

"For the love of God, Montressor!" he said.

"Yes," I said, "for the love of God!"

There was no reply.

"Fortunato!" I cried.

No answer.

"Fortunato!"

Still no answer. I threw the torch through the remaining gap.* In return, I could only hear a jingling of the bells. My heart grew sick because it was too damp inside the catacombs. I quickly forced the last stone into its position and plastered it up. I put up the bones onto the new wall. For half a century* no man has disturbed* Fortunato. May he rest in peace!

"하! 하! 하! 대단한 장난이군!" 포투네이토가 말했다. "훌륭하네, 훌륭해. 우리는 집에서 이 일을 두고 많이 웃게 될 거야! 헤! 헤! 헤! 포도주를 마시면서 말이야!"

"아몬틸라도지." 내가 말했다.

"그래, 아몬틸라도지. 하! 하!" 포투네이토가 말했다. "하지만 시간이 늦어지고 있지 않나? 그들이 집에서 우리를 기다리고 있을 거야. 내 부인과 나머지 가족들 말이야. 이제 가세나."

"그래." 내가 말했다. "가자."

"제발 부탁이네, 몬트레소르!" 포투네이토가 말했다.

"그래." 내가 말했다. "제발 부탁이네!"

대답이 없었다.

"포투네이토!" 내가 외쳤다.

대답이 없었다.

"포투네이토!"

여전히 대답이 없었다. 나는 남아 있는 틈 사이로 횃불을 던졌다. 대답으로 나는 방울이 쨍그랑쨍그랑 울리는 소리만 들을 수 있었다. 지하 묘지 안이 너무 축축했기 때문에 내 가슴에는 울렁증이 생겼다. 나는 재빨리 마지막 돌을 원래 놓여야 할 그 자리에 밀어 넣고 회반죽으로 발랐다. 나는 새로 만든 벽에 뼈를 쌓아두었다. 50년 동안 아무도 포투네이토를 방해하지 않았다. 포투네이토가 편히 쉬기를!

---

gap 갈라진 틈, 구멍   **century** 100년   **disturb** 방해하다

The Island of the Fay

Music, more than any other talent, can be fully enjoyed when one is alone. But there is one pleasure still within the reach of man that may be more enjoyable in solitude* than music. And what I mean is the happiness experienced in the contemplation* of natural scenery. In truth, any man who sees the glory of God on earth must see that glory in solitude.

To me, the presence* of any life other than the green things which grow on the soil* and are voiceless* is a stain* on the landscape. Animals disrupt* the genius* of the scene. I love, indeed, to watch the dark valleys, and the gray rocks, and the waters that silently smile, and

요정의 섬

나는 자연을 사랑하고, 이를 지켜보는 것을 좋아한다.
어느 날 산과 강을 따라 유유히 여행하던 중
평화로운 개울과 그 개울 중간에 있는 작은 섬을 보게 된다.
그때 요정과도 같은 것이 섬 주위를 빙빙 맴도는 것이 보인다.

음악은 그 어떤 재능보다도 혼자 있을 때 충분히 즐길 수 있다. 하지만 음악보다 혼자서 더 많이 즐길 수 있을지도 모르는, 여전히 인간의 영역 내에 있는 즐거움이 하나 있다. 그리고 내가 의미하는 것은 자연 경관에 대한 명상에서 경험되는 행복이다. 사실 지상에서의 신의 영광을 보는 자는 누구든 반드시 고독의 찬란한 아름다움을 보아야 한다.

나에게 있어서, 땅에서 자라고 목소리가 없는 초록색 것들 외의 다른 형태의 생명체의 존재는 어떤 것이든 풍경의 오점이다. 동물들은 경치의 진수를 붕괴시킨다. 나는 어두운 골짜기, 회색의 바위들, 조용히 미소 짓는 강물, 불편한 잠을 자

---

solitude 고독   **contemplation** 숙고, 명상   **presence** 존재, 현존   **soil** 흙, 땅   **voiceless** 목소리가 없는, 무언의   **stain** 얼룩, 오점   **disrupt** 방해하다, 지장을 주다   **genius** 특성, 진수

the forests that sigh in uneasy sleeps, and the proud, watchful* mountains that look down on* all.

I love to regard* these as themselves, but they are gigantic* members of one vast living and sentient* whole—the earth. It is a whole whose form is the most perfect and most inclusive* of all; whose path is among other planets*; whose meek* handmaiden* is the moon, whose sovereign* is the sun; whose life is eternity,* whose thought is that of a God; whose enjoyment is knowledge; whose destinies* are lost in immensity,* whose perception* of us is similar to that of our own perception of the microscopic* animals which infest* the brain. The earth is a being which we, in consequence,* regard as purely lifeless and material,* much in the same manner as these microscopic animals must regard us.

Our telescopes* and our mathematical* investigations* assure* us that space is an important consideration* in the eyes of the Almighty.* The cycles* in which the stars move are those best adapted* for the evolution,* without collision,* of the greatest possible number of bodies. The forms of those bodies include, within a given surface, the greatest possible amount of matter. Meanwhile, the surfaces themselves accommodate* a denser* population* than could be accommodated on the same surfaces arranged* differently.

면서 한숨 쉬는 숲, 모든 것을 경멸하는 자부심 강하고 경계심 있는 숲을 보는 것을 정말로 좋아한다.

　나는 이러한 것들을 있는 그대로 보는 것을 아주 좋아하지만, 그것들은 하나의 살아 있고 감각을 가지고 있는 광대한 전체, 즉 지구의 거대한 일원들이다. 그것은 모든 것들 중에서 그 형태가 가장 완벽하고 가장 포괄적인 전체이다. 그것의 길은 다른 행성들 가운데에 있고, 그것의 유순한 시녀는 달이고, 그것의 군주는 태양이며, 그것의 생명은 영원하고, 그것의 생각은 신의 생각이고, 그것의 즐거움은 지식이며, 그것의 운명은 무한함 속에서 길을 잃고, 우리에 대한 그것의 인식은 뇌에 들끓는 미생물들에 대한 우리 자신의 인식과 유사하다. 결과적으로 지구는, 이들 미생물들이 우리를 생각하는 것과 같은 방식으로, 순전히 무생물이자 물질이라고 우리가 인식하는 존재이다.

　우리의 망원경과 우리의 수학적 연구는 우주가 전능한 신의 눈에는 중요한 고려 대상이라는 것을 우리에게 확신시킨다. 별들이 움직이는 주기는 수없이 많을 것이라고 가정되는 천체들 가운데에서 충돌 없이 진화에 가장 잘 맞춰진 주기이다. 그러한 천체들의 형태는 주어진 표면 내에서 최대한 가능한 양의 물질들을 포함한다. 한편 표면 그 자체는 다르게 배열된 동일한 표면에서 수용될 수 있는 것보다 더 조밀한 인구를 수용한다.

---

watchful 주의하는, 경계하는　**look down on** ~을 낮추어 보다, 경멸하다　**regard** ·-으로 여기다　**gigantic** 거대한　**sentient** 지각이 있는　**inclusive** 포괄적인　**planet** 행성　**meek** 유순한, 온순한　**handmaiden** 하녀, 시녀　**sovereign** 군주　**eternity** 영원, 영겁　**destiny** 운명, 숙명　**immensity** 엄청남, 방대함　**perception** 지각, 인식　**microscopic** 현미경의, 미시적인　**infest** 들끓다, 우글거리다　**in consequence** 결과로써　**material** 재료, 물질　**telescope** 망원경　**mathematical** 수학의, 수리적인　**investigation** 조사, 연구　**assure** 확신하다, 확인하다　**consideration** 고려, 숙고　**the Almighty** 전능한 신, 하느님　**cycle** 주기, 순환　**adapt** 맞추다, 조정하다　**evolution** 발달, 진화　**collision** 충돌, 격돌　**accommodate** 수용하다, 공간을 제공하다　**dense** 밀집한, 빽빽한　**population** 인구, 주민　**arrange** 배열하다, 배치하다

There is no argument[*] that space itself is infinite.[*] Also we see clearly that the endowment[*] of matter with vitality[*] is a principle.[*] As far as we judge, it is in the operations[*] of God. As we find cycle within cycle without end, may we not analogically[*] suppose in the same manner, life within life, the less within the greater, and all within the Spirit Divine[*]? In short, we are madly erring[*] in believing man to be of more moment in the universe[*] than that vast "clod[*] of the valley."

Such thoughts have always given to my meditations[*] among the mountains and the forests, by the rivers and the ocean. My wanderings through such scenes have been often solitary. The interest with which I have wandered through many dim,[*] deep valleys has been an interest greatly deepened[*] by the thought that I have wandered and gazed[*] alone.

It was during one of my lonely journeys through a distant[*] region of mountains and rivers that I happened to come across a certain stream and island. I discovered them suddenly in the leafy[*] June, and threw myself down on the ground, beneath the branches of an unknown fragrant[*] shrub.[*]

On all sides, except to the west, where the sun was about to fall, arose[*] the green walls of the forest. The little river which turned sharply into it seemed to have no exit[*] from it. It seemed to be simply absorbed[*] by the deep green foliage[*] of the trees to the east. Meanwhile,

우주 그 자체가 무한하다는 데에는 논쟁의 여지가 없다. 또한 우리가 물질에 생명력을 부여하는 것은 하나의 원칙이라는 것을 분명히 안다. 우리가 판단하는 한, 그것은 신의 계획에 속해 있다. 우리가 끝이 없는 주기 안에서 하나의 주기를 발견하면, 우리는 같은 방식으로 생명 안에서 생명을, 더 큰 생명 안에서 더 작은 생명을, 그리고 신성 안에서 모든 것을 유추하게 되지 않을까? 간단히 말해서, 우리는 사람이 거대한 '계곡의 덩어리'보다 우주에서 훨씬 더 중요하다고 믿으면서 대단한 실수를 범하고 있는 것이다.

그러한 생각들은 언제나 산과 숲 속에서, 강가와 바닷가에서 나에게 명상할 거리로 주어졌다. 그러한 경치로의 나의 방랑은 종종 고독했다. 어둑하고 깊은 많은 계곡들을 헤매며 품고 있던 관심은 혼자 헤매고 응시하고 있던 생각에 의해 더욱 깊어진 관심이었다.

내가 어떤 개울과 섬을 우연히 접하게 된 것은 먼 지역의 산과 강을 혼자 여행할 때였다. 나는 녹음이 우거진 6월에 갑자기 그것들을 발견했고, 알려지지 않은 향기로운 관목의 가지 아래쪽의 땅에 털썩 주저앉았다.

해가 막 지려고 하는 서쪽을 제외한 사방에서 숲의 초록 벽들이 차츰 시야에 들어왔다. 숲 속으로 갑자기 방향을 바꾸는 작은 강은 숲으로부터 나가는 출구는 가지고 있지 않은 듯했다. 강은 동쪽으로 나무들의 짙은 푸른 잎들에 의해 그냥 빨려 들어가는 듯했다. 한편 맞은편에서는 소리 없이, 그리고 계속적으로 골짜기

---

argument 말다툼, 논쟁　**infinite** 무한한　**endowment** 부여, 기부　**vitality** 생명력, 활력
principle 원리, 원칙　**operation** 작용, 계획　**analogically** 유사하게, 유추하여　**divine** 신의; 신성
err 실수를 범하다　**universe** 우주, 은하계　**clod** 덩어리　**meditation** 명상, 묵상　**dim** 어둑한,
어스레한　**deepen** 깊어지다　**gaze** 응시하다　**distant** 먼, 먼 곳의　**leafy** 잎이 많은, 녹음이 우거진
fragrant 향기로운　**shrub** 관목　**arise** 차츰 시야에 들어오다　**exit** 출구　**absorb** 흡수하다,
빨아들이다　**foliage** 잎

on the opposite* side, there poured a waterfall* down noiselessly* and continuously into the valley.

About midway* in the short scene which my dreamy* vision* took in, I noticed one small circular* island in the middle of the stream.

My position enabled me to see both the eastern and western ends of the islet.* I observed* a clear difference in their aspects.* There was a beautiful garden in the western end. It glowed* and blushed* beneath the sunlight, and was full of flowers. The grass was short, springy,* and sweet-scented.* The trees were lithe,* bright, slender,* and graceful. There seemed to be a deep sense of life and joy there. And although there were no winds, everything there was given a sense of motion through the gentle sweepings* of innumerable* butterflies, which looked like tulips with wings.

The eastern side of the islet was covered in a dark shade.* A dark, yet beautiful and peaceful darkness pervaded* all things. The trees were dark in color and mournful* in form and attitude.* They looked sad, and their solemn* shapes seemed to convey* the ideas of fatal* sorrow and untimely* death. The grass wore deep tints,* and the heads of its blades* hung droopingly.* And here and there among the grass were many small, ugly hillocks.* They were low and narrow,* and not very long.

로 폭포가 쏟아지고 있었다.

나의 몽롱한 시야에 들어온 짧은 경치의 중간쯤에서 나는 개울 중간에 있는 한 작은 둥근 섬을 보았다.

내가 있는 곳은 내가 작은 섬의 동서쪽 끝자락을 둘 다 볼 수 있게 해 주었다. 나는 그 양쪽 끝자락에서의 분명한 차이를 관찰했다. 서쪽 끝에는 아름다운 정원이 하나 있었다. 그것은 햇살 아래에서 반짝이고 환한 빛을 받고 있고, 꽃들로 가득했다. 풀은 길게 자라지 않았고 수분을 머금고 있었으며 달콤한 향이 났다. 나무들은 유연하고 밝은 초록색이고 가녀렸으며 기품이 있었다. 거기에는 깊은 생명력과 환희가 있는 것 같았다. 그리고 비록 바람은 없었지만, 그곳에 있는 모든 것은 무수한 나비들의 부드러운 날갯짓을 통해 운동감을 부여받았는데, 그 나비들은 날개 달린 튤립처럼 보였다.

섬의 동쪽 끝은 어두운 그늘로 덮여 있었다. 거무스름하지만 아름답고 평화로운 어둠이 모든 것에 깃들어 있었다. 나무들은 색이 짙었고 형태와 자세가 애처로움을 자아냈다. 나무들은 슬퍼 보였고 그것들의 엄숙한 모양새는 치명적인 슬픔과 시기상조의 죽음이라는 생각을 전달하는 듯했다. 풀은 깊은 색조로 물들어 있었고 풀잎의 윗부분은 힘없이 늘어져 있었다. 그리고 풀밭 사이로 여기저기에 작고 보기 흉한 작은 언덕들이 많이 있었다. 그것들은 높이가 낮고 폭이 좁았으며, 길이도 아주 길지는 않았다.

---

opposite 반대편의, 맞은편의   **waterfall** 폭포   **noiselessly** 조용히, 소리 없이   **midway** 중도에, 중간쯤에   **dreamy** 꿈꾸는 듯한, 몽롱한   **vision** 시야   **circular** 원의, 원형의   **islet** 작은 섬   **observe** 관찰하다, 주시하다   **aspect** 면, 국면   **glow** 빛을 내다, 빛나다   **blush** 얼굴을 붉히다   **springy** 촉촉한, 수분을 머금고 있는   **sweet-scented** 달콤한 향이 나는   **lithe** 나긋나긋한, 유연한   **slender** 호리호리한, 가느다란   **sweeping** 휩쓸기   **innumerable** 셀 수 없이 많은, 무수한   **shade** 그늘, 응달   **pervade** 스머들다, 깃들다   **mournful** 슬픔에 잠긴, 애처로운   **attitude** 태도, 자세   **solemn** 엄숙한, 진지한   **convey** 전달하다   **fatal** 치명적인   **untimely** 시기상조의, 때 이른   **tint** 엷은 빛깔, 색조   **blade** 풀잎   **droopingly** 고개를 숙여, 힘없이 늘어져   **hillock** 작은 언덕   **narrow** 폭이 좁은, 좁다란

To my eyes they seemed like graves,* but they were not. The shade of the trees fell heavily on the water. It seemed to impregnate the depths of the water with* darkness. I imagined that the shadows, as the sun descended lower and lower, separated* themselves from the trunks of the trees to become absorbed by the stream while other shadows appeared from the trees to take their place.

"If ever an island were enchanted,* this is it," I said to myself. "This is where the few remaining Fays* come to rest. Are these green tombs theirs?"

As I thus thought, with my eyes half-closed, it appeared to me that the form of one of those very Fays about whom I had been imagining made its way slowly into the darkness from the western end of the island. She stood in a fragile* canoe.* While under the lingering* sunbeams,* she looked happy. However, she was full of sorrow as she passed into the shade. Slowly she glided* along, and at last she went around the islet and reentered* the region of light.

"The trip that Fay has just made around the islet is the cycle of the brief year of her life," I thought. "She has floated* through her winter and through her summer. She is one year closer to Death. As she came into the shade, her shadow fell from her. It was swallowed up in the dark water, making its blackness even blacker."

내 눈에는 그것들이 무덤처럼 보였으나, 그것들은 무덤이 아니었다. 나무들의 그늘이 물 위로 짙게 드리워졌다. 그 그림자는 물속 깊숙한 곳에 어둠이 스며들게 하는 것 같았다. 나는 해가 점점 더 아래로 내려옴에 따라 그림자들이 나무 몸통에서 분리되어 강물에 흡수되고 그러는 동안 다른 그림자들이 나무에서 생겨나 그들의 자리를 차지하는 것이라고 생각했다.

"섬이 마법에 걸리기라도 한다면, 이 섬이 바로 그 섬이야." 나는 혼잣말을 했다. "이곳은 얼마 남지 않은 요정들이 쉬러 오는 곳이야. 이 초록 무덤이 그들의 무덤일까?"

내가 눈을 반쯤 감고 그렇게 생각하고 있을 때 나한테는 내가 상상하고 있던 바로 그 요정들 중 하나의 형태가 서서히 섬의 서쪽 끝에서 어둠 속으로 천천히 들어오는 것처럼 보였다. 그 요정은 금방이라도 부서질 듯한 카누 위에 서 있었다. 지지 않고 오랫동안 남아 있는 햇살 아래에 있는 동안 요정은 즐거워 보였다. 하지만 그늘 속으로 들어갈 때 요정은 완전히 슬픔에 젖어 있었다. 천천히 요정은 미끄러져 나아갔고, 마침내 요정은 섬을 돌아 빛이 있는 지역으로 다시 들어갔다.

'요정이 방금 섬을 돈 여행은 요정의 생애로 짧은 한 해만큼의 주기인 거야.' 나는 생각했다. '요정은 자신의 겨울을 지나고 여름을 지나 스르륵 움직인 거야. 요정은 죽음에 일 년 더 가까워진 것이지. 요정이 그늘로 들어갈 때, 요정의 그림자가 요정에게서 떨어졌어. 그것은 어두운 물속으로 삼켜져서 물의 어두움은 훨씬 더 새카매졌지.'

---

grave 무덤 impregnate A with B A에 B를 스며들게 하다 separate 분리하다 enchant ~에 마법을 걸다 fay (시어) 요정 fragile 부서지기 쉬운 canoe 카누, 통나무배 lingering 질질 끄는, 오래 가는 sunbeam 햇살, 햇빛 glide 미끄러지듯 나아가다 reenter ~에 다시 들어가다 float 미끄러지듯 움직이다

And again the canoe appeared. The Fay floated again out from the light and into the darkness, and again her shadow fell from her into the black water, becoming absorbed into its blackness. And again and again she went around the beautiful islet, and the sun began to fall.

Every time she came into the light, there was more sorrow on the Fay's face, and at each passage* into the darkness a darker shadow fell from her. At last, by the time the sun had disappeared completely, the Fay, now the mere ghost of her former self, disappeared hopelessly* into the black water. Whether she came from the water again or not, I cannot say, for darkness covered all the things and I saw her magical figure* no more.

그리고 다시 카누가 나타났다. 요정은 빛 속에서 다시 나와 어둠 속으로 들어갔고, 요정의 그림자는 다시 요정에게서 떨어져 검은 물에 빠졌고, 그 어둠 속으로 흡수되어 갔다. 그리고 재차 요정은 아름다운 섬을 돌았으며 태양은 지기 시작했다.

요정이 빛 속으로 들어갈 때마다 요정의 얼굴에는 더 많은 슬픔이 서렸고, 매번 어둠 속으로 들어가는 길에는 더욱 어두워진 그림자가 요정에게서 떨어졌다. 마침내 해가 완전히 사라졌을 때, 이제 자신의 이전 모습의 망령에 불과한 요정은 절망적으로 검은 물속으로 사라졌다. 요정이 물에서 다시 나왔는지 아닌지를 나는 말할 수 없는데, 어둠이 모든 것을 가려서 요정의 신비한 모습을 더 이상 보지 못했기 때문이었다.

---

passage (뚫고 나가는) 길   **hopelessly** 절망하여, 절망적으로   **figure** 형상, 형체

Story 05

King Pest

It was at around twelve o'clock one night in October, during the chivalrous* reign* of Edward III. Two seamen* belonging to the crew* of the "Free and Easy," a trading schooner* going regularly* to and fro* between Sluys and the Thames, were much astonished* to find themselves seated in the bar* of the "Jolly Tar," a pub* in the parish* of St. Andrews, London.

The room was smoke-blackened,* low-pitched,* and in every other respect agreed with the general character* of such places at the time. It was, in the opinion* of the grotesque* groups scattered* here and there inside it, sufficiently* well adapted* to its purpose.*

페스트 대왕

두 명의 선원이 술집을 전전하며 만취해 있다.
이들은 키가 크고 빼빼한 렉스와 땅딸막하고 뚱뚱한 타폴린이다.
무전취식 후 도망 나온 이들은 포도주 저장고로 들어가
이상한 광경을 목격하고 술이 홀라당 깰 만한 상황을 겪는다.

기사도 정신에 입각한 에드워드 3세의 통치 기간 중인 10월의 어느 날 밤 12시경이었다. 슬루이스 강과 템즈 강 사이를 정기적으로 오가는 무역선 '자유와 평안' 호의 승무원으로 소속되어 있는 두 선원은 자신들이 런던 세인트앤드루스 지역구에 있는 선술집인 '졸리 타르'에 앉아 있는 것을 보고 깜짝 놀랐다.

그 방은 담배 연기로 그을려 있었고, 음악이 작게 흘렀으며, 다른 모든 면에 있어서는 당시 그러한 장소의 일반적인 특징과 일치했다. 그것은 그 안에 여기저기 흩어져 있는 기괴한 무리들의 의견으로 보면 충분히 그 목적에 맞추어져 있었다.

---

chivalrous 기사도적인   **reign** 치세, 통치   **seaman** 선원, 뱃사람   **the crew** 승무원 전원   **schooner** 스쿠너선(船), 범선   **regularly** 규칙적으로, 정기적으로   **to and fro** 이리저리로   **astonished** 깜짝 놀란   **bar** 바, 술집   **pub** 술집, 선술집   **parish** 지방 행정구   **smoke-blackened** 연기에 그을린   **low-pitched** (소리가) 낮은   **character** 특성   **opinion** 의견   **grotesque** 괴상한, 괴기한   **scattered** 드문드문 있는   **sufficiently** 충분히   **adapt** 맞추다, 조정하다   **purpose** 목적

90

Our two seamen formed, I think, the most interesting group out of them all, if not the most conspicuous.[*]

The one who appeared to be the elder, and whom his companion[*] called "Legs," was the taller of the two. He might have been six and a half feet tall. A habitual[*] stoop[*] in the shoulders seemed to have been the result of his enormous[*] size. Superfluities[*] in height were, however, more than accounted for[*] by deficiencies[*] in other respects. He was extremely thin, and had high cheekbones,[*] a large hooknose,[*] retreating[*] chin,[*] fallen underjaw,[*] and huge protruding[*] white eyes. The general expression[*] of his countenance[*] was one of solemnity[*] and seriousness.

The younger seaman was the opposite[*] of his companion. He could not have been more than four feet tall. A pair of stumpy[*] bowlegs[*] supported his squat[*] figure, while his unusually short and thick arms, with very large fists at the end, swung from his sides like the fins[*] of a sea turtle. Small eyes, of no particular color, twinkled far back in his head. His nose was buried in the mass of flesh[*] which enveloped[*] his round, full, and purple face. His thick upper lip rested on the still thicker one beneath. He had a habit of[*] licking them at short intervals.[*]

Various and eventful,[*] however, had been the night of the couple in and about the different pubs of the neighborhood. They had spent all of their money, and it

내 생각에 우리의 두 선원은 가장 눈에 띄지는 않더라도 그들 모두 중에서 가장 흥미로운 무리였다.

나이가 더 들어 보이고 그의 동료가 '렉스'라고 부르는 사람은 두 사람 중에서 키가 더 컸다. 그는 6.5피트 정도 될 것 같았다. 습관적으로 어깨를 구부정하게 구부리고 있는 것은 자신의 큰 키로 인한 결과인 듯했다. 하지만 키에서의 지나침은 다른 면에서의 모자람을 설명하고도 남았다. 그는 몹시 말랐고, 높은 광대뼈, 커다란 매부리코, 쑥 들어간 턱, 푹 꺼진 아래턱, 그리고 눈은 커다랗고 툭 튀어나온 데다가 흰자위 부분이 많았다. 그의 얼굴의 전반적인 표정은 엄숙하고 심각한 표정이었다.

더 젊은 선원은 자기 동료와는 정반대였다. 그는 키가 4피트를 넘을 리가 없다. 땅딸막한 오 다리가 그의 땅딸한 몸을 지탱해 주고 있는 반면에 아주 커다란 주먹이 끝에 달려 있는 유난히 짧고 굵은 그의 팔은 바다거북의 지느러미처럼 몸의 옆구리에서 흔들거렸다. 특별할 것이 전혀 없는 색깔의 그의 작은 눈은 움푹 들어가 있었지만 반짝였다. 그의 코는 그의 둥글넓적한 자줏빛 얼굴을 덮어 싼 살덩어리 안에 묻혀 있었다. 그의 두꺼운 윗입술은 훨씬 더 두꺼운 아랫입술 위에 얹혀 있었다. 그는 간격을 밭게 두고 입술을 핥는 버릇이 있었다.

하지만 인근의 여러 술집들 안팎에서 그들 두 사람의 밤은 다채롭고 사건 사고가 많았다. 그들은 가지고 있는 돈을 모두 썼고, 지갑이 텅 빈 채 우리의 친구들은

---

conspicuous 눈에 띄는, 잘 보이는 companion 동료, 친구 habitual 습관적인 stoop 구부정한 자세 enormous 거대한, 아주 큰 superfluity 과다, 남아도는 것 account for ~을 밝히다, 설명하다 deficiency 부족, 결핍 cheekbone 광대뼈 hooknose 매부리코 retreat 물러서다, 후퇴하다 chin 아래턱, 턱 끝 underjaw 아래턱 protrude 튀어나오다, 돌출하다 expression 표현 countenance 표정, 안색 solemnity 장엄, 엄숙 opposite 반대편의, 맞은편의 stumpy 땅딸막한, 뭉툭한 bowleg 오 다리 squat 쪼그리고 앉은, 땅딸막한 fin 지느러미 flesh 살, 살집 envelope 감싸다, 뒤덮다 have a habit of ~하는 버릇이 있다 at short intervals 자주, 빈번히 eventful 다사한, 중대한

was with empty pockets our friends had ventured* into the "Jolly Tar."

At the precise* time when this story begins, both Legs and his fellow Hugh Tarpaulin sat with both elbows* resting on the large oaken* table in the middle of the floor, and with a hand on either cheek. They were staring at the huge bottle of rum on their table. Then, having quickly disposed of* what remained of the rum, they rushed out to the street. Although Tarpaulin rolled twice into the fireplace, mistaking it for the door, they managed to* escape in time. So at half past twelve, our heroes were running for their lives down a dark alley* in the direction of St. Andrew's Stair, chased by the landlady* of the "Jolly Tar."

At the time of this eventful tale, and periodically,* for many years before and after, all of England resounded* with the fearful* cry of "Plague*!" The city of London was now greatly depopulated.* And in those horrible* regions, near the Thames, where the plague had hit the hardest, only Awe,* Terror,* and Superstition* were to be found stalking* their prey.*

By authority* of the king such districts* were isolated.* No one was allowed to leave or enter. Yet neither the order of the monarch,* nor the huge barriers* erected* at the entrances of the streets, nor the prospect* of death, could prevent thieves from* entering those districts. Over time, the uninhabited* buildings were completely

'졸리 타르'로 과감히 들어갔다.

이 이야기가 시작되는 바로 그 시각에, 렉스와 그의 동료인 휴 타폴린은 바다 중앙에 있는 참나무 재질의 커다란 탁자 위에 두 팔꿈치를 올려놓고 뺨은 한 손으로 받치고 앉아 있었다. 그들은 탁자 위에 있는 커다란 럼주 병을 바라보고 있었다. 그런 다음 신속하게 럼주 남아 있는 것을 비우고 서둘러 거리로 나갔다. 비록 타폴린이 난로를 문으로 착각하여 그 안으로 두 번이나 구르기는 했지만, 그들은 용케 제시간에 빠져나왔다. 그래서 12시 30분에, 우리의 영웅들은 '졸리 타르'의 여주인에게 추격을 받으며 세인트앤드루스 스테어 방향에 있는 어두운 골목길 아래로 걸음아 나 살려라 하고 달리고 있었다.

이 사건 사고 많은 이야기가 일어난 시대와 그 시기 전후로 수년 동안 영국 전역에는 정기적으로 "역병이다!"라는 무서운 외침이 울려 퍼졌다. 런던 시는 이제 크게 인구가 줄었다. 그리고 그 끔찍한 지역에서 역병이 가장 심했던 템즈 강 근처에는 오로지 외경, 공포, 그리고 미신이 자신들의 먹잇감에 몰래 접근하는 것이 발견될 예정이었다.

왕의 권한으로 그러한 지역은 격리되었다. 아무도 그곳을 떠나거나 들어가는 것이 허락되지 않았다. 하지만 왕의 명령도, 거리 입구에 세워진 거대한 장벽도, 죽음의 가능성도 도둑들이 그러한 지역들에 들어가는 것을 막지는 못했다. 시간이 지나면서, 사람이 살지 않는 건물들에서는 돈을 받고 팔 수 있는 쇠, 놋쇠, 혹

---

venture 과감히 ~하나, 위엄블 무릅쓰고 ~하다 precise 정확한 elbow 팔꿈치 oaken 참나무 재질의 dispose of ~을 처분하다, 처리하다 manage to 이럭저럭 ~을 해내다, 용케 ~해내다 alley 오솔길, 골목길 landlady 여주인 periodically 정기적으로, 주기적으로 resound 울려 퍼지다, 반향하다 fearful 무서운, 무시무시한 plague 역병, 전염병 depopulate 인구수를 줄이다 horrible 끔찍한, 지긋지긋한 awe 외경 terror 공포 superstition 미신 stalk 몰래 접근하다 prey 먹잇감 authority 권한 district 지역 isolate 격리시키다 monarch 군주 barrier 방벽, 방책 erect 세우다 prospect 가능성, 기대 prevent A from B A가 B하지 못하도록 막다 uninhabited 사람이 살지 않는

stripped* of every article,* such as iron, brass,* or lead,* which could be sold for money. Annual winter openings of the barriers showed that locks, bolts, and secret cellars* had failed to protect the rich stores of wines and liquors.*

But very few people attributed these doings to* the agency* of human hands. Pest-spirits, plague-goblins,* and fever-demons,* were the popular imps* of mischief.* Blood-chilling tales were told every day, and eventually, the whole mass of forbidden* buildings was enveloped in terror. Over time, even the thieves began to stay away, leaving the entire vast area of prohibited* districts in the hands of dark, silence, pestilence,* and death.

It was by one of the barriers that Legs and Hugh Tarpaulin found their progress* suddenly impeded.* To return was out of the question,* and they had no time to lose as their pursuers* were closing in on* them. Maddened with the twofold* excitement of exercise and liquor, they leaped* unhesitatingly* into the prohibited area. They continued to run in and out of the alleyways,* drunkenly* shouting and yelling, and were soon bewildered* by the disgusting* and intricate* recesses* of the uninhabited* district.

If they had not been intoxicated* beyond moral* sense, their reeling* footsteps* would have been stopped by the horrors of their situation. The air was cold and misty.*

은 납과 같은 모든 물품들이 완전히 털렸다. 매년 겨울마다 장벽의 출입구들이 열리면 자물쇠, 나사못, 그리고 비밀 저장소들이 풍부한 포도주와 술 가게들을 보호하는 데 실패한 것이 드러났다.

하지만 이러한 소행들을 인간의 손길의 작용 탓으로 돌리는 사람은 거의 없었다. 페스트의 정령, 역병의 악귀, 열병의 악마들은 인기 있는 장난꾸러기 도깨비들이었다. 피를 얼어붙게 하는 이야기들이 매일 전해졌고, 결국 통행이 금지된 건물들 전체가 공포에 휩싸였다. 시간이 지나면서 도둑들조차도 물러나기 시작했고, 거대한 크기의 금지된 구역 전체는 어둠, 적막, 역병, 그리고 죽음의 손에 남겨졌다.

렉스와 휴 타폴린이 자신들의 전진이 갑자기 방해받은 것을 깨달은 것은 그 장애물들 중 하나에 의해서였다. 돌아가는 것은 불가능했고, 추격자들이 그들 바로 뒤로 가까이 다가오고 있었기 때문에 그들은 낭비할 시간이 없었다. 운동과 술기운으로 인한 이중의 흥분 상태로 제정신이 아니었으므로 그들은 서슴없이 금지된 구역으로 뛰어들었다. 그들은 술에 취해서 소리치고 고함지르며 계속해서 골목길들을 이리저리 뛰어다녔고, 곧 사람들이 살지 않는 구역의 혐오스럽고 복잡한 후미진 곳들과 맞닥뜨려 당황했다.

그들이 도덕감을 상실할 정도로 취하지 않았더라면, 그들의 비틀거리는 걸음걸이는 그들이 처한 상황에 대한 공포에 의해 멈춰졌을 것이었다. 공기는 차갑고

---

strip (물건을) 빼앗다, 약탈하다　**article** 물품, 물건　**brass** 놋쇠, 황동　**lead** 납　**cellar** 지하 저장고ㆍ저장된 포도주　**liquor** 술, 독주　**attribute A to B** A를 B의 탓이라고 보다　**agency** 작용, 힘　**goblin** 마귀, 도깨비　**demon** 악마　**imp** 꼬마 도깨비　**mischief** 장난　**forbidden** 금지된　**prohibited** 금지된　**pestilence** 선(腺)페스트, 역병　**progress** 전진, 진행　**impede** 지연시키다, 방해하다　**out of the question** 문제가 안 되는, 전혀 불가능한　**pursuer** 추적자　**close in on** ~에게 가까이 다가오다　**twofold** 두 배의, 이중의　**leap** 도약하다, 뛰어오르다　**unhesitatingly** 서슴없이, 주저하지 않고　**alleyway** 골목, 좁은 길　**drunkenly** 술 취해서　**bewilder** 당혹하게 하다, 어리둥절하게 하다　**disgusting** 메스꺼운, 역겨운　**intricate** 얽힌, 복잡한　**recess** 후미진 곳, 깊숙한 곳　**uninhabited** 사람이 살지 않는　**intoxicated** 술에 취한　**moral** 도덕의, 도의의　**reel** 비틀거리다, 휘청거리다　**footstep** 걸음걸이, 걸음　**misty** 안개가 짙은, 안개 자욱한

The paving stones* lay in wild disorder* below the tall, rank* grass. Fallen houses covered the streets. The most disgusting and poisonous* smells filled the air.

But our two seamen were naturally* brave, and at that time they were aided* by the courage given to them by the rum. Indeed, they were prepared to face even Death! Forward they marched, Hugh Tarpaulin singing loudly in bass,* and Legs making great strides* in silence.

They had now reached the stronghold* of the plague. At every step their path grew more disgusting and more horrible, more narrow and more intricate. Huge stones and beams* fell from the decaying* roofs above them. And while actual exertion* became necessary to force a way through frequent* heaps* of rubbish,* their hands often fell on a skeleton* or on a fleshy* corpse.*

Suddenly, as the seamen stumbled* against the entrance of a tall and ghastly-looking* building, a yell from the throat of the excited Legs was replied to from within. It came in the form of a rapid succession of* wild, laughter-like, and terrible shrieks.* The drunken* couple rushed headlong* against the door, burst it open, and staggered* inside shouting out curses.*

They found themselves in the shop of an undertaker.* An open trapdoor,* in a corner of the floor near the entrance, looked down onto a long range of wine cellars. The occasional* sound of bursting bottles showed them

안개가 자욱했다. 포장용 돌들은 키가 크고 무성한 풀 아래에 몹시 무질서하게
놓여 있었다. 무너진 집들이 거리를 뒤덮고 있었다. 가장 역겹고 악취 나는 냄새
가 공기를 가득 채우고 있었다.

하지만 우리의 두 선원은 천성적으로 용감했고, 그 당시 그들은 럼주로 인해
그들에게 주어진 용기의 도움을 받고 있었다. 실제로 그들은 심지어 죽음과도 맞
설 준비가 되어 있었다! 휴 타폴린은 저음으로 크게 노래하고 렉스는 조용히 성
큼성큼 걸으며 앞으로 행진했다.

그들은 이제 역병의 요새에 도달했다. 매 발걸음마다 그들이 가는 길은 더 역
겹고 더 오싹하고 더 좁아지고 더 복잡해졌다. 거대한 돌과 들보가 그들 위쪽의
썩어가는 지붕들로부터 떨어졌다. 그리고 자주 만나는 쓰레기 더미를 뚫고 길을
내야 하는 실질적인 노력이 필요해지는 동안 그들의 손은 종종 해골이나 살집이
있는 시체에 닿았다.

갑자기 그 두 선원이 유령이 나오게 생긴 높은 건물의 입구에 발부리가 걸렸을
때, 흥분한 렉스의 목구멍에서 나온 고함 소리는 건물 안쪽으로부터 응답을 받았
다. 그것은 거친 웃음소리 같은 것과 끔찍한 비명이 빠르게 연달아 이어지는 형태
로 나왔다. 술 취한 두 사람은 저돌적으로 문에 쿵 하고 달려들더니 문을 벌컥 열
고, 욕설을 퍼부으며 안으로 비틀거리고 들어갔다.

그들은 자신들이 장의사의 집 안에 있는 것을 발견했다. 입구에서 가까운 바닥
의 한구석에 있는 열린 뚜껑문은 대단히 다양한 포도주 저장 목록들을 내려다보
고 있었다. 때때로 와인 병을 퍽 하고 따는 소리는 그것들이 잘 저장되어 있다는

---

paving stone 포장용 돌, 포석   in wild disorder 몹시 무질서하게   rank 무성한, 울창한
poisonous 유독한, 악취를 뿜는   naturally 천성적으로, 태생적으로   aid 돕다   in bass 저음으로
stride 큰 걸음   stronghold 성채, 요새   beam 들보, 도리   decay 부식하다   exertion 노력,
분투   frequent 자주 있는, 빈번한   heap 더미, 덩어리   rubbish 쓰레기, 찌꺼기   skeleton 골격
fleshy 살집이 있는   corpse 시체, 송장   stumble 발부리가 걸리다, 발을 헛디디다   ghastly-
looking 유령이 나오게 생긴   a succession of 일련의   shriek 비명, 새된 목소리   drunken
술에 취한   headlong 저돌적으로, 앞뒤 살피지 않고   stagger 비틀거리다   curse 저주, 욕설
undertaker 장의사   trapdoor 뚜껑문, 들창   occasional 때때로의, 가끔의

to be well stored. In the middle of the room was a table. In the center of the table was a huge tub* of what appeared to be punch.* Bottles of various wines, together with jugs* and pitchers* of every shape and quality,* were scattered around the tub of punch. Six people sat around the table. I will now describe each of the six people.

Facing the entrance sat a person who appeared to be the leader of the group. He was thin and tall, and Legs was surprised to see someone thinner than himself. His face was as yellow as saffron.* He had only one feature* to describe. He had an unusually and hideously* lofty* forehead. His mouth was wrinkled* ghastly,* and his eyes were glazed* over with the fumes of intoxication.* This man was clothed from head to toe in a black silk, wrapped negligently* around his form after the fashion of a Spanish cloak.* He held a huge human thighbone* in his right hand.

Opposite him, and with her back to the door, was a lady. She was as tall as the person just described, and she was evidently* in the last stage of dropsy.* Her figure resembled nearly that of the huge barrel* of beer which stood close by her side in a corner of the room. Her face was very round and red. And just like her leader, only one feature of her face was sufficiently distinguished* to need a separate* characterization.*

것을 드러내었다. 방 한가운데에는 탁자가 하나 있었다. 탁자 중앙에는 펀치처럼 보이는 것이 담겨져 있는 커다란 통이 있었다. 다양한 포도주 병들이 갖가지 모양과 품질의 물병 및 물 주전자들과 함께 펀치 통 주변에 흩어져 있었다. 탁자 주변에는 여섯 사람이 앉아 있었다. 이제 나는 이 여섯 명을 각각 설명하고자 한다.

그 집단의 우두머리인 것으로 보이는 사람은 입구를 마주보고 앉아 있었다. 그 남자는 마르고 키가 컸는데, 렉스는 자신보다 더 마른 사람을 보고 놀랐다. 그 남자의 얼굴은 사프란처럼 노랬다. 그 남자에게는 묘사할 특징이 딱 한 가지 있었다. 그 남자는 유난히, 그리고 소름 끼칠 정도로 이마가 높이 솟아 있었다. 그 남자의 입은 쭈글쭈글 주름진 데다가 몹시 창백했고, 눈은 술독으로 흐리멍덩했다. 그 남자는 머리에서 발끝까지 검은 비단 옷을 입고 있었으며, 스페인 식의 망토 유행을 따라 그의 몸에 아무렇게나 휘감겨 있었다. 그 남자는 자신의 오른손에 커다란 인간의 대퇴골을 들고 있었다.

그의 맞은편에, 그리고 문을 등지고, 한 여자가 있었다. 그 여자는 방금 묘사한 사람만큼 키가 컸고, 분명히 수종의 마지막 단계에 있었다. 그 여자의 모습은 방 한구석에 그 여자 옆에 세워져 있는 거대한 맥주통의 모습과 거의 비슷했다. 그녀의 얼굴은 무척 둥글고 붉었다. 그리고 그 여자의 우두머리와 마찬가지로 그 여자의 얼굴의 딱 한 가지 특징이 별도의 묘사를 필요로 할 정도로 충분히 두드러졌다.

---

tub 통, 물통 punch 펀치(음료) jug 물주전자, 물병 pitcher 물주전자 quality 질 saffron 사프란(꽃) feature 특징, 특색 hideously 소름 끼치게 lofty 매우 높은, 우뚝 솟은 wrinkled 주름이 있는, 쭈글쭈글한 ghastly 송장 같은, 몹시 창백한 glazed (눈이) 흐리멍덩한 fumes of intoxication 술독 negligently 태만하게 cloak 망토 thighbone 대퇴골 evidently 분명히, 명백히 dropsy 수종, 부기 barrel 통 distinguished 두드러진, 현저한 separate 개별적인, 단독의 characterization 묘사, 정의

In fact, Tarpaulin immediately observed that the same applied to* each individual person of the party. With the lady in question, the only feature that required particular description was her mouth. It began all the way at the right ear, and swept* all the way to the left. Her earrings continually bobbed* into her mouth. She made great efforts to keep her mouth closed and look dignified,* in a dress consisting of* a newly ironed* shroud* coming up close under her chin.

To her right sat a small young lady whom she appeared to take care of. This delicate* little girl gave evident indications* of tuberculosis.* She was clothed gracefully in a large and beautiful winding-sheet.* Her hair hung in curls over her neck, and a soft smile stayed around her mouth. Her nose, however, was extremely long, thin, and twisted.* It was so long that it hung down far below her under lip.

To the left of the lady with dropsy sat a little old man. His cheeks rested on his shoulders like two huge bladders.* With his arms folded, and with one bandaged* leg resting on the table, he seemed to think of himself as important. He evidently prided himself on every inch of his personal appearance, but took extra delight in calling attention to his gaudy* coat. This, to say the truth, must have cost him quite a lot of money, and was made to fit him perfectly.

　실제로 타폴린은 똑같은 특징이 그 일행의 개개인에게 적용된다는 것을 즉각적으로 관찰했다. 의문의 여자에 대해 말하자면, 특별한 묘사가 요구되는 단 한 가지 특징은 그 여자의 입이었다. 그 입은 오른쪽 귀에서 시작하여 왼쪽 귀까지 쭉 찢어져 있었다. 그 여자의 귀고리는 계속해서 그 여자의 입 안으로 까딱까딱 움직였다. 그 여자는 턱 바로 근처까지 올라오는 새로 다림질한 수의로 이루어진 옷을 입은 채 입을 다물고 위엄 있어 보이려고 애썼다.

　그 여자의 오른쪽에는 그 여자가 보살피는 것처럼 보이는 작은 체구의 어린 아가씨가 앉아 있었다. 이 가녀리고 체구가 작은 아가씨는 명백한 결핵의 징후를 나타냈다. 그 아가씨는 커다랗고 아름다운 수의를 기품 있게 입고 있었다. 그 아가씨의 머리카락은 목 위쪽에서 구불구불 컬이 말려 매달려 있었고, 부드러운 미소가 입가에 머물러 있었다. 하지만 그 아가씨의 코는 무척 길고 폭이 좁고 비틀려 있었다. 그 코는 너무 길어서 아랫입술까지 아래로 길게 늘어져 있었다.

　수종에 걸린 여자 왼쪽에는 작은 체구의 노인이 앉아 있었다. 노인의 뺨은 두 개의 커다란 바람 주머니처럼 그의 어깨 위에 얹혀 있었다. 그는 팔짱을 끼고, 붕대를 감은 한쪽 발을 탁자 위에 올려놓고 있었고, 노인은 자신을 중요하다고 생각하는 것 같았다. 노인은 명백히 자신의 개인 용모의 하나하나에 자부심을 가지고 있었으나 천박한 외투에 이목이 끌리는 것을 더 즐거워했다. 사실대로 말하자면 이 외투는 노인에게 많은 돈을 쓰게 한 것이 분명했고, 그에게 꼭 맞도록 만들어져 있었다.

---

apply to ~에 적용되다, 해당되다　**sweep** 쓸어버리다　**bob** 까닥거리다　**dignified** 위엄 있는, 품위 있는　**consist of** ~로 되어 있다, 이루어져 있다　**ironed** 다림질한　**shroud** 수의　**delicate** 연약한, 가녀린　**indication** 징조, 조짐　**tuberculosis** 결핵　**winding-sheet** 수의　**twisted** 꼬인, 비틀어진　**bladder** 바람 주머니, (물고기의) 부레　**bandaged** 붕대를 감은　**gaudy** 천박한

Next to him, and to the right of their leader, was a gentleman in long white trousers. His whole body was constantly shaking. His jaws,* which had been newly shaved, were tightly tied up by a bandage. His arms were bandaged in a similar way at the wrists.* The bandage seemed to prevent him from helping himself too freely to the liquors* on the table. Legs thought it was probably a necessary precaution,* as the man's face was that of a drunkard.* A pair of gigantic* ears towered away into the atmosphere* of the apartment. They occasionally pricked up* in a spasm* at the sound of the drawing of a cork.*

Facing him, lastly, was a stiff-looking* person who was clearly affected with* paralysis.* He seemed incredibly* uncomfortable in his clothes. Strangely, he was sitting inside a new and handsome mahogany* coffin.* Armholes* had been cut in the sides, for the sake of convenience* rather than elegance. The coffin prevented him from sitting as erect* as his comrades,* as he lay leaning against* his trestle* at an angle of forty-five degrees. A pair of huge eyes rolled up their awful whites toward the ceiling.

In front of each person was a portion* of a skull, which was used as a drinking cup. A human skeleton* was suspended* over them, by means of* a rope tied around one of the legs and fastened* to a ring in the ceiling. In this hideous skull, was some ignited* charcoal,* which

노인 옆에, 그리고 그들의 우두머리 오른쪽에는, 흰색의 긴 흰색 바지를 입은 한 신사가 있었다. 그 신사의 몸 전체는 끊임없이 떨리고 있었다. 갓 면도한 그 신사의 턱에는 붕대가 단단히 묶여져 있었다. 그 신사의 팔에도 비슷한 방식으로 손목에 붕대가 단단히 감겨져 있었다. 붕대는 그 신사가 탁자 위의 술을 너무 지나칠 정도로 자유롭게 마시는 것을 막아 주는 것 같았다. 렉스는 그것이 아마도 필요한 예방 조치일 것이라고 생각했는데, 그 신사의 얼굴이 술고래의 얼굴이기 때문이었다. 그 신사의 아주 커다란 귀가 방 분위기에 쫑긋 세워졌다. 그 귀들은 때때로 코르크가 빠지는 소리에 경련하듯 쫑긋 섰다.

마지막으로, 그 신사를 마주보고, 마비 증세를 보이고 있는 것이 분명한 듯 뻣뻣하게 몸이 굳은 것처럼 보이는 사람이 있었다. 그 사람은 입고 있는 옷이 대단히 불편해 보였다. 이상하게도, 그 사람은 새로 만든 멋있는 마호가니 관 안에 앉아 있었다. 옷의 진동은 우아함보다는 편리를 위해서 양쪽이 잘려져 있었다. 그가 자신의 동료들처럼 똑바로 앉아 있는 것을 방해했는데, 그가 45도 각도로 가대에 기대고 있기 때문이었다. 커다란 두 눈은 천장을 향해 그 끔찍한 흰자위를 희번덕거렸다.

각각의 사람 앞에는 해골의 한 부위가 하나씩 있었는데, 이것은 술잔으로 사용되었다. 사람의 해골 하나가 그들 위쪽으로 매달려 있었는데, 그 해골은 한쪽 다리에 묶인 밧줄에 의해 천장에 있는 고리에 고정되어 있었다. 이 소름 끼치는 해골 안에는 불이 붙은 숯이 약간 들어 있었는데, 이 숯은 균일하지는 않지만 밝은

---

jaw 턱 **wrist** 손목 **liquor** 술, 증류주 **precaution** 예방 조치, 예방책 **drunkard** 술고래, 술주정뱅이 **gigantic** 거대한 **atmosphere** 분위기 **prick up** (귀를) 쫑긋 세우다 **spasm** 경련, 발작 **cork** 코르크 **stiff-looking** 뻣뻣하게 굳은 것처럼 보이는 **be affected with** (병)에 걸리다 **paralysis** 중풍, 마비 **incredibly** 대단히, 굉장히 **mahogany** 마호가니 **coffin** 관 **armhole** (옷의) 진동 **for the sake of convenience** 편의(편리)를 위해 **sit erect** 똑바로 앉다 **comrade** 동료, 친구 **lean against** ~에 기대다 **trestle** 가대, 버팀 다리 **portion** 일부, 부분 **skeleton** 해골, 골격 **suspend** 매달다, 걸다 **by means of** ~에 의하여 **fasten** 묶다, 동여매다 **ignite** 불을 붙이다, 발화시키다 **charcoal** 숯, 목탄

threw an irregular* but vivid* light over the entire scene. Coffins and other goods belonging to the shop of an undertaker were piled* high up around the room and against the windows. This prevented any light from escaping into the street.

On seeing this strange sight, our two seamen did not conduct* themselves with the manners which might have been expected. Legs, leaning against a nearby wall, dropped his lower jaw even lower than usual and spread open his eyes to their fullest extent. Hugh Tarpaulin, meanwhile, stooped down so as to bring his nose level with the table, burst into a long, loud, and very ill-timed* laughter.

However, without taking offense at* such rude behavior,* the tall leader smiled very graciously at the seamen. He rose, took each by an arm, and led him to a seat which some others of the company had placed in the meantime for their accommodation.* Legs sat down as he was directed. Hugh moved his coffin trestle from its place by the little lady with tuberculosis and sat down by her side happily. Pouring out a skull of red wine, he drank in big, long gulps.* At this, the stiff gentleman in the coffin seemed very annoyed.* Serious consequences* might have followed, if the leader had not diverted* everyone's attention with a speech.

"I am happy to announce* that...."

빛을 전체 현장에 비추었다. 장의사 가게 소유의 관들과 기타 물건들은 방 주변에, 그리고 창에 기대어 높이 쌓여 있었다. 이것은 불빛이 거리로 새어 나가는 것을 막아 주었다.

이 이상한 광경을 보자마자 우리의 두 선원은 으레 기대될지도 모르는 예의범절을 가지고 행동하지 않았다. 근처의 벽에 기대고 있던 렉스는 자신의 아래턱을 평소보다 훨씬 더 아래로 툭 떨어뜨리고 자신의 눈을 최대한 부릅떴다. 한편 휴 타폴린은 자신의 코 높이를 탁자 높이와 맞추려고 몸을 웅크리고서는 큰 소리로 길게, 그리고 몹시 시기적절하지 않은 웃음을 터뜨렸다.

하지만 그러한 무례한 행동에 성내지 않고, 키 큰 우두머리는 선원들에게 아주 우아하게 미소를 지었다. 그는 일어나서 선원들 각각의 팔을 잡고 그들 각자를 그동안 그의 일행 중 몇몇 다른 사람들이 자신들의 편의를 위해 차지하고 있던 자리로 안내했다. 렉스는 지시받은 자리에 앉았다. 휴는 관 가대를 원래 놓여 있던 자리에서 결핵을 앓고 있는 체구가 작은 아가씨 옆으로 옮기고 즐거운 마음으로 그녀의 옆에 앉았다. 해골 하나 가득 적포도주를 붓고, 휴는 벌컥벌컥 오래 마셨다. 이에 관 안에 있던 그 뻣뻣하게 몸이 굳은 신사는 몹시 화가 난 것처럼 보였다. 우두머리가 연설로 모두의 관심을 돌리지 않았더라면 심각한 결과가 뒤따랐을지도 몰랐다.

"다음을 알리게 되어 기쁘다……."

---

irregular 불규칙한, 변칙적인   **vivid** (빛이) 밝은   **pile** 쌓다   **conduct** 행동하다, 처신하다 **ill-timed** 때가 좋지 않은   **take offense at** ~에 대해 성내다   **behavior** 행동, 행실 **accommodation** 편의, 도움   **gulp** 꿀꺽꿀꺽   **annoyed** 약 오르는, 화난   **consequence** 결과, 귀결   **divert** 전환하다, 딴 데로 돌리다   **announce** 알리다

"Stop right there!" interrupted* Legs, looking very serious. "Before anything else, tell us who you all are. And tell us what you are doing here, drinking the liquor stowed away* for the winter by my honest shipmate,* Will Wimble the undertaker!"

The group nearly jumped up on their feet, and began to utter* the wild shrieks which had caught the attention of the seamen before. The leader was the first to recover his composure.* At last, he turned to Legs with great dignity.

"I will answer any questions that our illustrious* guests may have," he said. "But you are wrong. Please know that here I am king, and I rule an undivided* empire under the name of 'King Pest the First.' This room is the Hall of our Palace. It is a place devoted* to the councils* of our kingdom, and to other sacred* purposes. The noble lady who sits opposite me is Queen Pest. The other noble persons whom you see are all of our family. They wear the sign* of the royal blood under the respective* titles of 'His Grace the Archduke* Pest-Iferous,'* 'His Grace the Duke Pest-Ilent,'* 'His Grace the Duke Tem-Pest,'* and 'Her Highness* the Archduchess* Ana-Pest.'*"

At this point, the respective members bowed* lightly to them.

"그만 멈추시오!" 렉스가 무척 진지하게 바라보며 말을 끊었다. "무엇보다도 먼저 당신들 모두가 누구인지 우리에게 말해 주시오. 그리고 나의 정직한 동료 선원인 장의사 윌 윔블이 겨울치로 넣어 둔 술을 마시면서 여기에서 무엇을 하고 있는지 말해 주시오!"

무리는 간신히 벌떡 일어서서 이전에 선원들의 주의를 끌었던 막무가내의 비명 소리를 내지르기 시작했다. 우두머리가 냉정을 되찾은 첫 번째 사람이었다. 마침내 그는 무척 위엄 있게 렉스에게 몸을 돌렸다.

"우리의 걸출한 손님들이 가지고 있을지도 모를 어떠한 의문에도 대답해 드리겠소." 우두머리가 말했다. "하지만 당신들이 틀렸소. 여기서는 내가 왕이며, '페스트 대왕 1세'라는 이름으로 통합된 제국을 통치한다는 것을 알아두시오. 이 방은 우리 궁전의 홀이오. 우리 왕국의 평의회, 그리고 다른 신성한 목적으로 바쳐진 곳이오. 내 맞은편에 앉아 있는 고귀한 여인은 페스트 왕비요. 당신들이 보는 다른 고귀한 사람들은 모두 우리 가족이오. 그들은 '전염병 대공', '역병 공작', '대소동 공작', '단단장격 대공 부인'이라는 각자의 직함 하에 왕족 혈통의 휘장을 매고 있소."

이 순간 각각의 구성원들은 그들에게 가볍게 절을 했다.

---

interrupt (말·행동 등을) 방해하다, 중단시키다   stow away 넣어 두다   shipmate 동료 선원   utter 발언하다   composure 침착, 평정   illustrious 저명한, 걸출한   undivided 나눌 수 없는, 통합된   devoted 헌신적인   council 평의회, 협의회   sacred 신성한, 성스러운   sign 휘장   respective 각자의, 각각의   archduke 대공   pestiferous 전염성의   pestilent 역병을 발생하는   tempest 대소동, 야단법석   Her Highness 전하   archduchess 대공 부인   anapest 단단장격, 약약강격   bow 절하다

"And as to your question on why we are here," continued King Pest, "let me be pardoned* for replying that it concerns* our own private and regal* interest. But in consideration of* the rights to which you may feel yourselves entitled,* we will further* explain that we are here tonight to investigate,* to research, to examine* and analyze* the wines, ales,* and liquors of this city in the name of 'Death.'"

"Whose name is Davy Jones?" interrupted Tarpaulin, helping the lady by his side to a skull of liquor, and pouring out a second for himself.

"How rude!" said the leader, now turning his attention to Hugh. "You, wicked wretch*! As punishment,* you and your companion are each to drink a gallon* of infamous* wine in one go.* After that, you will be free either to proceed on your way, or remain and be admitted* to the privileges* of our table."

"That would be utterly* impossible," replied Legs. "Your Majesty, I am too full to drink even one more glass, let alone* a whole gallon."

"Then I will drink for the both of us!" said Tarpaulin.

"This proceeding* is by no means* in accordance with* the terms* of the sentence,*" interrupted King Pest. "The conditions we have imposed* must be fulfilled* to the letter, and without a moment's hesitation.* If you fail to do so, you will be tied neck and heels together, and drowned* as rebels* in that tub of punch!"

"그리고 우리가 왜 여기에 있냐는 것에 관한 당신의 질문에 관해서는," 페스트 대왕이 말을 이어 갔다. "그것이 우리의 왕실과 관련된 사적인 관심사와 관련 있다고 대답하는 것을 용서해 주시오. 하지만 당신들이 부여받았을지도 모르는 권리를 고려하여, 우리가 오늘 밤에 '죽음'이라는 이름의 도시에서 포도주, 에일, 그리고 술을 조사하고, 연구하고, 검사하고, 분석하러 여기에 와 있는 것이라고 추가로 설명하고자 하오."

"누구의 이름이 데비 존스인가!" 타폴린이 옆에 앉은 여인에게 두개골 그릇으로 술을 한 잔 따라 주고 자신의 두 번째 잔을 채우면서 대화에 끼어들었다.

"참 무례하군!" 우두머리가 이제 휴에게 주의를 돌리며 말했다. "이 못된 놈! 벌로 너와 너의 동료는 각자 질 낮은 포도주를 단숨에 1갤런씩 들이켜야 한다. 그런 다음에, 제 갈 길을 가든지, 혹은 남아서 우리 탁자에 앉는 특권을 받아들이든가 하는 것은 너희들의 자유다."

"그것은 완전히 불가능할 것입니다." 렉스가 말했다. "폐하, 저는 1갤런 전체는 고사하고 심지어 한 잔 더 마시기에도 배가 너무 부릅니다."

"그러면 내가 우리 둘 몫의 술을 다 마시겠소!" 타폴린이 말했다.

"이러한 진행 절차는 판결의 조건과 결코 부합하지 않는다." 페스트 대왕이 말했다. "우리가 부과한 조건들은 글자 그대로, 그리고 한순간의 주저함도 없이 이행되어야 한다. 만약 그렇게 하지 못한다면, 너희들은 목과 발뒤꿈치가 하나로 묶여 펀치 통 안에서 반역자로 익사할 것이다!"

---

pardon 용서하다　concern 관련되다　regal 제왕의, 왕에게 걸맞은　in consideration of ~을 고려하여　entitle 자격을 주다, 권리를 주다　further 더 나아가서　investigate 조사하다, 살피다　examine 검사하다, 조사하다　analyze 분석하다, 분해하다　ale 에일(맥주)　wretch 철면피, 비열한 사람　punishment 징벌, 징계　gallon 갤런　infamous 아주 나쁜　in one go 한꺼번에, 모두 함께　admit 인정하다, 허락하다　privilege 특권, 특전　utterly 완전히, 순전히　let alone ~은 고사하고, ~은 말할 것도 없이　proceeding 진행 절차　by no means 결코 ~ 않는　in accordance with ~에 따라서, ~와 일치하여　term 조건　sentence 판결, 선고　impose 과하다, 부과하다　fulfill 다하다, 이행하다　hesitation 주저, 망설임　drown 물에 빠져 죽다, 익사하다　rebel 반역자

"A sentence! A sentence! A righteous* and just* sentence!" shouted the Pest family in unison* as they leaped* from their seats.

"Treason*!" shouted His Majesty King Pest the First.

"Treason!" said the little man with the gout.*

"Treason!" screamed the Archduchess Ana-Pest.

"Treason!" muttered* the gentleman with his jaws tied up.

"Treason!" growled* the man wearing the coffin.

"Treason! Treason!" shrieked Her majesty Queen Pest, and, seizing* Tarpaulin by the neck, who had just begun pouring out for himself a skull of liquor, lifted him high into the air and threw him into the tub of punch. After bobbing up and down for a few seconds, Hugh Tarpaulin finally disappeared into the whirlpool* of foam* which his struggles* had created.

Legs did not just stand by and watch his companion drown. Jostling* King Pest through the open trap,* he bravely slammed* the door down on him and strode toward the center of the room. Here, tearing down the skeleton which swung over the table, he used it to knock out the brains of the little man with the gout. He then knocked over the tub of punch, and out rolled Hugh Tarpaulin. He was accompanied by* a huge rush of liquor from the tub which flooded* the room in an instant.

"판결! 판결! 공정하고 정당한 판결이오!" 페스트 가의 사람들이 자리에서 벌떡 일어나며 일제히 소리쳤다.

"반역이다!" 페스트 대왕 1세가 먼저 소리쳤다.

"반역이오!" 중풍에 걸린 작은 남자가 소리쳤다.

"반역이오!" 단단장격 대공 부인이 소리를 질렀다.

"반역이오!" 턱을 꽁꽁 싸맨 신사가 중얼거렸다.

"반역이오!" 관을 쓰고 있는 남자가 으르렁거리듯 말했다.

"반역! 반역!" 페스트 왕비가 비명을 질렀고, 방금 자신을 위해 술을 해골 한 가득 따르기 시작했던 타폴린의 목을 잡고, 공중으로 높이 들어 올려 펀치 통 안으로 던졌다. 몇 초 동안 허우적대며 물속을 오르락내리락한 후, 휴 타폴린은 마침내 그의 몸부림이 만들어 낸 거품의 소용돌이 속으로 사라졌다.

렉스는 자신의 동료가 익사하는 것을 그냥 지켜보며 서 있지만은 않았다. 페스트 대왕을 열려 있는 함정으로 밀치고, 렉스는 용감하게 문을 그에게 내동댕이친 다음 방 한가운데로 성큼성큼 걸어갔다. 여기에서 탁자 위에서 흔들리고 있는 해골을 떼어내고 그것을 통풍에 걸린 체구가 작은 남자의 머리를 때려 바닥에 뻗게 하는 데 사용했다. 그런 다음 펀치 통을 뒤엎었고 휴 타폴린을 굴러 나오게 했다. 휴는 즉시 방 안에 물이 흘러넘치게 한 통에서 콸콸 쏟아져 나온 술과 함께 나왔다.

---

righteous 공정한, 당연한 **just** 정당한 **in unison** 일제히, 일치하여 **leap** 껑충 뛰다, 뛰어오르다 **treason** 반역 **gout** 통풍 **mutter** 중얼거리다 **growl** 으르렁거리다, 으르렁거리듯 말하다 **seize** 붙잡다 **whirlpool** 소용돌이 **foam** 거품 **struggle** 발버둥질, 몸부림 **jostle** 거칠게 밀다, 밀치다 **trap** 덫, 올가미 **slam** 쾅 닫다(닫히다) **be accompanied by** ~에 의해 동반되다 **flood** 범람시키다

The table was overturned,* and the trestles were thrown onto their backs. The ladies went into hysterics.* The man in the white trousers drowned immediately, and the little, stiff gentleman floated off* in his coffin. The victorious* Legs seized the fat lady by the waist and rushed out with her into the street. He ran as fast as he could for "Free and Easy," followed by Hugh Tarpaulin, who was panting* and puffing* behind him with the Archduchess Ana-Pest.

탁자는 뒤집어졌고, 가대는 거꾸로 내동댕이쳐졌다. 여자들은 히스테리 발작을 일으켰다. 흰 바지를 입은 남자는 즉시 익사했고, 작고 뻣뻣하게 굳은 신사는 자신의 관 안에서 둥둥 떠다녔다. 승리감에 도취한 렉스는 뚱뚱한 여자의 허리를 잡고 그녀를 안고서 거리로 달려 나갔다. 렉스는 '자유와 평안' 호를 향해 가능한 빠르게 달렸으며, 휴 타폴린은 단단장격 대공 부인과 함께 그의 뒤에서 헐떡거리고 숨을 몰아쉬며 따라왔다.

---

overturn 뒤집다, 전복시키다 **go into hysterics** 히스테리를 부리다 **float off** 뜨다, 떠오르다
victorious 승리를 거둔, 승리감에 도취한 **pant** 헐떡거리다 **puff** 숨차하다

The Thousand-And-Second Tale of Scheherazade

An old saying has it that truth is stranger than fiction.*

Recently, in the course of some Oriental* investigations,* I have come across an essay* which is scarcely known at all, even in Europe. It has never been quoted,* to my knowledge, by any American. I was astonished* to discover that the literary* world has been strangely in error regarding* the fate* of the minister*'s daughter, Scheherazade, as that fate is depicted* in the "Arabian Nights."

For full information on this interesting topic, I should say to the inquisitive* reader to refer to* the essay itself. In the meantime, however, I shall be pardoned* for giving a summary* of what I have discovered.

세헤라자데의 천두 번째 이야기

나는 동양학 연구 논문을 뒤적이고 있다.
그러다 세간에는 전혀 알려지지 않은
〈아라비안나이트〉의 지혜로운 여인 세헤라자데의
후일담을 발견하고 놀라움을 금하지 못한다.

'진실은 허구보다 더 이상하다'라는 옛말이 있다.

　최근에 동양학 연구 조사 과정에서 나는 유럽에서조차 거의 알려지지 않은 한 논문을 우연히 발견했다. 그것은 내가 아는 바로는 어떤 미국인에 의해서도 인용된 적이 없었다. 나는 문학계가 재상의 딸 세헤라자데의 운명에 관해서 이상하게도 '아라비안나이트'에 묘사되어 있는 운명과 마찬가지로 오류를 범하고 있다는 것을 발견하고 깜짝 놀랐다.

　나는 탐구하기를 좋아하는 독자에게 이 흥미로운 주제에 관해 완전한 정보를 얻고 싶다면, 논문 그 자체를 참고하라고 말해야 한다. 하지만 한편으로 나는 내가 발견한 것에 관한 요약본만을 밝히는 것에 대해 용서를 받아야 할 것이다.

---

fiction 허구, 소설　**oriental** 동양의　**investigation** 연구 논문　**essay** 논문　**quote** 인용하다
astonished 깜짝 놀란　**literary** 문학의　**regarding** ~에 관하여　**fate** 운명, 숙명　**minister**
장관, 대신　**depict** 그리다, 묘사하다　**inquisitive** 질문을 좋아하는, 탐구적인　**refer to** ~을
참조하다, 참고하다　**pardon** 용서하다　**summary** 요약, 개요

In the usual version* of the tales, a certain monarch* had good cause to be jealous* of his queen. He not only puts her to death,* but makes a vow,* by his beard* and the prophet,* to marry the most beautiful maiden* in his kingdom every night, and to deliver her up to the executioner* the next morning.

Having fulfilled this vow for many years to the letter, he was interrupted* one afternoon by a visit from his prime minister, whose daughter had come up with a great idea.

The girl's name was Scheherazade, and her idea was that she would either make the king stop his deadly tradition,* or die in the attempt.*

Accordingly,* she manages to* persuade* her father, the prime minister, to make an offer to the king of her hand. The king eagerly* accepts this offer. In fact, he had always wanted to take her hand, but had put off* the matter from day to day, only through fear of the minister. However, by accepting it now, he makes it very clear that he has no intention of* stopping the daily executions* of his wives.

It seems, however, that this little girl had a very ingenious* little plot* in her mind. On the night of the wedding, she gains the king's permission* to talk to her sister for one last time. She begins telling her sister a story, and the king, fascinated* by the story, asks Scheherazade to finish it for him. However, the story

그 이야기들의 일반적인 판본에서는 어떤 군주가 자신의 왕비를 질투할 만한 충분한 이유를 가지고 있다. 군주는 왕비를 처형할 뿐만 아니라 매일 밤 자신의 왕국에서 가장 아름다운 처녀와 결혼하고 다음 날 아침 그녀를 사형 집행인에게 보낼 것이라고 자신의 턱수염과 예언자에 대고 맹세한다.

이러한 맹세를 수년 동안 글자 그대로 이행하고 나서 군주는 어느 날 오후 그의 재상의 방문에 의해 방해를 받게 되었는데, 그 재상의 딸이 어떤 훌륭한 생각을 내놓았던 것이었다.

그 처녀의 이름은 세헤라자데였고, 그녀의 생각은 자기가 왕의 극악무도한 전통을 그만두게 하든지, 아니면 그러한 시도를 하다가 죽음을 맞이하든지 하겠다는 것이었다.

따라서 세헤라자데는 왕에게 구혼하라며 재상인 자신의 아버지를 용케도 설득한다. 왕은 이 제안을 열렬히 받아들인다. 사실 왕은 늘 그녀를 맞아들이고 싶었지만, 오직 그의 재상에 대한 두려움 때문에 그 문제를 하루하루 미뤄 왔던 터였다. 하지만 이제 그 청혼을 받아들이면서 왕은 재상이 왕비들을 매일 처형하는 것을 중단시킬 의도가 없다는 것을 아주 확실히 한다.

하지만 이 어린 처녀는 마음속에 아주 기발한 작은 계획을 가지고 있었던 것 같다. 결혼식 날 밤 처녀는 자기 여동생과 마지막으로 한 번 이야기를 나누기 위해서 왕의 허락을 얻는다. 처녀는 자기 여동생에게 이야기를 하기 시작하고, 그 이야기에 매혹된 왕은 세헤라자데에게 자신을 위해 그 이야기를 끝마쳐 달라고

---

version ~판 monarch 군주, 제왕 jealous 투기하는, 시샘하는 put ~ to death ~을 사형에 처하다 make a vow 맹세하다, 서약하다 beard 턱수염 prophet 예언자 maiden 처녀 executioner 사형 집행인 interrupt 가로막다, 방해하다 tradition 전통 attempt 시도, 기도 accordingly 따라서, 그러므로 manage to 이럭저럭 ~을 해내다, 용케 ~해내다 persuade 설득하다 eagerly 열렬히, 간절히 put off 미루다, 연기하다 have no intention of ~할 의도가 전혀 없다 execution 사형 집행, 처형 ingenious 기발한 plot 책략, 계획 permission 허가, 허락 fascinated 매혹된, 마음을 빼앗긴

is not finished before daybreak,* and Scheherazade reminds* the king that it is time for her to go and be executed.

The king's curiosity, however, induced* him for this once to postpone* the fulfillment* of his vow until next morning.

That night, however, Scheherazade not only finished the story, but also began telling a second tale. The king was even more profoundly* interested in this story than in the other. And, as the day broke before its conclusion, there was again no other way for the king to hear the ending of the story but to postpone that ceremony* as before, for twenty-four hours.

The next night there happened a similar* accident with a similar result; and then the next; and then again the next. In the end, the good monarch, having been deprived of* an opportunity to keep his vow for a total of one thousand and one nights, either forgets his vow altogether* or decides to get rid of it. The important thing is that Scheherazade triumphed,* and the murderous* tax* on beauty was abolished.*

Now, this conclusion is, no doubt, excessively* proper* and pleasant, but alas! Like many pleasant things, it is more pleasant than true. I am indebted* altogether to the report for the means of correcting the error.

"My dear sister," said Scheherazade on the thousand-and-second night of the story, "now that all this fuss*

부탁한다. 하지만 이야기는 새벽이 오기 전에 끝나지 않고, 세헤라자데는 왕에게 자신이 가서 처형될 시간이라는 것을 상기시킨다.

하지만 왕의 호기심은 자신의 맹세를 이행하는 것을 이번 한 번만 다음 날 아침까지 연기하라고 설득했다.

하지만 그날 밤 세헤라자데는 그 이야기를 끝냈을 뿐만 아니라 두 번째 이야기를 하기 시작했다. 왕은 그전 이야기보다 훨씬 더 깊이 이 이야기에 흥미를 느꼈다. 그리고 이야기가 결말에 이르기 전에 날이 밝자, 또 다시 왕은 그 이야기의 결말을 듣기 위해 전날과 마찬가지로 24시간 동안 그 의식을 연기하지 않을 수 없게 되었다.

다음 날 밤 비슷한 결과를 지닌 비슷한 사건이 일어났고, 그다음 날도, 그리고 다시 그다음 날도 그와 같았다. 결국 다 합해서 천 일하고도 하룻밤 동안 자신의 맹세를 지킬 기회를 빼앗긴 착한 군주는 자신의 맹세를 모조리 잊거나 그 맹세를 물리기로 결정을 내린다. 중요한 것은 세헤라자데가 승리를 거두었고, 미모에 대해 물린 살인세는 폐지된다.

자, 이러한 결말은, 의심할 나위 없이, 대단히 적절하고 유쾌하다. 그러나 맙소사! 많은 유쾌한 것들처럼 그것은 진실이라기에는 너무 유쾌하다. 내가 그러한 오류를 수정하는 수단에 대해서는 전적으로 그 논문의 덕을 보고 있다.

"나의 사랑하는 동생아." 이야기의 천두 번째 날 밤에 세헤라자데가 말했다. "나의 처형에 대한 이러한 소동이 모두 지나가고, 이 끔찍한 세금이 폐지되었으니

---

daybreak 새벽 remind 생각나게 하다, 상기시키다 induce 유도하다, 설득하다 postpone 연기하다 fulfillment 이행 profoundly 깊이 ceremony 의식 similar 비슷한, 유사한 be deprived of ~을 빼앗기다 altogether 완전히, 전적으로 triumph 승리를 거두다, 이기다 murderous 살인의, 사람을 죽이려 드는 tax 세금 abolish 폐지하다 excessively 몹시, 대단히 proper 알맞은, 적합한 indebted 부채가 있는, 빚진 fuss 야단법석, 헛소동

about my execution has blown over,* and that this terrible tax has been abolished, I feel that I have been guilty* of not telling you and the king the full conclusion of Sinbad the sailor. This person went through numerous* other and more interesting adventures than those which I have told. But the truth is that I was sleepy on the particular* night of their narration* and so I had to cut them short. It was a grievous* piece of misconduct,* and I wish that Allah will forgive me. But still it is not too late to remedy* my great neglect. I will give the king a pinch* or two in order to wake him up so that he will stop snoring.* Then I will entertain* you and the king with the sequel* of this very remarkable* story."

On this the sister of Scheherazade expressed* no gratification.* The king, having been sufficiently* pinched, woke up and began to listen to Scheherazade, and she began her tale.

"'At last, in my old age, and after enjoying many years of peace at home, I became once more possessed of a desire of visiting foreign countries,' Sinbad said to the Caliph.* 'One day, without informing any of my family of my plans, I packed up some things that were most precious* and least bulky,* and hired* a porter* to carry them. I went with him down to the seashore to wait for the arrival of any ships that might take me out of the kingdom into some region which I had not yet

까, 너와 전하께 뱃사람 신드바드의 완전한 결말을 이야기하지 않은 것에 대해 양심의 가책이 느껴지는구나. 이 사람은 내가 말했던 것보다 수많은 다른 흥미로운 모험을 겪었단다. 하지만 진실을 말하자면 그 이야기를 꺼낸 그 특별한 날 밤에 내가 졸음이 와서 그 이야기를 짧게 잘라야 했어. 그것은 심각한 위법 행위였고, 나는 알라신이 나를 용서해 주시기를 바란단다. 하지만 그래도 나의 크나큰 태만을 바로잡기에 너무 시간이 지체된 것은 아니야. 내가 전하께서 코 고는 것을 그치시도록 그분을 깨우기 위하여 한두 번 꼬집을 거야. 그런 다음 즉시 이 아주 굉장한 이야기의 속편으로 너와 전하를 즐겁게 해 드릴 거야."

이에 대하여 세헤라자데의 여동생은 아무런 만족감도 표시하지 않았다. 충분히 꼬집힌 왕은 깨어나서 세헤라자데의 이야기에 귀를 기울이기 시작했으며, 그녀는 이야기를 시작했다.

"마침내 나이가 들고 수년 동안 집에서 평화로운 삶을 누린 후, 저는 다시 한번 외국을 방문하고 싶은 욕망에 사로잡혔습니다." 신드바드가 칼리프에게 말했습니다. "어느 날, 저의 계획들을 가족들 중 누구에게도 알리지 않고, 저는 가장 값나가고 부피는 덜 나가는 몇몇 물건들을 꾸리고, 그것들을 운반할 짐꾼 한 명을 고용했습니다. 저는 그 짐꾼과 함께 저를 왕국 밖 제가 아직 탐험하지 않은 어떤 지역으로 데려다 줄지도 모르는 어떤 배들의 도착을 기다리려고 해안가로 내려갔지요.

---

blow over 지나가다, 가라앉다   guilty 죄를 자각하는, 가책을 느끼는   numerous 수많은   particular 특별한, 특정한   narration 서술, 이야기 진행하기   grievous 통탄할, 극심한   misconduct 위법 행위, 직권 남용   remedy 바로잡다, 개선하다   give ~ a pinch ~을 꼬집다   snore 코를 골다   entertain 즐겁게 하다   sequel 속편, 후편   remarkable 주목할 만한, 놀랄 만한   express 표현하다, 표명하다   gratification 만족감, 희열   sufficiently 충분히   caliph 칼리프(과거 이슬람 국가의 통치자를 지칭함)   precious 귀중한, 값비싼   bulky 부피가 큰, 거대한   hire 고용하다   porter 운반인, 짐꾼

explored.*

"'Having deposited* the bags on the sands, we sat down beneath some tree and looked out into the ocean in the hope of seeing a ship. Several hours passed, but we saw nothing. Finally, I thought I heard a buzzing* sound. The porter, after listening for a while, said that he also could hear it. Soon it grew louder, and then still louder, so that we could have no doubt that the object* which caused it was approaching us.

"'On the edge* of the horizon,* we discovered a black speck* which rapidly increased in size. Soon we realized that it was a gigantic monster, swimming with a great part of its body above the surface of the sea.* It came toward us at great speed, throwing up* huge waves of foam* around its breast. It illuminated* the water around it with a long line of fire that extended* far off into the distance.*

"'As the thing drew nearer, we could see it very clearly. It was as long as three tall trees, and it was as wide as the great hall in a palace. The part of its body that was just above the surface was unlike that of ordinary* fish, and was as solid as a rock,* and of a jetty* blackness throughout, with the exception of* a narrow blood-red streak* around its waist.

"'The belly,* which floated beneath the surface, was entirely covered with metallic* scales* of a color similar to the moon in misty* weather. The back was flat* and

주머니들을 모래사장에 두고, 저희는 어떤 나무 아래에 앉아 배를 볼 것이라는 희망을 품고 바다를 내다보았습니다. 몇 시간이 지났지만, 우리는 아무것도 보지 못했지요. 마침내 저는 윙윙거리는 소리를 들었다고 생각했습니다. 짐꾼은 잠시 귀를 기울인 후, 자신도 그 소리를 들을 수 있다고 말했지요. 머지않아 그 소리는 더욱 커졌고, 그 다음에는 훨씬 더 커졌으므로 저희는 그 소리를 일으킨 물체가 저희를 향해 다가오고 있는 것에 전혀 의심을 품지 않았습니다.

수평선 끝에서 저희는 크기가 급속히 커진 한 검은 얼룩을 발견했습니다. 곧 저희는 그것이 거대한 괴물이라는 것을 깨달았는데, 그 괴물은 해수면 위로 몸의 상당 부분을 드러낸 채 헤엄치고 있었습니다. 그 괴물은 가슴 주변에 물거품이 이는 거대한 물결을 일으키며 엄청난 속도로 저희에게 다가왔습니다. 괴물은 멀리까지 뻗어 나가는 긴 불길로 자기 주변의 바닷물을 비추었습니다.

그 괴물이 점점 다가올수록 저희는 그놈을 아주 확실히 볼 수 있었습니다. 그놈은 세 그루의 키 큰 나무만큼이나 길었고 궁전의 커다란 홀만큼이나 몸집이 컸습니다. 수면 바로 위로 나온 몸체의 일부는 평범한 물고기의 몸과는 달랐고, 바위처럼 단단했으며, 허리둘레의 좁다란 진한 핏빛 줄무늬를 제외하면 전체가 칠흑처럼 까맸습니다.

수면 아래에 둥둥 떠 있는 복부는 전체적으로 안개가 자욱한 날씨에 뜬 달과 유사한 색의 금속 비늘로 덮여 있었습니다. 등은 평평하고 거의 흰색에 가까웠으

---

explore 탐험하다 **deposit** 두다 **buzzing** 윙윙거리는 **object** 물건, 물체 **edge** 가장자리 **horizon** 지평선, 수평선 **speck** 작은 얼룩, 작은 반점 **the surface of the sea** 해수면 **throw up** 토하다, 게우다 **foam** 포말, 물거품 **illuminate** 조명하다, 비추다 **extend** 뻗다, 뻗어 나가다 **far off into the distance** 아득히 먼 저편으로 **ordinary** 평상의, 보통의 **as solid as a rock** 아주 단단한 **jetty** 칠흑 **with the exception of** ~을 제외하고 **streak** 줄, 층 **belly** 배, 복부 **metallic** 금속의 **scale** 비늘 **misty** 안개가 짙은, 안개 자욱한 **flat** 평평한

nearly white, and six spines* extended upward* from it. The spines were about half the length of the whole body.

"'The horrible creature had no mouth that we could see, but, as if to make up for* this deficiency,* it was provided with at least eighty eyes. They protruded* from their sockets* like those of the dragonfly,* and were arranged* all around the body in two rows, one above the other, and parallel* to the blood-red streak, which seemed to play the part of an eyebrow. Two or three of these dreadful* eyes were much larger than the others, and had the appearance* of pure gold.

"'This beast approached us with great speed, and it must have been moved by magic. This was because it had neither fins* like a fish nor webbed* feet like a duck. Its head and its tail were shaped precisely* alike. The only difference was that, not far from the head, there were two small holes that served as nostrils.* The monster violently puffed out* its thick breath through these holes, and with a shrieking,* disagreeable* noise.

"'Our terror at seeing this hideous thing was very great, but it was surpassed* by our astonishment* when we got a closer look. On the creature's back there was a vast number of animals about the size and shape of men. They seemed similar to men, except that they wore no clothes. Instead, they had an ugly, uncomfortable-looking covering that fit* tightly over their skin. This made them seem awkward,* and it was clear that they

며 여섯 개의 가시 같은 것이 등에서 위로 뻗어 있었지요. 가시 같은 것은 전체 몸 길이의 절반 정도 길이였습니다.

그 오싹한 생물은 저희가 볼 수 있는 입은 없었지만, 이러한 부족함을 보충하듯, 적어도 80개는 되는 눈이 달려 있었습니다. 그 눈들은 잠자리의 눈처럼 눈구멍에서 툭 튀어나와 있었는데, 두 줄로 몸 둘레 전체에 층층이 배열되어 있었고, 진한 핏빛 줄무늬와 나란히 놓여 있었는데 이것이 눈썹의 역할을 하는 듯했지요. 이 무시무시한 눈들의 2/3는 다른 눈들보다 훨씬 더 컸고, 순금 모양이었습니다.

이 짐승은 대단한 속도로 저희에게 다가왔는데 마법에 의해 이동하는 것이 분명했습니다. 이는 괴물이 물고기처럼 지느러미도 달려 있지 않고 오리처럼 물갈퀴 달린 발도 달려 있지 않기 때문이었지요. 괴물의 머리와 괴물의 꼬리는 정확하게 똑같은 모양이었습니다. 유일한 차이는 머리에서 멀지 않은 곳에 콧구멍 기능을 하는 두 개의 작은 구멍이 있다는 것이었습니다. 괴물은 이 구멍들을 통해서 끼익 끼익 비위에 거슬리는 소음과 함께 탁한 숨소리를 격렬하게 내뱉으며 헐떡였습니다.

이 소름 끼치는 놈을 볼 때 우리가 느낀 공포는 대단했으나, 그러한 공포는 점점 더 가까이에서 보게 되었을 때 우리가 느낀 경악의 감정에 비하면 별것 아니었습니다. 그 생물의 등에는 사람만 한 크기에 사람처럼 생긴 엄청 많은 동물들이 있었습니다. 그 동물들은 옷을 입고 있지 않았다는 것만 제외하면 사람과 비슷해 보였습니다. 대신에 그것들은 못생기고 자신들의 가죽에 착 들어맞는 불편해 보이는 덮개를 덮고 있었습니다. 이 덮개가 그 동물들을 꼴사납게 보이도록 만들었

spine 가시털, 가시 모양의 돌기   upward 위쪽을 향한   make up for ~을 보충하다, 만회하다   deficiency 부족, 결핍   protrude 튀어나오다, 돌출되다   socket 눈구멍   dragonfly 잠자리   arrange 배열하다, 배치하다   parallel 평행의, 나란한   dreadful 무시무시한   appearance 외관, 겉모습   fin 지느러미   webbed 물갈퀴가 달린   precisely 정밀하게, 정확히   nostril 콧구멍   puff out 가쁘게 숨 쉬다, 시근거리다   shrieking 꺅 하는 비명 소리   disagreeable 유쾌하지 못한, 비위에 거슬리는   surpass ~보다 낫다, 능가하다   astonishment 놀람, 경악   fit 들어맞다, 적합하다   awkward 어색한, 꼴사나운

were in great pain.[*]

"'On the tips of their heads were some boxes. At first sight, I thought they might have been intended to act as turbans.[*] However, I soon discovered that they were heavy and solid,[*] and I therefore concluded[*] they were designed, by their great weight, to keep the heads of the animals steady.[*]

"'Black collars had been fastened around the creatures' necks, similar to those we keep on our dogs. The collars[*] were much wider and stiffer[*] than dog collars, so that it was quite impossible for these poor creatures to move their heads in any direction without moving the body at the same time.

"'When the monster had nearly reached the shore where we stood, it suddenly pushed out one of its eyes and emitted[*] from it a terrible flash of fire.[*] This was accompanied by[*] a dense cloud of smoke, and a noise like thunder. As the smoke cleared away, we saw one of the odd man-animals standing near the head of the large beast with a trumpet in his hand. He put it to his mouth and addressed[*] us in loud and harsh accents. We would have mistaken it for[*] language, if the words did not come altogether through the nose.

"'Being thus spoken to, I did not know how I should reply because I could not understand what was said. So I turned to the porter, who had nearly fainted[*] with fear, and asked him for his opinion[*] as to what species[*]

고, 그들은 엄청 아파하는 것이 분명했지요.

그 동물들의 정수리에는 몇 개의 상자가 있었습니다. 처음 보았을 때, 저는 그 상자들이 터번처럼 작용하도록 의도된 것일지도 모른다고 생각했습니다. 하지만 저는 곧 그 상자들이 무겁고 단단하다는 것을 발견했고, 그래서 그것들이 그 대단한 무게로 볼 때, 그 동물들의 머리를 흔들리지 않게 유지하려고 고안되었다고 결론 내렸습니다.

검은색 목걸이가 그 생물들의 목에 매여 있었는데, 우리가 개들의 목에 걸어 두는 목걸이와 비슷했지요. 그 목걸이는 개 목걸이보다 훨씬 더 너비가 넓고 뻣뻣했으므로 이 가엾은 생물은 몸을 동시에 움직이지 않고서는 어느 방향으로든 자신의 머리를 움직이는 것이 아주 불가능했습니다.

저희가 서 있는 해안에 거의 다 왔을 때, 괴물은 갑자기 자신의 눈 가운데 하나를 내밀었고 그곳에서 끔찍한 화염을 내뿜었습니다. 여기에는 짙은 연기구름과 천둥 같은 소음이 동반되었지요. 연기가 걷히면서 우리는 손에 트럼펫을 쥐고 커다란 짐승의 머리 근처에 기괴한 반인반수들 중 한 녀석이 서 있는 것을 보았습니다. 그놈은 트럼펫을 자신의 입에 대더니 큰 소리의 거친 말투로 우리에게 말을 걸었지요. 그 말이 모두 코를 통해 나오지 않았더라면 저희는 그것을 언어로 착각했을 것입니다.

비록 그렇게 괴물이 말을 걸었음에도 불구하고, 저는 어떻게 대답해야 할지 몰랐는데, 그놈이 한 말을 이해하지 못했기 때문이었습니다. 그래서 공포 때문에 거의 기절하기 직전인 짐꾼에게 몸을 돌려 그 괴물이 무슨 종인지, 무엇을 원하는

---

be in great pain 많이 아파하다, 엄청 괴로워하다 **turban** 터번 **solid** 단단한 **conclude** 결론짓다 **steady** 안정된, 흔들리지 않는 **collar** (개 등에 거는) 목걸이 **stiff** 뻣뻣한, 딱딱한 **emit** 방사하다, 내뿜다 **a flash of fire** 불길 **be accompanied by** ~에 의해 동반되다, 딸리다 **address** 말을 걸다 **mistake A for B** A를 B로 착각하다 **faint** 졸도하다, 혼절하다 **opinion** 의견, 견해 **species** 종(種)

of monster it was, what it wanted, and what kind of creatures those were that swarmed* on its back.

"'To this, the porter replied that he had once heard of this sea beast. He said that it was a cruel demon,* with bowels* of sulfur* and blood of fire. It had been created by evil genii* as the means of giving misery* to mankind.* The things on its back were vermin,* similar to those found on cats and dogs, only a little larger and more savage.* These vermin had a role, and that was to keep the monster angry by nibbling* and stinging.*

"'Without looking back,* I ran for my life. I ran at full speed up into the hills, while the porter ran in the opposite direction. He escaped with my bags, for I have no doubt he took excellent care of them. Since then I've never found out, and I've never seen him again.

"'As for me, I was pursued* by a swarm of the men-vermin who had come to the shore in boats. I was very soon overtaken,* bound hand and foot, and taken to the beast. Once I was on board, the beast immediately swam out again into the middle of the sea.

"'I now bitterly* repented* my stupidity in leaving a comfortable home to risk my life in such adventures as this. But regret was useless,* so I made the best of my situation. I tried my best to secure the goodwill* of the man-animal that owned the trumpet, as he appeared to be the leader. I soon earned his trust, and in a few

지, 그리고 등에 떼를 지어 있는 것들은 무슨 종류의 생물인지에 관해 의견을 구했지요.

이 말에 짐꾼은 자신이 이 바다괴물에 관해 한 번 들어본 적이 있다고 대답했습니다. 짐꾼은 그것이 황으로 된 내장과 불로 된 피를 지닌 잔인한 악마라고 말했습니다. 그것은 사악한 마귀들에 의해 인류에게 고통을 주는 수단으로 창조되었습니다. 그놈의 등 위에 있는 것들은 고양이와 개들에게서 발견되는 것들과 유사한, 단지 좀 더 크고 더 사나운 기생충들입니다. 이 기생충들에게는 어떤 역할이 있는데, 그것은 갉아먹고 찌르면서 괴물을 계속 화나게 하는 것입니다.

뒤도 돌아보지 않고, 저는 목숨을 보전하려고 도망쳤습니다. 저는 전속력으로 언덕으로 달려갔으며 반면에 짐꾼은 반대편 방향으로 달렸습니다. 짐꾼은 제 주머니들을 가지고 도망쳤지요. 왜냐하면 *그가* 주머니들을 잘 간수한 것에는 의심의 여지가 없기 때문입니다. 그 후 저는 제 주머니들을 찾지 못했고 짐꾼을 다시 본 적도 없습니다.

저로 말하자면, 배를 타고 해안에 도착한 인간 모양의 기생충 무리에 의해 쫓겼습니다. 저는 곧바로 따라잡혔고, 손과 발이 묶인 채 짐승에게 끌려갔습니다. 제가 올라타자마자 그 짐승은 즉시 바다 한가운데로 다시 헤엄쳐 나갔습니다.

저는 이와 같은 모험에 제 목숨을 걸고 편안한 집을 떠난 저의 어리석음을 몹시 후회했지요. 하지만 후회는 소용없었으므로 저는 제 상황을 최대한 이용했습니다. 저는 트럼펫을 소유한 반인반수의 호의를 확보하려고 최선을 다했는데, 그가 우두머리인 것 같기 때문이었습니다. 저는 곧 그의 신뢰를 얻었고, 며칠 후 그

---

swarm 떼를 짓다, 들끓다 **demon** 악령, 악마 **bowels** 창자, 장 **sulfur** 황, 유황 **genie** 요정, 정령 **misery** 고통, 괴로움 **mankind** 인류, 인간 **vermin** 해충, 기생충 **savage** 몹시 사나운, 흉포한 **nibble** 야금야금 먹다, 갉아먹다 **sting** 찌르다, 쏘다 **look back** 뒤를 돌아보다 **pursue** 쫓다, 추적하다 **overtake** 따라잡다, 따라붙다 **bitterly** 몹시, 지독하게 **repent** 후회하다, 뉘우치다 **useless** 소용없는 **goodwill** 호의, 친절

days, the creature bestowed on* me various tokens* of his favor.* It even took the trouble to* teach me their language. I was soon able to talk freely with it, and made it comprehend* the ardent* desire I had of seeing the world.

"'You are a good man, Sinbad,' it said to me one night after dinner. 'We are now doing a thing which is called 'circumnavigating the globe.'* Since you are so anxious to* see the world, I will give you a free passage* on the back of the beast around the world.'"

According to the essay, when Scheherazade had proceeded* thus far,* the king turned over from his left side to his right.

"I am very surprised, my dear queen, that you had omitted* these latter adventures of Sinbad," the king said. "I find them very entertaining and strange, you know?"

The king having thus expressed himself, the fair Scheherazade resumed* her story in the following words:

"Sinbad continued to tell his story to the Caliph. 'I thanked the man-vermin for its kindness,' he said. 'Soon I found myself very much at home on the beast, which swam at great speeds through the ocean. However, the surface of the ocean was not flat, but round like a pomegranate.* Thus we were always moving, so to speak, either uphill or downhill all the time.'"

생물은 자신의 호의에 대한 여러 가지 증표를 제게 주었습니다. 그 짐승은 심지어 수고를 아끼지 않고 저에게 그들의 언어를 가르쳐 주었습니다. 저는 곧 그 괴물과 자유롭게 이야기할 수 있었고, 제가 가지고 있는 열렬한 욕구, 즉 세상을 보고 싶다는 것을 그에게 이해시켰습니다.

'너는 선한 사람이다, 신드바드.' 어느 날 밤 저녁 식사 후에 괴물이 저에게 말했습니다. '우리는 지금 '세계일주'라고 하는 것을 하고 있다. 네가 세상을 보기를 아주 간절히 원하니 너에게 짐승의 등에 탈 수 있는 세계 일주 자유 통행권을 주겠다.'"

논문에 따르면, 세헤라자데가 여기까지 계속해서 말했을 때, 왕이 왼쪽에서 오른쪽으로 몸을 돌렸다.

"사랑하는 왕비여, 신드바드의 이러한 후반부 모험을 빠뜨렸다니 매우 놀랍구려." 왕이 말했다. "그 모험담이 아주 재미있고 낯설다는 것을 나는 알겠소. 당신도 알고 있는 거요?"

왕은 그렇게 자신의 의사를 표현했고, 아름다운 세헤라자데는 다음의 말로 자신의 이야기를 다시 시작했다.

"신드바드는 칼리프에게 자신의 이야기를 계속했습니다. '저는 인간 모양의 기생충에게 그가 베푼 친절에 대해 고맙다고 했습니다.' 신드바드가 말했지요. '머지않아 저는 짐승 위에 매우 편하게 앉아 있는 제 자신을 발견했는데, 그 짐승은 전속력으로 대양을 헤치며 헤엄쳤지요. 하지만 해수면은 평평하지 않았고, 석류처럼 둥글었습니다. 그래서 저희는 말하자면, 언제나 파도를 위아래로 타면서 이동하고 있었습니다.'"

---

bestow on ~에게 주다, 수여하다   **token** 표시, 증거   **favor** 호의, 친절   **take the trouble to** 수고를 아끼지 않고 ~하다   **comprehend** 이해하다   **ardent** 열렬한, 열심인   **circumnavigate the glove** 세계 일주를 하다   **be anxious to** ~하기를 열망하다, 간절히 원하다   **passage** 통행권   **proceed** 계속해서 말하다   **thus far** 지금까지, 이제까지   **omit** 생략하다, 빠뜨리다   **resume** 다시 시작하다   **pomegranate** 석류, 석류나무

"That, I think, was very strange," interrupted the king.

"Nevertheless, it is true," replied Scheherazade.

"I have my doubts," continued the king. "But please go on with the story."

"I will," said Scheherazade. "'The beast swam uphill and downhill until, at last, we arrived at an island,' continued Sinbad to the Caliph. 'It was many hundreds of miles in circumference,* but it had been built in the middle of the sea by a colony* of little things like caterpillars.*'"

"Hum!" said the king. Scheherazade took no notice of* her husband's rude interruptions.

"'Leaving this island we came to another where the forests were of solid stone,' said Sinbad. 'The trees were so hard that they shattered to pieces* the finest-tempered* axes with which we tried to cut them down.'"

"Hum!" said the king, again. Scheherazade, paying him no attention, continued the story of Sinbad.

"'Passing beyond this last island, we reached a country where there was a cave that ran to the distance of thirty or forty miles within the bowels of* the earth. The cave contained* a greater number of far more spacious* and more magnificent palaces than are to be found in all Damascus and Baghdad. From the roofs of these palaces there hung hundreds of thousands of gems that were larger than men. Among the streets of towers and pyramids and temples,* there flowed immense* rivers as

"내 생각에 그것은 참 이상하구려." 왕이 말을 끊었다.

"그럼에도 불구하고, 그것은 사실입니다." 세헤라자데가 말했다.

"의심스러운 점이 있구려." 왕이 말을 이었다. "하지만 부디 이야기를 계속해 보시오."

"그리하지요." 세헤라자데가 말했다. "'짐승은 오르락내리락 헤엄쳤고, 마침내 저희는 어느 섬에 도착했습니다.' 신드바드가 계속해서 칼리프에게 말했습니다. '그 섬은 둘레가 수백 마일에 이르렀으나 쐐기벌레 같은 작은 벌레들의 군집을 이루어 바다 가운데에 건설된 것이었습니다.'"

"흠!" 왕이 말했다. 세헤라자데는 자기 남편의 무례한 방해를 무시했다.

"'이 섬을 떠난 후, 저희는 숲이 단단한 돌투성이인 다른 섬에 도착했습니다.' 신드바드가 말했습니다. '나무들은 너무 단단해서 저희가 그것들을 베어 넘기려고 사용했던 가장 날이 잘 선 도끼를 산산조각으로 부서뜨리고 말았습니다.'"

"흠!" 왕이 다시 말했다. 세헤라자데는 왕에게 주의를 기울이지 않고 신드바드의 이야기를 계속했다.

"'이 마지막 섬을 지나 우리는 땅속 가장 깊은 곳으로 30~40마일 들어간 거리에 다다르는 동굴이 있는 한 나라에 도착했습니다. 그 동굴에는 다마스쿠스와 바그다드 전역에서 발견될 궁전들보다 훨씬 더 넓고 더 거대한, 무수한 궁전들이 있었습니다. 이 궁전들의 지붕에는 사람보다 더 큰 보석들이 수없이 매달려 있었지요. 탑과 피라미드와 사원들이 있는 거리 사이에는 흑단처럼 검은 거대한 강이 흘

---

circumference 원주, (구의) 둘레　colony 집단, 군집　caterpillar 쐐기벌레, 송충이　take no notice of ~을 무시하다　shatter to pieces 산산조각 내다　fine-tempered 잘 제련된, 잘 단련된　the bowels of ~의 가장 깊은 곳, ~의 내부　contain 담고 있다, 포함하다　spacious 넓은　temple 신전, 사원　immense 거대한, 어마어마한

black as ebony.* These rivers swarmed with fish that had no eyes.'"

"Hum!" said the king.

"'We then swam into a region of the sea where we found a tall mountain, down whose sides there streamed* torrents* of melted* metal. Some of these torrents were twelve miles wide and sixty miles long. Meanwhile, from an abyss* on the summit,* a vast quantity of* ashes burst out* constantly, completely blotting out* the sun from the heavens.'"

"Hum!" said the king.

"'After leaving this region, the beast continued his voyage* until we came to a land in which the nature of things seemed reversed.* Here we saw a great lake, at the bottom of which, more than a hundred feet beneath the surface of the water, there flourished* a forest of tall and luxuriant* trees.'"

"I doubt that!" said the king.

"'Some hundred miles farther on we encountered* a climate where the atmosphere* was so dense it could sustain* iron or steel.'"

"Nonsense!" said the king.

"'Proceeding still in the same direction, we soon arrived at the most magnificent region in the whole world. A glorious* river meandered* through it for several thousand miles. This river was of unspeakable* depth. It was from three to six miles in width, and its

렀습니다. 이 강들에는 눈이 없는 물고기들이 떼를 지어 있었습니다.'"

"흠!" 왕이 말했다.

"'그런 다음 저희는 저희가 높은 산을 찾아낸 바다 지역으로 헤엄쳐 갔는데, 그 산 아래 양 옆으로는 금속이 녹은 물이 급류를 이루어 흘렀습니다. 이러한 급류 들의 몇 군데는 폭이 12마일, 길이가 60마일이었습니다. 한편 정상의 심연으로부 터 막대한 양의 화산재가 하늘에서 태양을 완전히 가리며 끊임없이 터져 나왔습 니다.'"

"흠!" 왕이 말했다.

"'이 지역을 떠난 후, 짐승은 항해를 계속했고 마침내 저희는 사물의 본질이 정 반대인 듯한 나라에 도착했습니다. 이곳에서 저희는 한 거대한 호수를 보았는데, 수면으로부터 수백 피트 깊이는 되어 보이는 그 바닥에는 키가 크고 무성한 나무 들의 숲이 울창했습니다.'"

"그것 참 의심스럽구려!" 왕이 말했다.

"수백 마일을 더 가서 저희는 대기의 밀도가 아주 높아서 쇠나 철의 충격도 견 뎌낼 수 있는 날씨와 마주쳤습니다.'"

"말도 안 되오!" 왕이 말했다.

"'여전히 같은 방향으로 나아가다가 저희는 곧 전 세계에서 가장 장관을 이루 는 지역에 도착했습니다. 눈부시게 아름다운 강이 그 지역을 통과해 수천 마일을 굽이쳐 흘렀지요. 이 강은 말할 수 없이 깊었습니다. 그 강은 폭이 3~6마일이었

---

as black as ebony 새까만, 흑단처럼 까만　**stream** 줄줄 흐르다, 흘러나오다　**torrent** 급류
melted 녹은, 용해된　**abyss** 심연, 깊은 구멍　**summit** 정상, 꼭대기　**a vast quantity of** 막대한
양의　**burst out** 터져 나오다　**blot out** ~을 완전히 가리다　**voyage** 항해　**reversed** 거꾸로
된, 뒤집힌　**flourish** 번성하다, 융성하다　**luxuriant** 무성한, 울창한　**encounter** 만나다, 마주치다
atmosphere 대기, 공기　**sustain** 견디다　**glorious** 눈부시게 아름다운, 장엄한　**meander**
굽이쳐 흐르다, 구불구불하다　**unspeakable** 이루 말할 수 없는

banks rose on either side to twelve hundred feet in perpendicular* height. The banks were lined with ever-blossoming trees and perpetual* sweet-scented flowers, making the whole territory* one gorgeous* garden. But the name of this luxuriant land was the Kingdom of Horror, and anyone who entered it was met with inevitable* death.'"

"Humph!" said the king.

"'We left this kingdom in a great hurry. After a few days, we came to another kingdom where we were astonished to find thousands of monstrous animals with horns on their heads. These hideous beasts dug vast caverns* in the soil* and lined the sides of them with rocks, one on top of the other, so that they fall instantly when trodden* on by other animals. The victims* then fall right into the monster's dens,* where their blood is immediately sucked.* We called the caverns 'the caverns of death.'""

"Unbelievable," said the king.

"'Continuing our progress, we came across a land with plants that grew not on any soil but in the air. Some glowed* all over with intense* fire, while others moved from place to place like animals.'"

"That can't be!" said the king.

"'Leaving this land, we soon arrived at another in which the bees and the birds were mathematicians.* They were so intelligent* that they gave lessons in the

고, 둑은 양쪽이 수직으로 높이가 1,200피트 정도 솟아 있었습니다. 그 둑에는 꽃이 지는 일 없는 나무들과 사철 내내 감미로운 향기가 나는 나무들이 줄지어 있어서 영토 전체를 하나의 멋진 정원으로 만들고 있었습니다. 하지만 이 기름진 땅의 이름은 공포의 왕국이었고, 그 안에 들어간 누구든 피할 수 없는 죽음과 맞닥뜨렸습니다.'"

"흥!" 왕이 말했다.

"저희는 이 왕국을 몹시 서둘러 떠났습니다. 며칠 뒤 저희는 또 다른 왕국에 도착했는데, 그곳에서 저희는 머리에 뿔이 난 수많은 괴물 같은 동물들을 발견하고 깜짝 놀랐습니다. 이 소름 끼치는 짐승들은 땅 속에 거대한 땅굴들을 파고 사면을 한 바위 위에 다른 바위로 차곡차곡 쌓아 줄지어 놓았으므로 그 바위들이 다른 동물들에 의해 밟히면 즉시 떨어집니다. 그러면 희생자들은 괴물의 땅굴 안으로 바로 떨어지고, 그곳에서 그들의 피는 즉시 빨아 먹힙니다. 저희는 그 동굴들을 '죽음의 땅굴'이라고 불렀습니다.'"

"믿을 수 없구려." 왕이 말했다.

"계속 나아가 저희는 땅에서가 아니라 공중에서 자라는 식물들이 있는 나라와 마주쳤습니다. 어떤 식물들은 활활 타오르는 불길과 함께 여기저기가 빨갛게 달아올라 빛났고, 다른 식물들은 동물처럼 이곳에서 저곳으로 이동하기도 했습니다.'"

"그럴 리가 있나!" 왕이 말했다.

"'이 나라를 떠나, 저희는 곧 벌과 새들이 수학자인 또 다른 나라에 도착했습니다. 그들은 아주 영리해서 제국의 현자들에게 기하학 강의를 해 주었습니다. 그곳

---

perpendicular 수직의, 직각의   perpetual 끊임없이 계속되는   territory 영토   gorgeous 호화로운, 화려한   inevitable 피할 수 없는   cavern 동굴, 땅굴   soil 흙, 땅   tread 밟다, 디디다   victim 희생자, 피해자   den 굴, 동굴   suck 빨다, 빨아 먹다   glow 시뻘겋게 되다   intense 강렬한, 격렬한   mathematician 수학자   intelligent 총명한, 재치 있는

science of geometry* to the wise men of the empire. The king of the place had offered a reward for the solution* of two very difficult problems, and the bees and the birds solved them on the spot.*'"

"Oh my!" said the king.

"'We then found ourselves in a country, where we saw the biggest bird anyone has ever seen. It was bigger than the biggest dome* of your palace. This terrible bird had no head. In its talons,* it was carrying a house from which it had knocked off the roof. We shouted with all our might* in the hope of frightening the bird into letting go of the people inside the house, but it simply gave a snort* and flew away.'"

"Nonsense!" said the king.

"'It was just after this adventure that we found a continent* that was supported entirely on the back of a sky-blue cow that had no fewer than four hundred horns.'"

"That, now, I believe," said the king. "I have read something of the kind before, in a book."

"'We passed beneath this continent, swimming in between the legs of the cow. After some hours, we found ourselves in a wonderful country which, as I was informed by the man-vermin, was his own native land. The man-vermins were a nation* of the most powerful magicians. They lived with worms in their brain, which, no doubt, stimulated* them by their painful* writhings*

의 왕은 두 가지 어려운 문제를 해결하는 것에 대한 보상금을 제안했고, 벌과 새들은 즉석에서 그 문제들을 풀었습니다.'"

"오, 이런!" 왕이 말했다.

"그런 다음 저희는 저희가 어떤 나라에 있다는 것을 알게 되었는데, 그곳에서 저희는 누구도 본 적이 없는 가장 큰 새를 보았습니다. 그 새는 전하의 궁전의 둥근 지붕보다 컸습니다. 그 끔찍한 새는 머리가 없었지요. 그 새는 갈고리 발톱으로 지붕이 떨어져 나간 집을 옮기고 있었습니다. 저희는 새를 겁나게 하여 집 안에 있는 사람들을 놓아 주게 할 요량으로 온 힘을 다해 소리쳤지만, 그 새는 그냥 거센 콧김을 내뿜고 날아가 버렸습니다.'"

"말도 안 되오!" 왕이 말했다.

"저희가 최소 400개는 되는 뿔을 가지고 있는 하늘색 암소의 등에 전적으로 지탱되고 있는 대륙을 발견한 것은 이 모험 바로 직후였습니다.'"

"지금 그 말은 믿는다오." 왕이 말했다. "전에 그런 종류의 내용을 책에서 읽은 적이 있소."

"저희는 암소의 다리 사이로 헤엄치며 이 대륙의 아래쪽을 지나갔습니다. 몇 시간 후 저희는 어떤 근사한 나라에 있게 되었는데, 인간 모양의 기생충에게 알아낸 바에 따르면, 그곳은 그의 모국이었습니다. 인간 모양의 기생충들은 아주아주 강력한 마법사 종족이었습니다. 그들은 머릿속에 들어 있는 벌레들과 공생했고, 의심할 여지없이 그 벌레들은 고통스러운 몸부림과 꿈틀거림으로 그들에게 자극을 주었습니다!'"

---

geometry 기하학 solution 해결, 해답 on the spot 즉석에서, 즉각 dome 둥근 천장 talon 갈고리 발톱 with all one's might 온 힘을 다해 give a snort 콧김을 내뿜다 continent 대륙 nation 종족 stimulate 자극하다, (신체 기능을) 활성화시키다 painful 아픈, 고통을 주는 writhe 몸부림치다

and wrigglings*!'"

"Ridiculous!" said the king.

"'The magicians had domesticated* very strange animals. For example, there was a huge horse whose bones were iron and whose blood was boiling water. The horse was so strong that he could drag a load* heavier than the grandest temple in this city.'"

"What nonsense!" said the king.

"'I also saw a hen without feathers, but bigger than a camel. Instead of flesh and bone she had iron and brick. Her blood, like that of the horse, was boiling water. She ate nothing but wood and stones.'"

"Impossible!" said the king.

"'One of the magicians created a man out of brass* and wood and leather. The magician endowed him with* such ingenuity* that he could beat* anyone at chess.'"

"Ridiculous!" said the king.

"'Another magician had the power to turn any metals into gold, without even looking at them during the process.'"

"Absurd*!" said the king.

"'Another of these magicians, by means of a fluid,* could make the corpses of his friends get up and dance at his will. Another had so loud a voice that he could be heard at the other end of the kingdom. Another had so long an arm that he could sit down in Damascus and write a letter in Baghdad. Another could command*

"터무니없는 소리요!" 왕이 말했다.

"마법사들은 아주 이상한 동물들을 길들여 왔습니다. 예를 들어, 뼈는 쇠이고 피는 끓는 물인 거대한 말이 있었습니다. 그 말은 아주 힘이 세서 이 도시에 있는 가장 으리으리한 사원보다 무거운 짐도 끌 수 있었습니다.'"

"말도 안 되는 소리요!" 왕이 말했다.

"저는 또한 깃털이 없는 암탉을 보았는데, 그 암탉은 낙타보다 더 컸습니다. 살과 뼈 대신 그 암탉은 쇠와 벽돌을 가지고 있었습니다. 암탉의 피는 말의 피처럼 끓는 물이었습니다. 암탉은 나무와 돌 외에는 아무것도 먹지 않았습니다.'"

"불가능하오!" 왕이 말했다.

"마법사들 중 한 명이 놋쇠와 나무와 가죽으로 인간을 한 명 만들었습니다. 그 마법사는 인간에게 체스에서 누구든 물리칠 수 있는 기발한 재주를 부여했지요.'"

"터무니없군!" 왕이 말했다.

"또 다른 마법사는 어떠한 금속도 금으로 바꿀 수 있는 힘을 가지고 있었습니다. 그렇게 바꾸는 과정 중에 그것들을 쳐다보지도 않았죠.'"

"허무맹랑하오!" 왕이 말했다.

"이들 마법사들 중 또 다른 사람은 유동체를 이용하여 자기 친구들의 시신을 자기 마음대로 일어나게 하고 춤추게 할 수 있었습니다. 또 다른 사람은 아주 큰 목소리를 가지고 있어서 그의 목소리는 왕국의 반대쪽 끝에서도 들렸습니다. 또 다른 마법사는 팔이 아주 길어서 다마스쿠스에 앉아 바그다드에서 편지를 쓸 수 있었습니다. 또 다른 마법사는 번개에게 하늘에서 자신에게 내려오라고 명령할

---

wriggle 꿈틀거리다   **domesticate** 길들이다   **load** 무거운 짐   **brass** 놋쇠, 황동   **endow A with B** A에게 B를 부여하다   **ingenuity** 독창성, 기발한 재주   **beat** 물리치다, 무찌르다   **absurd** 이치에 맞지 않는, 허무맹랑한   **fluid** 유동체, 유체   **command** 명령하다

the lightning to come down to him out of the heavens. Another magician could take two loud sounds and make a silence with them. Another created darkness out of two brilliant* lights. Another made ice in a red-hot* furnace.*""

"Stop!" said the king. "That is impossible! I will not take any more of this. I won't! You have given me a dreadful* headache with your lies. And the day is beginning to break. Do you take me for a fool? In fact, you might as well get up and be executed."

These words both grieved* and astonished Scheherazade. But, as she knew that the king was not a man who goes back on his word,* she submitted* to her fate with a good grace.* She derived, however, some consolation* during the tightening of the noose* from* the fact that much of the story remained untold, and that her brute* of a husband would never get to hear the ending.

수 있었습니다. 또 다른 마법사는 두 개의 커다란 소리를 취하여 그것들을 가지고 침묵을 만들어 낼 수 있었습니다. 또 다른 마법사는 두 개의 찬란한 빛에서 어둠을 만들어 냈습니다. 또 다른 마법사는 새빨갛게 달아오른 용광로에서 얼음을 만들었지요.'"

"그만!" 왕이 말했다. "그것은 불가능하오! 더 이상 이 이야기를 듣는 것을 참을 수가 없겠구려. 안 듣겠소! 왕비는 왕비의 거짓말로 나에게 지독한 두통을 주었소. 그리고 날이 밝기 시작하는구려. 나를 바보로 생각하는 거요? 사실 당신은 일어나서 처형되는 것이 당연하오."

이 말은 세헤라자데를 대단히 슬프게도 하고 깜짝 놀라게도 했다. 하지만 왕이 자신의 약속을 안 지킬 사람이 아니라는 것을 알고 있었기 때문에, 그녀는 자신의 운명에 깨끗이 굴복했다. 하지만 세헤라자데는 올가미가 조여지는 동안 많은 이야기를 왕에게 들려주지 않은 채 남겨 두었고, 그녀의 짐승 같은 남편이 그 결말을 결코 듣게 되지 못할 것이라는 사실로부터 다소의 위안을 얻었다.

---

brilliant 빛나는, 눈부신 **red-hot** 새빨갛게 달아오른 **furnace** 난로, 용광로 **dreadful** 지독한, 끔찍한 **grieve** 대단히 슬프게 만들다 **go back on one's word** 약속을 어기다 **submit** 굴복하다 **with a good grace** 깨끗이, 이러니저러니 말할 것 없이 **consolation** 위로, 위안 **noose** 올가미 **derive A from B** A를 B에서 끌어내다 **brute** 짐승 같은 사람

The Sphinx

During the terrible reign[*] of cholera[*] in New York, I had accepted the invitation of a cousin to spend two weeks with him in his cottage on the banks of the Hudson. Here, we had all the means of summer amusement[*]: rambling[*] in the woods, sketching, boating, fishing, bathing, listening to music, and reading books. We would have passed the time pleasantly enough, if it had not been for the horrible[*] news which reached us every morning from New York. Not a day went by[*] which did not bring us news of the death of someone we knew.

Then, as the death toll[*] increased, we became to expect the loss of some friends every day. We trembled[*] at the approach of every messenger.[*] The very air from

스핑크스

**나는 뉴욕에 발효된 콜레라 경보를 피해
허드슨 강변에서 사촌과 한가로운 나날을 보내고 있었다.
어느 날 나는 독서 중에 창밖으로 눈을 돌려 경치를 감상하다가
괴생명체를 보고 충격을 받아 기절하고 만다.**

뉴욕에서 콜레라가 끔찍하게 창궐하는 동안, 나는 허드슨 강의 강둑에 있는 그의 오두막에서 2주 동안 함께 지내자는 사촌의 초대를 받아들였다. 이곳에서 우리는 숲에서 거닐기, 스케치하기, 배 타기, 낚시하기, 목욕하기, 음악 듣기, 독서 등 여름철에 즐길 수 있는 모든 놀이 수단을 동원했다. 뉴욕에서 매일 아침 우리에게 도착한 끔찍한 소식만 아니었더라면, 우리는 충분히 즐겁게 시간을 보냈을 것이었다. 우리가 아는 누군가의 사망 소식이 우리에게 전달되지 않고서 단 하루도 지나가는 법이 없었다.

그런 다음, 사망자 수가 늘어나면서, 우리는 매일 몇몇 친구들의 사망 소식을 기대하게 되었다. 우리는 모든 배달부가 다가올 때마다 벌벌 떨었다. 남쪽에서 온

---

reign 군림, 지배　**cholera** 콜레라　**amusement** 재미, 놀이　**ramble** 거닐다　**horrible** 끔찍한
go by 지나가다　**death toll** 사망자 수　**tremble** 벌벌 떨다　**messenger** 배달부, 전령

the South seemed thick with death. The thought of the disease and its deadly* consequences* took entire possession of* my soul.* I could not speak, think, or dream of anything else. My host was of a less excitable* temperament.* Though he was greatly depressed* in spirits,* he tried his best to sustain* my own.

His efforts to get me out of the gloom* into which I had fallen were frustrated by* certain books which I had found in his library. I had been reading these books without his knowledge, and they woke the hereditary* superstition* which had been latent* in my heart up to that time.

One of my favorite topics was the popular belief in omens.* This was a belief which, at this time of my life, I defended* passionately.* We had long and animated* discussions on the subject.* He argued that belief in superstitions was groundless,* while I contended* that there were unmistakable* elements of truth in them.

The fact is, soon after my arrival at the cottage, that I had experienced an inexplicable* incident* which had a very ominous* character.* I was so bewildered* by the incident that I waited many days before I could make up my mind to tell my cousin about it.

Near the end of an exceedingly* warm day, I was sitting at an open window with a book in hand. I was

바로 그 공기는 죽음으로 인해 탁해진 듯했다. 질병에 대한 생각과 그 치명적인 결과가 내 마음에 꽉 들어찼다. 나는 그 밖의 어떤 다른 것에 대해서는 말할 수도, 생각할 수도, 꿈꿀 수도 없었다. 나를 초대한 사촌은 흥분을 덜 하는 성격이었다. 비록 정신적으로는 몹시 우울했지만 사촌은 내가 제정신을 차리고 있도록 최선을 다했다.

내가 빠져 버린 우울한 기분에서 나를 빠져나오게 하려는 그의 노력들은 내가 그의 서재에서 찾아낸 어떤 책들에 의해 좌절당했다. 나는 그가 모르게 이 책들을 읽어 오고 있었고, 그것들은 그때까지 나의 마음속에 잠재해 있던 집안 대대로의 미신을 일깨웠다.

내가 나의 가장 좋아하는 주제들 중 하나는 널리 퍼져 있는 전조에 대한 믿음이었다. 이는 내 인생의 이 시기에 내가 열정적으로 지킨 믿음이었다. 우리는 그 주제에 관하여 길고 활기 넘치는 토론을 했다. 내 사촌이 미신을 믿는 것은 근거가 없다고 논증한 반면 나는 미신에는 오해의 소지가 없는 진실의 요소가 들어 있다고 주장했다.

사실은 그 오두막에 도착한 직후에 나는 무척 불길한 성질을 지닌 설명할 수 없는 사건을 경험했다. 나는 그 사건에 몹시 당혹감을 느껴서 여러 날이 지나서야 비로소 내 사촌에게 그 사건에 관해 말하기로 마음먹을 수 있었다.

어느 무더웠던 날이 저물 무렵, 나는 손에 책을 들고 열려 있는 창가에 앉아 있

---

deadly 치명적인 **consequence** 결과, 결말 **take possession of** ~을 손에 넣다 **soul** 영혼, 정신 **excitable** 흥분을 잘 하는 **temperament** 기질 **depressed** 의기소침한 **spirit** 정신, 마음 **sustain** 살아가게 하다, 지탱하게 하다 **gloom** 우울 **be frustrated by** ~에 의해 좌절되다 **hereditary** 유전성의, 집안 대대로의 **superstition** 미신 **latent** 잠복해 있는, 숨어 있는 **omen** 전조, 조짐 **defend** 방어하다 **passionately** 열렬히 **animated** 활기찬 **subject** 주제 **groundless** 근거가 없는 **contend** 주장하다 **unmistakable** 틀림없는, 오해의 여지가 있는 **inexplicable** 설명할 수 없는 **incident** 일어난 일, 사건 **ominous** 불길한, 나쁜 징조의 **character** 성질, 특질 **bewildered** 당혹한, 어찌할 바를 모르는 **exceedingly** 대단히, 매우

taking a look at a distant hill, the face of which nearest my position had no trees on it due to a recent landslide.* My thoughts had been long wandering from the book before me to the gloom and desolation* of New York. I took my eyes off the page, and soon they fell on the naked* face of the hill, and on an object.*

To my amazement,* I saw a hideous* monster, which very rapidly made its way from the summit* to the bottom,* disappearing finally into the dense forest below. At first I doubted my own sanity.* Many minutes passed before I convinced* myself that I was neither mad nor in a dream.

Estimating* the size of the creature* by comparison* with the diameter* of the large trees it passed, I concluded it to be far larger than any ship of the line* in existence.* I say ship of the line, because the monster's shape was similar to one.

The mouth of the animal was situated at the end of a trunk* some sixty or seventy feet in length, and about as thick as the body of an ordinary* elephant. Near the root of this trunk was an immense* quantity* of black, shaggy* hair. Projecting* down from this hair were two gleaming* tusks* similar to those of the wild boar,* but of infinitely* greater dimensions.* They seemed to be formed of pure crystal and in shape a perfect prism.* They reflected* the rays of the falling sun in a magnificent manner.

었다. 나는 먼 산을 바라보고 있었고 내가 있는 위치에서 가장 가까이 있는 그 산의 한쪽 면은 최근의 산사태로 인하여 나무가 한 그루도 없었다. 내 생각은 내 앞에 있는 책의 내용에서부터 뉴욕의 우울함과 황폐함에 이르기까지 오랫동안 떠돌아다니고 있었다. 나는 책장에서 눈을 떼었고, 곧 나의 시선은 산의 헐벗은 면과 그 위에 있는 물체에 닿았다.

놀랍게도 나는 흉물스러운 괴물을 보았는데, 그놈은 정상에서 산 밑으로 급속도로 내려오더니 마침내 아래쪽의 울창한 숲 속으로 사라졌다. 처음에 나는 내가 제정신인지를 의심했다. 몇 분 지나고 나서야 나는 비로소 내가 미친 것도 아니고 꿈을 꾸고 있는 것도 아니라고 확신했다.

그 괴물이 지나간 커다란 나무의 직경과 비교하여 그 생물의 크기를 추정하고 나서 나는 그 괴물이 현존하는 그 어느 전함보다도 훨씬 더 크다고 결론지었다. 내가 전함에 대해 말하는 것은 그 괴물의 형체가 전함과 유사했기 때문이다.

그 동물의 입은 길이가 약 60~70피트 정도 되는 코끼리의 코 같은 것의 끝에 위치해 있었고, 보통의 코끼리의 몸통만큼 살집이 두꺼웠다. 이 코의 맨 아랫부분 근처에는 어마어마한 양의 무성한 검은 털이 나 있었다. 이 털의 아래쪽으로 멧돼지의 엄니와 유사하지만 훨씬 더 크기가 넙적한 반짝이는 두 개의 엄니가 돌출되어 있었다. 그 엄니들은 완벽한 프리즘 모양으로 100% 수정으로 만들어진 것 같았다. 그것들은 장엄한 방식으로 내리쬐는 햇빛을 반사했다.

---

landslide 시테, 신사태   desolation 쓸쓸함, 황폐함   naked (산 등이) 헐벗은, 벌거벗은   object 물건, 물체   to one's amazement 놀랍게도   hideous 끔찍한, 흉물스러운   summit 정상, 꼭대기   bottom 맨 아래   sanity 온전한 정신, 분별   convince 확신시키다, 납득시키다   estimate 추정하다, 어림하다   creature 생물   comparison 비교, 대조   diameter 지름, 직경   ship of the line 전함   in existence 현존하는, 실재하는   trunk 코끼리 코   ordinary 일반적인, 보통의   immense 어마어마한   quantity 양   shaggy 텁수룩한   project 튀어나오다, 돌출되다   gleaming 반짝반짝 빛나는, 환한   tusk 엄니, 상아   wild boar 멧돼지   infinitely 엄청, 대단히   dimension 크기, 치수   prism 프리즘   reflect 반사하다, 반영하다

The trunk was shaped like a wedge.* Two pairs of wings spread out from it, and each wing was nearly one hundred yards in length. One pair was placed above the other, and they were all thickly covered with metal scales.* Each scale was about ten or twelve feet in diameter. I saw that the upper and lower tiers* of wings were connected* by a strong chain. The strangest thing about this horrible thing was the image of a Death's head, which covered nearly the whole surface* of its breast.

The Death's head was in glaring* white on the dark background of the body, as if it had been accurately* drawn on by an artist. I watched the terrific animal, and more especially the Death's head on its breast, with a feeling or horror and awe.* Then I noticed the huge jaws* at the end of the trunk suddenly expand themselves, and from them came an extremely loud sound that was also full of sadness. I was so shocked by the sound that, as the monster disappeared at the foot of the hill, I fainted* and fell to the floor.

On recovering, the first thing that I wanted to do was to inform my cousin of what I had seen and heard. However, a certain feeling of repulsion* at the memory of the animal prevented me from* doing so.

At last, one evening, some three or four days after the incident, we were sitting together in the room in which I had seen the monster. I was occupying* the same seat

몸통은 쐐기 같은 모양이었다. 몸통에서 두 쌍의 날개가 펼쳐져 있었고, 날개 하나의 길이는 거의 100야드에 달했다. 날개 한 쌍은 다른 한 쌍보다 위에 있었고, 그것들은 모두 금속 비늘로 두껍게 덮여 있었다. 각각의 비늘은 지름이 약 10~12피트였다. 나는 위층과 아래층의 날개들이 튼튼한 사슬로 연결되어 있는 것을 보았다. 이 소름 끼치는 것의 가장 이상한 점은 해골 이미지였는데, 그것은 거의 가슴 표면 전체를 뒤덮고 있었다.

해골은 마치 예술가에 의해 정확히 그려진 것처럼 몸체의 검은 배경 위에 도드라지는 흰색으로 되어 있었다. 나는 공포와 외경심을 품고 끔찍한 동물을, 그리고 특히 가슴 위의 해골을 관찰했다. 그런 다음 나는 코끝의 거대한 아가리가 갑자기 커지는 것을 목격했고 그곳에서는 슬픔에 사무친 대단히 커다란 소리가 나왔다. 나는 그 소리에 너무나 충격을 받아서 그 괴물이 산자락에서 사라졌을 때 혼절하여 바닥에 쓰러졌다.

정신을 차리자마자 내가 가장 먼저 하고 싶었던 일은 내 사촌에게 내가 보고 들은 것을 알리는 일이었다. 하지만 그 동물에 대한 기억 중의 어떤 혐오감이 내가 그렇게 하는 것을 막았다.

드디어 어느 날 저녁, 그 사건이 있은 지 사나흘쯤 후에, 우리는 내가 괴물을 보았던 방 안에 함께 앉아 있었다. 나는 그때 그 창가의 같은 자리를 차지하고 있었

---

wedge 쐐기, 쐐기 모양의 것 **scale** 비늘 **tier** 층, 단 **connect** 연결하다, 잇다 **surface** 표면, 겉 **glaring** 확연한, 두드러진 **accurately** 정확히 **awe** 외경심 **jaw** (동물의) 입, 아가리 **faint** 졸도하다 **repulsion** 역겨움, 혐오감 **prevent A from B** A가 B하는 것을 막다 **occupy** 차지하다

at the same window, and my cousin was lounging* on a sofa nearby. I decided to tell him what had happened. He listened carefully until the end.

At first he laughed heartily,* and then he turned into an excessively* serious attitude, as if he worried for my sanity. At this very moment, I saw the monster again. I shouted a cry of terror and directed my cousin's attention to* the monster. I watched as the monster made its way down the naked face of the hill, but my cousin, though he looked eagerly,* said that he saw nothing.

I was now immensely* alarmed.* I considered the vision either as an omen of my death, or, even worse, as an early sign of insanity.* I threw myself passionately* back in my chair, and for some time buried my face in my hands. When I uncovered my eyes, the monster was gone.

My cousin, having recovered* the calmness* of his attitude, questioned me very rigorously* with regard to* the monster I had seen. When I had fully satisfied him, he sighed deeply and stepped to a bookcase. He brought back one of the ordinary books of Natural History. Requesting me then to exchange* seats with him, so that he might the better distinguish* the fine print of the volume,* he took my armchair* at the window. He opened the book and looked through the pages.

고, 내 사촌은 근처에 있는 소파에 느긋하게 앉아 있었다. 나는 내 사촌에게 무슨 일이 있었는지 말해 주기로 결심했다. 사촌은 끝까지 주의 깊게 귀를 기울였다.

처음에 친척은 실컷 웃었고, 그 다음에는 마치 내가 제정신인지 걱정하는 듯 지나칠 정도로 심각한 태도로 변했다. 바로 이 순간, 나는 다시 괴물을 보았다. 나는 공포의 비명을 지르고 내 사촌의 주의를 그 괴물에게 돌렸다. 괴물이 산의 헐벗은 면 아래로 내려올 때 나는 그 괴물을 보았으나, 나의 사촌은 열심히 바라보았음에도 불구하고 자신은 아무것도 보지 못했다고 말했다.

나는 이제 엄청나게 불안했다. 나는 그 광경 역시 나의 죽음의 전조나 그보다 더 나쁠 경우에는 광기의 조기 징조 중 하나라고 여겼다. 나는 격정에 못 이겨 내 의자 깊숙이 몸을 던지고 손에 얼굴을 묻었다. 눈에서 손을 떼었을 때 괴물은 사라졌다.

냉정한 태도를 되찾고 나서 나의 사촌은 나에게 내가 본 괴물에 관해서 몹시 엄격하게 따져 물었다. 내가 사촌을 충분히 만족시켜 주었을 때, 그는 깊게 한숨을 쉬더니 책장으로 다가갔다. 사촌은 자연사 일반 서적들 중 한 권을 가지고 돌아왔다. 그런 다음 책의 작은 활자체들을 더 잘 알아보기 위해 자기와 자리를 바꾸자고 요청하고, 사촌은 창가에 있는 나의 안락의자에 앉았다. 사촌은 책을 펼치고 책장을 훑어보았다.

---

lounge 느긋하게 앉아(누워) 있다　**heartily** 실컷, 마음껏　**excessively** 지나치게, 과도하게　**direct one's attention to** ~에 주의를 돌리다　**eagerly** 열심히, 간절히　**immensely** 대단히, 엄청나게　**alarmed** 불안해하는, 두려워하는　**insanity** 광기, 정신 이상　**passionately** 걱정에 못 이겨, 격렬하게　**recover** 회복하다, 되찾다　**calmness** 평온, 냉정　**rigorously** 엄밀히, 엄격하게　**with regard to** ~에 관해서　**exchange** 교환하다　**distinguish** 알아보다, 식별하다　**volume** 책, (책의) 권　**armchair** 안락의자

"I found it," he said, stopping at a page. "Let me read you the description* of the genus* Sphinx. 'Four membranous* wings covered with little colored scales of metallic appearance; mouth forming a rolled trunk, produced by an elongation* of the jaws, on the sides of which are found the rudiments* of mandibles*; the inferior* wings attached to* the superior* by a stiff hair; antennae* in the form of an elongated* club*; abdomen* pointed, the Death's head Sphinx has caused much terror by the melancholy* kind of cry which it makes, and the sign of death which it wears on its breast.'"

My cousin closed the book and leaned forward in the chair, placing himself accurately* in the position which I had occupied at the moment of seeing "the monster."

"Ah, here it is," he exclaimed. "It is going back up the face of the hill. I do admit* that it is a very remarkable-looking* creature. Still, it is by no means as large or as distant as you thought it was. It is right in front of us, wriggling its way up a thread* which some spider has worked along the window sash.*'"

"찾았다." 사촌이 어떤 책장에서 책을 멈추며 말했다. "내가 스핑크스 속(屬)에 대한 설명을 읽어 주지. '막으로 된 네 개의 날개는 금속 모양의 작은 천연색 비늘로 덮여 있다. 돌돌 말린 코끼리 코 모양의 입은 턱의 연장선으로 생겨났고, 그 양옆으로는 하악골의 퇴화 기관이 발견된다. 아래 날개는 뻣뻣한 털에 의해 위쪽 날개에 붙어 있다. 길쭉한 곤봉 모양의 더듬이, 뾰족한 배, 해골 머리의 스핑크스는 그것이 내는 구슬픈 종류의 소리, 그리고 가슴에 달고 있는 죽음의 휘장으로 커다란 공포를 일으킨다.'"

나의 사촌은 책을 덮고 의자에 앉아 앞으로 몸을 숙였으며, 내가 '괴물'을 본 순간에 자리를 잡았던 위치에 정확하게 몸을 위치시켰다.

"아, 여기 있군." 사촌이 소리쳤다. "그것이 산의 헐벗은 면으로 도로 올라가고 있어. 그것이 아주 도드라지게 생긴 생물이라는 것을 진심으로 인정하네. 그래도 그것이 결코 사촌이 생각했던 것처럼 크거나 멀리 있지는 않아. 그것은 거미가 창틀을 따라 쳐 놓은 거미줄을 따라 꿈틀거리면서 우리 바로 앞에 있어."

---

description 기술, 묘사   genus 속(屬)   membranous 막의, 막을 형성하는   elongation 연장(선), 늘어남   rudiment 퇴화 기관, 흔적 기관   mandible 하악골, 아래턱뼈   inferior 더 아래쪽의   attach to ~에 붙이다, 달다   superior 더 위쪽의   antenna 더듬이   elongated 가늘고 긴, 길쭉한   club 곤봉   abdomen 배, 복부   melancholy 구슬픈   accurately 정확하게   admit 인정하다   remarkable-looking 도드라지게 생긴   thread 실, 실 같이 가느다란 것   sash 창틀, 새시

A Predicament*

On a quiet and still afternoon, I was strolling* through the beautiful city of Edina. The confusion* in the streets was terrible. Men were talking. Women were screaming. Children were crying. Carts rattled.* Bulls bellowed.* Horses neighed.* Cats fought. Dogs danced. Danced! Was such a thing possible? Danced! Alas, I thought, my dancing days are over!

In my solitary* walk through the city, I had two humble but faithful* companions. Diana, my poodle! The sweetest creature* in the world! She had a quantity of* hair over her one eye, and a blue ribbon tied fashionably* around her neck. Diana was no more than five inches tall, but her head was somewhat bigger than

곤경

나는 산책하다가 도시를 내려다보고 싶은 욕망에 사로잡힌다.
서둘러 근처 대성당 건물의 종탑까지 달려 올라갔지만
밖을 내다볼 창은 하나도 없고 위쪽의 작은 구멍 하나만 눈에 띈다.
그 구멍으로 얼굴을 내민 내게 거대한 시곗바늘이 다가온다.

어느 고요한 오후, 나는 이다이나라는 아름다운 도시를 거닐고 있었다. 거리의 혼란은 끔찍했다. 남자들은 말을 하고 있었다. 여자들은 소리를 지르고 있었다. 아이들은 울고 있었다. 마차들은 덜그럭거렸다. 황소들은 음메 울었다. 말들은 히히힝 울었다. 고양이들은 싸웠다. 개들은 춤을 추었다. 춤을 추었다! 그러한 일이 가능했을까? 춤을 추다니! 맙소사, 내 생각에 내가 춤추던 시절은 끝났다!

도시를 혼자 걷는 동안, 나는 보잘것없지만 충실한 두 동무들과 있었다. 다이애나, 나의 푸들! 세상에서 가장 귀여운 녀석! 다이애나는 한쪽 눈에 많은 털이 나 있었고, 파란색 리본이 멋지게 목에 묶여 있었다. 다이애나는 키가 5인치도 채 안 되었지만, 다이애나의 머리는 몸집보다 다소 더 컸다. 너무 짧게 잘려 있는 다이

---

predicament 곤경, 궁지 **stroll** 한가로이 거닐다 **confusion** 혼동 **rattle** 왈각달각 소리 나다 **bellow** (소가) 울다, 우렁찬 소리를 내다 **neigh** (말이) 울다 **solitary** 혼자의, 홀로 하는 **faithful** 충실한 **creature** 생물, 동물 **a quantity of** 많은, 다량의 **fashionably** 최신 유행대로, 멋지게

her body. Her tail, which had been cut off too short, gave her an air of injured* innocence.*

And Pompey, my black servant! Sweet Pompey! How shall I ever forget you? I had taken Pompey's arm. He was three feet tall and about seventy, or perhaps eighty, years of age. He had bowlegs* and was fat. His teeth were like pearl, and his large eyes were very white. Nature had endowed him with* no neck, and had placed his ankles* in the middle of the upper portion of the feet. He was clothed very simply. His sole* garments* were a stocking, nine inches in height, and a nearly new overcoat. It was a good overcoat. It was well cut and well made.

As for myself, I am the Madam Psyche Zenobia. On the memorable* occasion* of which I speak, I was wearing a crimson* satin* dress, with a sky-blue Arabian manteau.*

Leaning on the arm of the strong Pompey, and followed at a respectable* distance by Diana, I proceeded* down one of the populous* and very pleasant streets of the now deserted* Edina.

All of a sudden, I noticed a Gothic* cathedral.* It was vast, respectable, and had a tall steeple* which towered* into the sky. I was seized with* an uncontrollable* desire to go up the steeple so that I could survey* the immense* city. The door of the cathedral stood open invitingly.* I entered the ominous* archway.* Where was my guardian* angel when I took my first step up the

애나의 꼬리는 그녀에게 상처 입은 천진난만한 태도를 취하게 해 주었다.

그리고 폼페이, 나의 흑인 하인! 귀여운 폼페이! 내가 어찌 당신을 잊으랴? 나는 폼페이의 팔을 잡았다. 폼페이는 키가 3피트였고, 약 일흔 살, 아니 어쩌면 여든 살가량 되었다. 폼페이는 오 다리였고 뚱뚱했다. 폼페이의 이는 진주 같았으며, 커다란 눈은 흰자위 부분이 많았다. 자연은 폼페이에게 목을 주지 않았고, 발목은 발의 윗부분 중간에 위치시켰다. 폼페이는 아주 간편하게 옷을 입고 있었다. 폼페이의 유일한 의상은 높이가 9인치인 양말, 그리고 거의 새것이나 마찬가지인 외투였다. 그것은 좋은 외투였다. 그것은 잘 재단되어 있었고 잘 만들어져 있었다.

나로 말하자면, 나는 사이키 제노비아 부인이다. 내가 이야기하는 그 인상적인 사건에서, 나는 진홍색의 공단 드레스를 입고 있었고 하늘색 아라비아 망토를 걸치고 있었다.

튼튼한 폼페이의 팔에 기대고, 상당한 거리를 두고 다이애나가 따라오는 동안 나는 이제는 인적이 끊긴 이다이나의 북적거리고 명랑한 거리들 중 한곳을 계속 내려갔다.

갑자기 나는 고딕 양식의 대성당을 보았다. 그것은 크고 훌륭했으며, 하늘 높이 우뚝 솟은 높은 첨탑이 달려 있었다. 나는 거대한 도시를 바라볼 수 있도록 그 첨탑에 올라가고 싶은 주체할 수 없는 욕망에 사로잡혔다. 대성당의 문은 이목을 끌 만큼 활짝 열려 있었다. 나는 불길한 전조가 보이는 아치 모양의 길에 들어섰다. 내가 층계에 첫 발을 내디뎠을 때, 나의 수호천사는 어디에 있었던 것일까?

---

injured 상처 입은, 부상한   innocence 순진, 천진난만   bowleg 오 다리   endow A with B A에게 B를 부여하다   ankle 발목   sole 유일한   garment 의복   memorable 기억할 만한, 인상적인   occasion 경우, 특별한 일   crimson 진홍색의   satin 공단   manteau 망토   respectable 상당한   proceed 나아가다, 가다   populous 인구가 조밀한, 북적거리는   deserted 인적이 끊긴   Gothic 고딕 양식의   cathedral 대성당   steeple 뾰족탑, 첨탑; 뾰족한, 가파른   tower 높이 솟아 있다   be seized with ~에 걸리다, 사로잡히다   uncontrollable 주체할 수 없는, 조절할 수 없는   survey 조망하다, 살피다   immense 거대한, 어마어마한   invitingly 남의 눈을 끌어   ominous 불길한, 나쁜 징조의   archway 아치 길   guardian 보호자, 수호자

staircase*?

I thought the staircase would never end. The stairs went round and up, and round and up and round and up. I paused for breath* and realized that Diana smelled a rat! I called Pompey's attention to* the subject,* and he agreed with me. I was right! There was a rat somewhere, and Diana had smelled it.

Some minutes later, we reached the top of the staircase. Now only one step remained. One step! One little, little step! In the great staircase of human life, a vast sum of human happiness or misery* depends on one such little step! I thought of myself, then of Pompey, and then of the mysterious and inexplicable* destiny* which surrounded us. Then I thought of love! I thought of my many false steps which had been taken, and many that will be taken again.

I let go of Pompey's arm, and, without his assistance,* climbed the one remaining step, and entered the chamber* of the belfry.* I was followed immediately* by my poodle and Pompey.

We looked about the room for a hole, through which we were going to survey the city of Edina. There were no windows. The sole light coming into the gloomy* chamber came from a square* opening,* about a foot in diameter,* at a height of about seven feet from the floor. I called Pompey to my side.

나는 층계가 절대 끝나지 않을 것이라고 생각했다. 층계는 둥글게 위로, 둥글게 위로, 둥글게 위로 향했다. 나는 숨을 쉬려고 잠시 멈추었다가 다이애나가 쥐 냄새를 맡았다는 것을 알아차렸다! 나는 폼페이의 주의를 그 문제로 환기시켰고 그는 내 의견에 동의했다. 내가 옳았다! 어딘가에 쥐가 있었고, 다이애나는 그 쥐의 냄새를 맡은 것이었다.

잠시 후, 우리는 층계 꼭대기에 도착했다. 이제 오로지 한 발자국만 남아 있었다. 한 발자국! 작디작은 한 발자국! 인간의 생애라는 거대한 층계에서 인간의 엄청난 행복이나 고통의 총합은 그러한 작은 발걸음 하나에 달려 있다! 나는 나 자신, 그런 다음 폼페이, 그런 다음 우리를 둘러싼 신비하고 설명하기 불가능한 운명에 대해 생각했다. 그런 다음 사랑에 대해 생각했다! 나는 내가 밟아 왔던 많은 잘못된 발걸음들과 다시 밟게 될 많은 발걸음들에 대해 생각했다.

나는 폼페이의 팔을 놓고 그의 도움 없이 하나 남은 계단을 올라 종탑의 방으로 들어갔다. 즉시 나의 푸들과 폼페이가 나를 따라왔다.

우리는 구멍을 찾기 위해 방 안을 두리번거렸는데, 그 구멍을 통해 우리는 이 다이나 시를 바라볼 예정이었다. 창문은 없었다. 그 어두침침한 방 안으로 들어오는 유일한 불빛은 바닥에서 약 7피트 높이 정도에 있는 직경 1피트 정도의 사각형 구멍에서 나왔다.

---

staircase 계단 **pause for breath** 한숨 돌리기 위해 잠깐 쉬다 **call one's attention to** ~의 주의를 …로 환기시키다 **subject** 주제, 문제 **misery** 비참함, 고통 **inexplicable** 설명할 수 없는, 불가해한 **destiny** 운명, 숙명 **assistance** 조력, 원조 **chamber** 방 **belfry** 종루, 종탑 **immediately** 즉각, 즉시 **gloomy** 어두어둑한, 음침한 **square** 사각형(의) **opening** 구멍, 틈 **diameter** 지름, 직경

"Do you see that opening, Pompey?" I said, pointing up. "I wish to look through it. You will stand here just beneath the opening. Good. Now, let me stand on your shoulders."

He did as he was told, and I found, on getting up, that I could easily pass my head and neck through the opening. The view was sublime.* Nothing could be more magnificent.

Having satisfied my curiosity* regarding* the size and appearance* of the city, I surveyed the church we were in, and the delicate* architecture* of the steeple. I observed* that the opening through which I had thrust* my head was an opening in the face of a gigantic clock. From the street, it must have looked like a large keyhole, such as we see in the face of the French clocks.

No doubt the true purpose* of the opening was to allow the arm of an attendant* to adjust* the hands of the clock. I also observed, with surprise, the immense size of the clock's hands. The longest hand was no less than ten feet in length, and, where broadest, eight or nine inches wide. They were made of solid steel, and their edges* appeared* to be sharp. I again turned my eyes on the glorious* scene below and soon became absorbed in* contemplation.*

"저 구멍이 보여, 폼페이?" 내가 손가락으로 가리키며 말했다. "나는 저 구멍을 통해 보고 싶어. 자네는 여기 구멍 바로 아래에 서 있을 거야. 좋아. 자, 내가 네 어깨 위로 올라가게 해 줘."

폼페이는 자신이 들은 대로 했고, 나는 올라서자마자 내가 쉽게 내 머리와 목을 그 구멍으로 통과시킬 수 있다는 것을 알았다. 그 광경은 멋졌다. 아무것도 그보다 더 장엄할 수는 없었다.

도시의 크기와 모양에 관한 나의 호기심을 채운 후, 나는 우리가 들어와 있는 교회, 그리고 첨탑의 정교한 건축물을 살펴보았다. 나는 내가 머리를 밀어 넣은 구멍이 거대한 시계의 앞면에 나 있는 구멍이라는 것을 알았다. 거리에서 보면 그 구멍은 가령 우리가 프랑스 시계의 앞면에서 보는 바와 같이 커다란 열쇠 구멍처럼 보였음이 분명했다.

의심할 나위 없이 그 구멍의 진정한 목적은 종탑지기가 팔을 넣어 시곗바늘을 맞출 수 있도록 하기 위한 것이었다. 나는 또한 놀라워하며 시곗바늘의 거대한 크기를 관찰했다. 가장 긴 바늘은 그 길이가 10피트보다 짧지는 않았고, 가장 넓은 곳의 폭은 8~9인치쯤 되었다. 시곗바늘들은 강철로 만들어져 있었고, 바늘 가장자리는 날카로워 보였다. 나는 다시 아래쪽의 눈부시게 아름다운 광경으로 시선을 돌리고 곧 상념에 빠져들게 되었다.

---

sublime 장엄한, 절묘한   **curiosity** 호기심   **regarding** ~에 관해   **appearance** 외관, 외양   **delicate** 정교한   **architecture** 건축물   **observe** 관찰하다, ~을 보고 알다   **thrust** 밀다, 밀어 넣다   **purpose** 목적, 의도   **attendant** 수행원, 시중드는 사람   **adjust** 조절하다, 조정하다   **edge** 가장자리, 모서리   **appear** ~인 것 같이 보이다   **glorious** 눈부시게 아름다운, 장엄한   **become absorbed in** ~에 열중하게 되다   **contemplation** 묵상, 사색

About half an hour into my contemplation, I was startled* by something very cold pressing against the back of my neck. It is, needless to say,* that I was extremely* alarmed. Turning my head gently to one side, I saw, to my extreme horror, that the huge, glittering,* sword-like minute-hand of the clock had descended* on my neck. I had no time to lose. I pulled back at once, but it was too late.

There was no chance of forcing my head through the opening. My head was trapped,* and the opening grew narrower and narrower every second. I threw up my hands and tried, with all my strength, to force* upward* the iron bar.* It was useless. Down, down, down it came, closer and closer. I screamed to Pompey for help, but he could not reach the bar.

Another minute passed, and the steel bar now cut a whole inch into my flesh.* Meanwhile, the ticking* of the machinery* amused me. I was amused, because now my sensations* bordered* on perfect happiness, and the most trifling* things gave me pleasure.

I laughed, and the bar buried itself deeper into my neck. I was in great pain.* I prayed* for death. Then a new horror presented itself. My eyes, from the cruel pressure of the machine, were beginning to push out from their sockets.* While I was wondering what I would do without them, one actually tumbled* out of my head.

상념에 빠져든 지 약 30분쯤 후에 나는 무언가 아주 차가운 것이 나의 목 뒤를 누르는 바람에 깜짝 놀랐다. 내가 엄청 놀랐다는 것은 새삼 말할 필요도 없다. 한쪽으로 살살 고개를 돌렸을 때 대단히 두렵게도 거대한 번쩍이는 칼 모양의 시계 분침이 내 목으로 내려온 것이 보였다. 나는 낭비할 시간이 없었다. 나는 즉시 몸을 뒤로 뺐지만, 너무 늦고 말았다.

나의 머리를 구멍에서 억지로 뺄 기회는 없었다. 나의 머리는 걸렸고, 구멍은 매초마다 점점 더 좁아졌다. 나는 내 손을 올려 온 힘을 다해서 그 쇠막대를 억지로 위로 올려 보려고 했다. 소용없었다. 아래로 아래로, 분침은 아래로 내려왔고 점점 더 가까워졌다. 나는 폼페이에게 도와 달라고 소리쳤으나, 그는 막대에 닿을 수가 없었다.

1분이 더 지났고, 그 강철 막대는 이제 나의 살 속으로 파고들어 1인치를 베어 버렸다. 한편 그 기계 장치의 똑딱거리는 소리는 나를 기쁘게 했다. 나는 기뻤는데, 이제 나의 감각이 완전한 행복과 인접해 있었고, 가장 사소한 것들이 나에게 즐거움을 주었기 때문이었다.

나는 웃었고, 막대는 내 목에 더 깊이 파고들었다. 나는 엄청 고통스러웠다. 나는 죽게 해 달라고 빌었다. 그런 다음 새로이 두려운 일이 나타났다. 내 눈들이 기계의 잔인한 압력으로부터 안구에서 튀어나오기 시작하고 있었다. 눈이 없으면 어떻게 할지 생각하고 있는 동안 한쪽 눈이 실제로 내 머리에서 굴러떨어졌다.

---

startled 놀란　needless to say 말할 나위도 없이, 물론　extremely 매우, 몹시　glittering 반짝이는, 빛나는　descend 내려가다, 내려오다　trap 끼이다, 옥죄이다　force 억지로 ~하다　upward 위쪽으로　bar 막대, 빗장　flesh 살, 살집　ticking 똑딱거림　machinery 장치, 기계류　sensation 감각, 지각　border 접하다　trifling 하찮은, 시시한　be in great pain 많이 아프다, 엄청 고통스럽다　pray 빌다, 기원하다　socket 눈구멍　tumble 굴러떨어지다

Rolling down the steep side of the steeple, it became lodged in* the rain gutter* which ran along the eaves* of the main building. I was not angry at losing the eye. I was, however, enraged at* the insolent* air of independence* and contempt* with which it looked at me after it was out. Before I could curse,* however, my other eye fell out. It fell in the same direction as the other eye. They then both rolled out of the gutter together, and to be honest I was very glad to get rid of* them.

The bar was now four inches and a half deep in my neck. My sensations were those of complete happiness, because I knew that soon I would be relieved* from my horrible* situation. And I was right. At twenty-five minutes past five in the afternoon, precisely,* the huge minute-hand severed* my neck completely. I was not sorry to see the head go. After all, it had caused me so much embarrassment.* It first rolled down the side of the steeple, and then got lodged in the gutter for a few seconds before making its way into the middle of the street.

Now I had a strange feeling. Was the real Madam Psyche Zenobia with the head or the body? I felt in my pocket for my snuffbox,* but, on getting it, realized that I could not take any snuff.* So I threw the box down to my head. It took a pinch* with great satisfaction, and smiled at me in return. It then said something to me,

첨탑의 가파른 면으로 굴러떨어진 후, 눈알은 주 건물의 처마를 따라 나 있는 빗물 홈통에 처박혔다. 나는 눈을 잃은 것에는 화가 나지 않았다. 하지만 안구에서 빠져나간 후 눈알이 나를 바라보는 독립적이고 경멸하는 오만한 태도에 나는 분개했다. 하지만 내가 욕을 하기도 전에 남은 눈 하나가 빠져나갔다. 그것은 다른 눈과 같은 방향으로 떨어졌다. 그런 다음 그 눈들은 두 개가 함께 홈통 밖으로 굴러갔는데, 솔직히 말해서 나는 그것들이 없어져서 아주 기뻤다.

분침 막대는 이제 내 목에 4.5인치 깊이에 있었다. 나의 감각은 완전한 행복감이었는데, 곧 내가 소름 끼치는 상황에서 해방될 것을 알고 있었기 때문이었다. 그리고 내가 옳았다. 정확히 오후 5시 25분에 거대한 분침은 내 목을 완전히 절단했다. 나는 머리가 떨어져 나가는 것을 보고 유감스러워하지 않았다. 결국 그것은 나에게 아주 큰 당황스러운 기분을 불러일으켰다. 머리는 먼저 첨탑 한쪽으로 굴러떨어졌고, 그런 다음에는 거리 한가운데를 향해 나아가기 전에 잠시 홈통에 처박혀 있었다.

이제 나는 이상한 느낌을 받았다. 진짜 사이키 제노비아 부인은 머리와 함께 있는 것인가, 아니면 몸과 함께 있는 것인가? 나는 내 호주머니에 있는 코담뱃갑을 느꼈지만, 그것을 집자마자 내가 어떠한 코담배도 들이킬 수 없다는 것을 깨달았다. 그래서 나는 그 코담뱃갑을 내 머리가 있는 쪽인 아래로 던졌다. 내 머리는 대단히 만족스러워하며 조금 들이켰고, 보답으로 나에게 미소를 지었다. 그런 다음 나에게 무슨 말을 했지만, 나는 귀가 없어서 아무 말도 듣지 못했다. 나는 폼

---

become[be] lodged in ~에 꽂히다, 박히다　**gutter** 홈통　**eaves** 처마, 차양　**be enraged at** ~에 분개하다　**insolent** 건방진, 무례한　**independence** 독립, 독립심　**contempt** 경멸, 멸시　**curse** 저주　**get rid of** ~을 제거하다　**relieve** (고통 등을) 없애다, 덜어 주다　**horrible** 지긋지긋한, 끔찍한　**precisely** 정확히　**sever** 절단하다, 자르다　**embarrassment** 난처함, 당황　**snuffbox** 코담뱃갑　**snuff** 코담배　**pinch** 조금, 한 번 집은 양

but I could not hear anything without my ears. I stepped down from Pompey and found what remained of Diana, who had been eaten alive by the rat she had smelled. As I crouched down* to caress* her for the one last time, Pompey screamed and ran down the staircase.

I now had no dog, no servant, and no head. What now remains for the unhappy Madam Psyche Zenobia? Alas! Nothing! I am done.

페이에게서 내려왔고 다이애나의 남은 몸을 발견했는데, 다이애나는 자기가 냄새 맡았던 쥐에게 산 채로 먹히고 말았다. 내가 다이애나를 마지막으로 어루만지려고 몸을 웅크렸을 때 폼페이는 비명을 지르고 층계를 달려 내려갔다.

　나는 이제 개도 없고, 하인도 없고, 머리도 없다. 이제 불행한 사이키 제노비아 부인에게 남은 것은 무엇이란 말인가? 맙소사! 나는 죽었다.

---

crouch down 쭈그리고 앉다　**caress** 어루만지다

Never Bet the Devil Your Head

Many have accused me of* being an author* who does not write moral* tales. Therefore, by way of* staying execution,* and by way of mitigating* the accusations* against me, I offer the sad story of my friend.

I do not wish to criticize* my deceased* friend, Toby Dammit. He was a poor dog, it is true, and he died a dog's death.* But he himself was not to blame for* his sins.* They grew out of* a personal defect* in his mother. She used to beat him when he was a child. She had her reasons, and beating a child is, sometimes, the best way to teach a lesson. But Toby Dammit's mother had the misfortune of being left-handed. And everyone knows that a child beat with the left hand is better off not being

악마에게 머리를 걸지 마라

**내기를 좋아하는 토미가 허세를 부리며 늘 하는 말은
"내 머리를 악마에게 걸겠어."이다.
어느 날 회전식 십자 통과대에서 이 말을 뱉은 토비에게
한 노인이 다가와 진짜로 내기를 제안한다.**

많은 사람들은 내가 도덕적인 이야기를 쓰지 않는 작가라고 나를 비난해 왔다. 그러므로 사형 집행을 유예하는 대신, 그리고 나에 대한 비난을 완화시키는 대신으로 나는 내 친구에 관한 슬픈 이야기를 제공하려고 한다.

　나는 죽은 내 친구 토비 댐잇을 비판하고 싶지는 않다. 댐잇은 불쌍한 개 같은 사람이었는데, 그것은 사실이고, 댐잇은 개죽음을 당했다. 하지만 댐잇 자신은 자기 잘못에 대하여 비난받아서는 안 되었다. 댐잇의 잘못은 그의 어머니의 개인적인 결점에서 생겨났다. 댐잇의 어머니는 댐잇이 아이였을 때 댐잇을 때리곤 했다. 댐잇의 어머니는 나름의 이유를 가지고 있었으며, 자식을 때리는 것은 때로는 교훈을 가르치는 최고의 방법이기도 하다. 하지만 토비 댐잇의 어머니는 불행히도 왼손잡이였다. 그리고 모두 알다시피, 왼손으로 아이를 때리는 것은 한 대도 안

---

accuse A of B A를 B에 대해 비난하다　**author** 작가, 저자　**moral** 도덕의, 윤리적인　**by way of** ~하는 대신, ~로　**execution** 처형, 사형 집행　**mitigate** 완화하다, 누그러뜨리다　**accusation** 비난, 고소　**criticize** 비판하다　**deceased** 사망한, 고(故)　**die a dog's death** 비참하게 죽다, 개죽음을 당하다　**blame for** ~에 대해 나무라다, 비난하다　**sin** 잘못, 죄　**grow out of** ~에서 생기다, 발달하다　**defect** 결점, 결함

beat at all. The earth revolves* from right to left. It is not right to whip* a baby from left to right.

I often witnessed* Toby's punishments.* I could clearly see that he was getting worse and worse every day. At last I saw, through the tears in my eyes, that there was no hope in saving him.

By the time he reached adulthood,* he had formed many bad habits. He not only insisted* on wearing a mustache,* but had a habit for cursing* and swearing,* and for backing* his assertions* by bets.*

I often told him that making bets to back up his claims* was an ungentlemanly* practice, but he did not stop. It was through this vice* that the ruin* which I had predicted* for Toby Dammit overtook* him at last.

By the time he was twenty-two years old, he could scarcely* utter* a sentence without making a proposition* to gamble.* But he did not actually make wagers.* To him, the thing was a mere formula,* nothing more. His propositions had no meaning attached to* them whatever. They were simple expletives*— imaginative phrases to round off a sentence with.

When he said "I'll bet you so and so," nobody ever thought of taking him up on the bet. The habit was an immoral* one, and so I told him. In fact, I begged* him to stop, but it was all in vain.* I entreated,* but he smiled.

때려 주는 것보다 나을 바가 없다. 지구는 오른쪽에서 왼쪽으로 회전한다. 왼쪽에서 오른쪽으로 아이를 매질하는 것은 옳지 않다.

나는 종종 댐잇이 벌을 받는 것을 목격했다. 나는 댐잇이 매일 점점 더 나빠지는 것을 분명히 볼 수 있었다. 마침내 나는 내 눈에 고인 눈물 사이로 댐잇을 구할 희망이 없음을 보았다.

성년기에 다다랐을 무렵 댐잇은 많은 나쁜 습관을 만들었다. 토비는 콧수염을 기르겠다고 고집했을 뿐만 아니라 저주하고 욕하고, 내기로 자신이 단언한 말에 돈을 거는 습관도 생겼다.

나는 종종 댐잇에게 자신의 주장에 돈을 거는 것은 비신사적인 습관이라고 말했으나, 그는 중단하지 않았다. 내가 토비 댐잇에 관해 예언했던 파멸이 마침내 그를 제압한 것은 이 악덕을 통해서였다.

댐잇이 스물두 살이었을 때, 그는 노름 제안을 하는 법 없이 말을 꺼내는 일이 거의 없었다. 하지만 댐잇이 실제로 내기를 하는 것은 아니었다. 댐잇에게 있어서, 일은 그냥 판에 박은 일이었을 뿐 그 이상은 전혀 아니었다. 댐잇의 제안은 그게 무엇이든 그 제안에 붙일 의미 있는 것은 아무것도 없었다. 그것들은 단순히 무의미한 말, 즉 문장을 부드럽게 마무리해 주는 상상력이 풍부한 관용구였다.

댐잇이 "이렇게 저렇게 내기하겠다."라고 말할 때 그가 내기를 한다고 생각하는 사람은 한 사람도 없었다. 그러한 습관은 부도덕한 습관이었으므로 나는 그에게 그렇게 말해 주었다. 사실 나는 댐잇에게 그만두라고 사정했으나 그것은 모두 허사였다. 나는 애걸했으나 댐잇은 미소를 지었다. 나는 애원했으나 댐잇은 웃었

---

revolve 돌다, 회전하다 whip 채찍질하다, 매질하다 witness 목격하다, 보다 punishment 처벌, 징계 adulthood 성인, 성년기 insist 우기다 mustache 콧수염 curse 저주하다 swear 욕을 하다 back (내기 등에) 돈을 걸다 assertion 단언, 주장 bet 내기; 내기하다 claim 요구하다 ungentlemanly 신사답지 못한 vice 악덕, 부도덕 ruin 파멸, 멸망 predict 예언하다 overtake 압도하다, 제압하다 scarcely 거의 ~ 않는 utter 발언하다 make a proposition 건의하다, 제안하다 gamble 노름을 하다 make a wager 내기하다, 노름하다 formula 판에 바은 말, 공식 attach to ~에 붙이다 expletive 무의미한 말 immoral 부도덕한, 외설적인 beg 부탁하다, 간청하다 in vain 헛되이 entreat 간청하다

I implored,[*] but he laughed. I preached,[*] but he sneered.[*] I threatened,[*] but he swore. I kicked him, he called for the police, and offered to bet the Devil[*] his head that I would not hit him again.

Dammit was very poor, and this was the reason that his expletive expressions about betting seldom involved[*] money. I never heard him make use of[*] such a figure[*] of speech as "I'll bet you a dollar." It was always "I'll bet you what you please," or "I'll bet you what you dare," or, more significantly,[*] "I'll bet the Devil my head."

He seemed to like the last one best, perhaps because it involved the least risk. Dammit was excessively parsimonious.[*] His head was small, so if anyone had taken him up and won the bet, his loss would have been small too. But these are my own thoughts, and I am by no means[*] sure that I am right. In any case,[*] the phrase in question became his favorite. In the end,[*] he abandoned[*] all other forms of wager, and gave himself up to[*] "I'll bet the Devil my head."

One beautiful day, having strolled out[*] together, arm in arm, our route[*] led us in the direction of a river. There was a covered bridge, and we decided to cross it. The archway[*] had no windows, so it was very uncomfortably[*] dark. As we entered the passage, the contrast[*] between the external[*] glare[*] and the interior[*] gloom[*] struck heavily on my spirits.[*]

다. 나는 훈계했으나 댐잇은 냉소했다. 나는 협박했으나 댐잇은 욕을 했다. 나는 그를 발로 찼으나 댐잇은 경찰을 불렀고, 내가 다시는 자신을 때리지 않을 것이라는 데 악마에게 자기 머리를 걸겠다고 제안했다.

댐잇은 몹시 가난했고, 이것이 내기에 관한 그의 무의미한 표현이 좀처럼 돈과 관련이 없는 이유였다. 나는 댐잇이 "내가 너에게 1달러를 걸지."와 같은 형태의 말을 사용하는 것을 들어본 적이 없었다. 그것은 늘 "네가 원하는 것을 걸겠어." 혹은 "네가 감히 하려는 것을 걸겠어." 혹은 보다 의심심장하게 "악마에게 내 머리를 걸겠어."였다.

댐잇은 마지막 말을 가장 좋아하는 것 같았는데, 아마도 가장 적은 위험을 수반했기 때문이었던 것 같았다. 댐잇은 지나치게 인색했다. 댐잇의 머리는 작았고, 따라서 만약 누군가가 댐잇의 내기를 받아들여 내기에 이겼다고 하더라도 댐잇이 잃을 것 역시 작았을 것이었다. 하지만 이것들은 나만의 생각일 뿐이고, 내가 옳은지는 결코 확신할 수 없다. 어쨌거나 문제의 그 어구는 댐잇이 가장 좋아하는 것이 되었다. 결국 댐잇은 다른 형태의 내기는 버리고 "악마에게 내 머리를 걸겠어."라는 말에 빠졌다.

팔짱을 끼고 함께 산책에 나선 어느 날씨 좋은 날, 우리가 가는 길은 우리를 강 방향으로 이끌었다. 그곳에는 지붕이 있는 다리가 있었으며, 우리는 그것을 건너기로 결정했다. 아치 형태의 통로에는 창문이 없었으므로 아주 불편하게 느껴질 만큼 어두웠다. 우리가 통로에 들어섰을 때, 외부의 눈부신 빛과 내부의 어둠 사이의 대조가 나의 마음을 무겁게 때렸다.

---

implore 애원하다　preach 설교하다, 훈계하다　sneer 비웃다, 냉소하다　threaten 위협하다 devil 악마　involve 수반하다　make use of ~을 이용하다　figure 형태, 형상　significantly 의미심장하게, 중요하게　parsimonious 극도로 아끼는, 아주 인색한　by no means 결코 ~ 않는 in any case 하여튼, 어쨌든　in the end 결국　abandon 버리다, 포기하다　give oneself up to ~에 젖다, 빠지다　stroll out 한가로이 거닐다　route 길　archway 아치 길　uncomfortably 불편하게　contrast 대조, 대비　external 외부의　glare 눈부신 빛, 환한 빛　interior 내부의 gloom 어둠　spirit 정신, 마음

Dammit was not affected,* however, and he offered to bet the Devil his head that I was scared. He seemed to be in an unusually good mood. We moved on and, at last, passed nearly across the bridge. As we approached the end of the passage, we found a turnstile.* I made my way through it quietly, pushing it around as usual. Dammit, however, insisted on* jumping the stile. As usual, he offered to bet the Devil his head that he could.

That was when I heard, close at my elbow, a slight cough. I looked around and found, to my surprise, a little lame* old gentleman. He looked respectable* in his black suit. His hands were clasped* carefully together over his stomach.* Before I could say anything, he interrupted* me with a second "ahem!"

Not knowing what to do or say, I turned to Dammit for assistance.*

"Dammit, didn't you hear?" said I. "The gentleman said 'ahem!'"

"Oh, really?" said Dammit coldly. "Are you sure he said that? Well, I'm in trouble now. I might as well face him boldly. Here goes, then…ahem!"

At this, the little old gentleman seemed pleased—God only knows why. He limped* forward with a gracious air, took Dammit by the hand and shook it warmly.

"I am quite sure you will win the bet, Dammit," said the old man, with the frankest of all smiles. "But I'll take you up on that bet."

하지만 댐잇은 영향을 받지 않았고, 내가 겁을 먹었다는 데 자신의 머리를 악마에게 걸겠다고 제안했다. 댐잇은 유난히 기분이 좋은 것 같았다. 우리는 계속 이동했고, 마침내 다리를 거의 다 건넜다. 통로 끝으로 거의 다 다가갔을 때, 우리는 회전식 십자 통과대를 발견했다. 나는 평소와 같이 그것을 밀어 돌리며 조용히 그것을 통과했다. 하지만 댐잇은 그 회전식 십자 통과대를 뛰어넘겠다고 고집을 부렸다. 평소와 같이 댐잇은 자신이 할 수 있다는 데 악마에게 자신의 목을 걸겠다고 제안했다.

그때가 내 팔꿈치 가까운 곳에서 헛기침 소리를 들은 때였다. 나는 주위를 둘러보다가 놀랍게도 다리를 약간 저는 노신사를 발견했다. 노인은 검은 정장 차림으로 점잖아 보였다. 노인의 손은 배 위에서 조심스럽게 한데 마주잡은 채였다. 내가 무슨 말을 하기도 전에, 노인은 두 번째 "에헴!" 소리로 내 말을 가로막았다.

무슨 행동을 해야 할지 혹은 무슨 말을 해야 할지 몰라서 나는 도움을 청하려고 댐잇에게 몸을 돌렸다.

"댐잇, 못 들었어?" 내가 말했다. "저 신사분이 '에헴!'이라고 하셨어."

"오, 정말?" 댐잇이 냉랭하게 말했다. "노인네가 그렇게 말한 것이 확실해? 음, 나는 지금 곤란한 지경에 처해 있어. 나는 뻔뻔하게 그 노인네를 대면하는 게 당연해. 그렇다면 이쪽도 해야지. 에헴!"

이 말에 작은 노신사는 기뻐하는 것 같았는데, 그 이유는 신만이 아신다. 노신사는 기품 있는 태도로 앞으로 절뚝거리며 나왔고, 댐잇의 손을 잡고 따뜻하게 악수했다.

"자네가 내기에서 이길 것이라고 나는 아주 확신하네, 댐잇." 노인이 더없이 솔직한 미소를 지으며 말했다. "하지만 나는 그 내기에 자네의 뜻을 받아들이겠네."

---

affected 영향을 받은   **turnstile** 회전식 십자 통과대   **insist on** ~을 고집하다, 주장하다   **lame** 절름발이의, 다리를 절뚝거리는   **respectable** (옷차림이) 점잖은   **clasp** 꼭 쥐다, 움켜잡다   **stomach** 복부, 배   **interrupt** 가로막다, 방해하다   **assistance** 조력, 원조   **limp** 절뚝거리다

The old gentleman then took him by the arm and led him more into the shade of the bridge—a few paces back from the turnstile.

"My good fellow, we should allow you to do a run-up,[*] at least," he said. "Wait here till I take my place by the stile, so that I may see whether you go over it without touching it. I will say 'one, two, three, go!' Remember, start at the word 'go!'"

The old man took his position by the stile, paused a moment as if in profound[*] thought, then looked up. He smiled very slightly, took a long look at Dammit, and finally gave the word as agreed on:

"One-two-three-and-go!"

Punctually[*] on the word "go," my poor friend set off in a strong gallop.[*] The stile was not very high, nor was it very low. On the whole, I was sure that he would clear it. And then what if he did not? Yes, that was the question—what if he did not?

"What right has the old gentleman to make any other man jump?" I thought. "Who is he anyway? If he asks me to jump, I won't do it. I don't care who the devil he is."

Poor Dammit took the leap.[*] I saw him run nimbly,[*] and spring grandly from the floor of the bridge and above the level of the turnstile. I was right—it was low enough for him to jump over. And that was the exact reason why I thought it so strange that he did not

그런 다음 노신사는 댐잇의 팔을 잡고 회전식 십자 통과대에서 몇 발자국 뒤에 있는 다리의 그늘로 댐잇을 데려갔다.

"이보게, 우리는 최소한 자네에게 도움닫기를 하도록 허용해 주어야 하네." 노인이 말했다. "자네가 회전식 십자 통과대를 건드리지 않고 그것을 뛰어넘는지 볼 수 있도록 내가 그 옆에 자리를 잡을 때까지 여기에서 기다려 주게. 내가 '하나, 둘, 셋, 출발!'이라고 말하겠네. 명심하게. '출발!'이라는 말에 출발하는 거야."

노인은 회전식 십자 통과대 옆에 자리를 잡았고, 마치 깊은 생각에 잠긴 듯 잠깐 가만히 있다가 위를 올려다보았다. 노인은 아주 살짝 미소를 지었고, 댐잇을 오래 바라보더니 마침내 합의된 대로 말했다.

"하나, 둘, 셋, 그럼 출발!"

'출발'이라는 말에 딱 맞추어 나의 불쌍한 친구는 전속력으로 출발했다. 회전식 십자 통과대는 그다지 높지도 않았고 그렇다고 아주 낮지도 않았다. 전체적으로 나는 댐잇이 그것을 깨끗이 해낼 것이라고 확신했다. 그런데 토비가 못하면 어쩌지? 그래, 그것이 의문이었다. 댐잇이 하지 못한다면?

'무슨 권리로 저 노신사는 다른 사람을 뛰어넘게 하는 것이지?' 나는 생각했다. '아무튼 저 노인은 누구지? 만약 저 노인이 나더러 뛰어넘으라고 한다면, 나는 하지 않을 거야. 저 악마 같은 노인이 누구든지 나는 상관없으니까.'

가엾은 댐잇은 도약했다. 나는 댐잇이 민첩하게 달려서 다리의 마룻바닥에서 회전식 십자 통과대 높이 위쪽으로 당당하게 껑충 뛰어오르는 것을 보았다. 내가 옳았다. 그 회전식 십자 통과대는 댐잇이 뛰어넘을 수 있을 정도로 충분히 낮았던 것이었다. 그리고 그것이 댐잇이 회전식 십자 통과대를 그대로 계속 넘어오지 않은 것이 아주 이상하다고 내가 생각했던 바로 그 이유였다.

---

do a run-up 도움닫기를 하다　**profound** 깊은, 심원한　**punctually** 때를 어기지 않고, 정각에　**in a strong gallop** 전속력으로　**take a leap** 도약하다　**nimbly** 민첩하게, 재빠르게

continue to go over the turnstile.

Before I could think any further, Dammit fell back and landed on his back, on the same side of the stile from which he had started. At the same time, I saw the old gentleman limping off as fast as he could. I saw that he was carrying something in his hands, and he disappeared into the darkness of the passage.

I was astonished at all this, but I had no time to think, for Dammit lay strangely still. Thinking that his feelings had been hurt, and that he was in need of my assistance, I hurried up to him and found that he had received a serious injury.* The truth is that he had lost his head. I looked around carefully, but I could not find it anywhere. So I decided to take him home and send for the doctor.

Before I took Dammit home, I went to take a closer look at the turnstile. About five feet above the top of the turnstile, and lying horizontally* across the arch of the passage, was a sharp iron bar. It was one of many that served to strengthen* the structure* of the bridge. My poor friend's neck had come directly in contact with* the edge* of this bar.

Toby Dammit died on the spot. No one offered to pay for his funeral,* so I had Mr. Dammit dug* up at once, and sold him for dog's meat.

내가 더 이상 생각하기도 전에, 댐잇은 뒤로 떨어져 자신이 출발한 쪽의 회전식 십자 통과대 쪽에 등으로 떨어졌다. 동시에 나는 노신사가 최대한 빨리 절뚝거리며 걸어가는 것을 보았다. 나는 노신사가 자기 손에 무엇인가를 들고 가는 것을 보았고, 그는 통로의 어둠 속으로 사라져 버렸다.

나는 이 모든 일에 깜짝 놀랐으나, 생각할 시간은 없었는데, 댐잇이 이상하게 가만히 누워 있었기 때문이었다. 댐잇이 기분이 상해서 내 도움을 필요로 하고 있다고 생각했기 때문에 나는 그에게 서둘러 달려갔고 그가 심각한 부상을 입었다는 것을 발견했다. 사실대로 말하면 댐잇은 자신의 머리를 잃어버렸다. 나는 주의 깊게 둘러보았으나 어디에서도 댐잇의 머리를 찾을 수 없었다. 그래서 나는 댐잇을 집으로 데려가 의사를 부르기로 작정했다.

댐잇을 집으로 데려가기 전에, 나는 회전식 십자 통과대를 자세히 보려고 다가 갔다. 회전식 십자 통과대 맨 윗부분 위쪽으로 약 5피트쯤 되는 높이에 날카로운 쇠막대 하나가 통로의 아치를 수평으로 가로질러 놓여 있었다. 그것은 다리의 구조물을 튼튼하게 받치기 위해 설치된 많은 쇠막대들 중 하나였다. 나의 가엾은 친구의 목은 이 막대의 날과 직접적으로 만났던 것이었다.

토비 댐잇은 현장에서 즉사했다. 아무도 댐잇의 장례식 비용을 내지 않았으므로 나는 즉시 댐잇을 파내어 개 먹이로 팔았다.

---

receive a serious injury 심각한 부상을 입다 **horizontally** 수평으로 **strengthen** 강화하다, 더 튼튼하게 하다 **structure** 구조 **come in contact with** ~와 접촉하다, 만나다 **edge** 가장자리, (칼 등의) 날 **funeral** 장례식 **dig** 파다, 파내다

The Manuscript Found in a Bottle

I have little to say about my country and my family. Ill usage* and time have driven me from both. I afforded* an education. Beyond all things, the study of the German moralists* gave me great delight. It was not from any ill-advised* admiration* of their eloquent* madness, but from the ease with which my habits of rigid* thought enabled me to* detect* their falsities.* I have often been reproached* for the aridity* of my genius.* My deficiency* of imagination was often treated as a crime.* My skeptical* opinions* made me notorious.* I wish to make this point clear so that the incredible* tale I have to tell will not be considered the ravings* of a madman.

병 속에서 발견된 수기

항해를 하던 중 태풍으로 인해 내가 탄 배가 난파한다.
기적적으로 살아난 나는 바다를 표류하다가
커다란 배와 충돌하던 중에 그 배의 갑판에 던져진다.
남극으로 향하는 그 배의 승무원들에게 나는 유령일 뿐이다.

나는 내 나라와 내 가족에 관해서는 말할 것이 별로 없다. 학대와 시간은 나를 둘 다로부터 멀어지게 했다. 나는 교육을 받을 수 있는 경제적 여유가 있었다. 무엇보다도, 독일의 윤리학자들에 대한 연구는 나에게 커다란 기쁨을 주었다. 그것은 그들의 능변의 광기에 대한 문제의 소지가 있는 찬양에서가 아니라 내가 그들의 허위성을 탐지해 낼 수 있게 해 준 나의 엄격한 사고 습관의 편리함에서 비롯된 것이었다. 나는 종종 나의 천재성의 빈약함에 대해 비난받았다. 나의 상상력 결핍은 종종 범죄로 취급받았다. 나의 회의적인 의견들은 나를 악명 높게 만들었다. 내가 하려고 하는 믿을 수 없는 이야기가 미친 사람의 횡설수설로 간주되지 않기 위하여 나는 이 점을 분명히 하고 싶다.

---

ill usage 학대, 혹사   **afford** ~할 경제적 여유가 있다   **moralist** 도덕주의자   **ill-advised** 문제의 소지가 있는, 경솔한   **admiration** 감탄, 찬양   **eloquent** 웅변을 잘하는, 능변인   **rigid** 융통성이 없는, 엄격한   **enable A to B** A가 B할 수 있게 하다   **detect** 간파하다, 탐색하다   **falsity** 거짓, 허위   **reproach** 비난하다, 책망하다   **aridity** 건조, 빈약함   **genius** 천재   **deficiency** 부족, 결핍   **crime** 죄, 범죄   **skeptical** 의심 많은, 회의적인   **opinion** 의견, 견해   **notorious** 악명 높은   **incredible** 놀라운, 믿기 어려운   **ravings** 헛소리

After spending many years traveling all over the world, I sailed in the year 1837, from the port of Batavia on a voyage* to the Archipelago of the Sunda Islands.

I set off as a passenger onboard* a beautiful ship of about four hundred tons, built at Bombay. She was freighted* with cotton wool and oil, from the Lachadive Islands.

We got under way,* and for many days moved along the eastern coast of Java. There was no incident* to relieve* the monotony* of our course.

One evening, I noticed a very strange, isolated* cloud to the northwest. It was remarkable* not just for its color, but also because it was the first we had seen since our departure* from Batavia. I watched it attentively* until sunset, when it spread* all at once* to the east and the west. It then turned into a narrow* strip of* vapor* that looked like a long line of low* beach. My attention was soon turned to the dusky-red* appearance* of the moon, and the peculiar* character* of the sea. The sea was undergoing* a rapid change, and the water seemed more transparent* than usual. Next the air became intolerably* hot.

As night came on, every breath of wind died away,* and all of a sudden* everything was calm and quiet. The flame* of a candle burned on the stern* without the least perceptible* motion, and a long hair, held between the finger and thumb, hung without detecting a

전 세계를 여행하느라 여러 해를 보낸 후에, 나는 1837년에 바타비아 항에서 순다 섬의 아키펠라고로 향하는 항해를 했다.

나는 봄베이에서 건조된 약 400톤짜리 아름다운 배에 승선한 승객으로 항해를 시작했다. 그 배는 라차디브 섬에서 실은 면화와 기름 화물을 싣고 있었다.

우리는 항해 중이었고, 여러 날 동안 자바의 동쪽 해안을 따라 이동했다. 우리의 항로의 단조로움을 덜어줄 사건은 하나도 없었다.

어느 날 저녁 나는 아주 이상한, 북서쪽으로 홀로 떨어져 있는 구름을 보았다. 그것은 그 색깔 때문만이 아니라 우리가 바타비아에서 출발한 이래로 처음 본 것이기도 해서 주목할 만했다. 나는 그 구름을 일몰 때까지 주의 깊게 바라보았고, 일몰 때 그것은 갑자기 동서쪽으로 퍼졌다. 그런 다음 구름은 썰물 때의 긴 해안선처럼 생긴 폭이 좁은 수증기 띠로 변했다. 나의 관심은 곧 달의 검붉은 모습, 그리고 바다의 기묘한 특징으로 돌려졌다. 바다는 급격한 변화를 겪고 있었고, 바닷물은 평소보다 더 투명한 것 같았다. 다음으로 공기는 참을 수 없이 뜨거워졌다.

밤이 되었을 때, 바람의 모든 숨결은 잦아들었고, 갑자기 모든 것이 고요해졌다. 촛불의 불꽃은 이물에서 알아볼 수 있는 최소한의 미동도 없이 타올랐고, 검지와 엄지 사이에 잡고 있는 긴 머리털은 단 하나의 진동도 감지하지 못한 채로

---

voyage 항해   **onboard** 선내에 탑승한   **freight** ~에 화물을 싣다, 운송하다   **get under way** 항해 중이다   **incident** 일어난 일, 사건   **relieve** 경감하다, 덜다   **monotony** 단조로움, 지루함   **isolated** 고립된, 격리된   **remarkable** 주목할 만한, 놀랄 만한   **departure** 출발   **attentively** 주의 깊게, 유의하여   **spread** 펴다, 펼치다   **all at once** 갑자기   **narrow** 폭이 좁은, 좁다란   **a strip of** 한 줄기(폭)의   **vapor** 증기   **low** 썰물의   **dusky-red** 검붉은   **appearance** 외관   **peculiar** 기묘한   **character** 성격, 특성   **undergo** 겪다   **transparent** 투명한   **intolerably** 참을 수 없을 만큼   **die away** (바람 등이) 잦아들다   **all of a sudden** 갑자기   **flame** 불꽃, 불길   **stern** 선미, 이물   **perceptible** 지각할 수 있는

single vibration.* However, as the captain said he could perceive* no indication* of danger, the ship continued on its course.

The crew,* consisting mainly of* Malays,* stretched* themselves deliberately* on deck.* I went below, with a full presentiment* of evil.* Indeed, everything pointed to a typhoon.* I told the captain my fears, but he paid no attention to what I said and left me without giving a reply.

My uneasiness, however, prevented me from sleeping, and I went on deck around midnight. As I placed my foot on the upper step of the ladder, I was startled* by a loud, humming* noise. Before I could figure out* what it was, I found the ship shaking violently. The next second, towers of foam* rushed over us and swept* the entire deck.

The ship was completely waterlogged,* yet, after a minute, she rose heavily from the sea. By what miracle* I escaped death, it is impossible to say. Stunned* by the shock of the water, I found myself, on recovery, jammed* in between the sternpost* and rudder.* With great difficulty I got back up. Looking dizzily* around, I realized that we were engulfed* within a terrible whirlpool* of mountainous* and foaming ocean.

After a while, I heard the voice of an old Swede* who had shipped with us at Batavia. I shouted at him with all my strength, and he came reeling* toward me. We

매달려 있었다. 하지만 선장이 위험의 징조를 전혀 감지할 수 없다고 말했기 때문에 배는 계속해서 항로대로 나아갔다.

주로 말레이 사람들로 구성되어 있는 승무원들은 갑판에서 유유히 기지개를 켰다. 나는 불길한 예감을 완전히 감지하고 갑판 아래로 내려갔다. 정말로 모든 것이 태풍을 가리켰다. 나는 선장에게 나의 두려움에 대해 말했으나, 그는 내가 말하는 것에 주의를 기울이지 않고 대답을 해 주지도 않은 채 나를 떠났다.

그러나 내가 느낀 불안은 내가 잠을 이루는 것을 방해했고 나는 자정 무렵에 갑판으로 올라갔다. 사다리의 위쪽 계단에 발을 올려놓았을 때, 나는 윙윙거리는 큰 소리에 놀랐다. 그것이 무엇인지 알아내기도 전에, 나는 배가 격렬하게 흔들리고 있음을 알았다. 다음 순간 높이 솟은 물보라가 우리에게 돌진해 갑판 전체를 휩쓸었다.

배는 완전히 침수되어 흠뻑 젖었으나, 잠시 후 배는 바다에서 육중하게 솟아올랐다. 어떤 기적에 의해 내가 죽음을 피했는지는 말하기가 불가능하다. 물이 준 충격으로 기절했다가 정신을 차리고 보니 내가 이물 쪽 기둥과 방향타 사이에 끼어 있었다. 아주 힘겹게 나는 다시 일어섰다. 현기증을 느끼며 주변을 둘러보고 나서 나는 우리가 물보라가 이는 집채만 한 바다의 끔찍한 소용돌이 안에 둘러싸여 있는 것을 깨달았다.

잠시 후 나는 바타비아에서 우리와 함께 배를 탔던 늙은 스웨덴 사람의 목소리를 들었다. 나는 그에게 온 힘을 다해 소리쳤고, 그는 나를 향해 비틀거리며 다가

---

vibration 진동 **perceive** 지각하다, 인지하다 **indication** 징조 **crew** 승무원 **consist of** ~로 구성되다 **Malay** 말레이 사람 **stretch** 기지개를 켜다 **deliberately** 신중하게, 찬찬히 **deck** 갑판 **presentiment** (불길한) 예감, 기운 **evil** 악 **typhoon** 태풍 **startled** 깜짝 놀란 **humming** 윙윙거리는, 흥얼거리는 **figure out** 이해하다, 파악하다 **foam** 포말, 물보라 **sweep** 휩쓸어 가다 **waterlog** 침수되어 항해가 불가능하다 **miracle** 기적 **stun** 기절시키다 **jam** ~에 끼이다, 쑤셔 넣다 **sternpost** 꼬리 버팀대 **rudder** 키, 방향타 **dizzily** 현기증이 나서 **engulf** 휩싸다, 완전히 에워싸다 **whirlpool** 소용돌이 **mountainous** 산더미 같은, 거대한 **Swede** 스웨덴 사람 **reel** 비틀거리다, 갈지자로 걷다

soon discovered that we were the sole[*] survivors[*] of the accident. Everyone on deck had been swept overboard,[*] while the captain and mates[*] died as they slept, for the cabins[*] were filled with water.

Without assistance, we could expect to do little for the security of the ship. The framework[*] of the stern was shattered[*] excessively,[*] and, in almost every respect,[*] the ship had received considerable[*] injury.[*] To our extreme joy, however, we found the ballast[*] had not been damaged.[*] The worst part of the blast[*] had already blown over, and we saw little danger from the violence[*] of the wind. Still, we looked forward to its total cessation[*] with dismay.[*]

The typhoon continued for five entire days and nights. On the sixth day, the winds died down a little, although they were still more terrible than any typhoon I had before encountered.[*] Our course for the first four days was southeast. We must have run down the coast of New Holland.

On the fifth day, the cold became extreme. The sun rose with a sickly[*] yellow luster,[*] and clambered[*] only a few degrees above the horizon.[*] It did not emit[*] much light. There were no clouds in the sky, yet the wind was on the increase again, blowing with a fitful[*] and unsteady[*] fury.[*]

왔다. 우리는 곧 우리가 그 사고의 유일한 생존자라는 것을 발견했다. 갑판에 있던 모든 사람은 배 밖으로 휩쓸려 나간 반면에 선장과 항해사는 잠자다가 죽었는데, 선실이 물로 가득 찼기 때문이었다.

도움을 받지 않는다면 우리는 배의 안전을 위해 어떤 일도 기대할 수 없었다. 이물의 골격은 엄청나게 산산조각 나 있었고, 거의 모든 면에서 배는 상당한 피해를 입었다. 하지만 무척 기쁘게도, 우리는 바닥짐이 손상을 입지 않았다는 것을 발견했다. 최악의 광풍은 이미 다 불었고 우리는 바람의 난폭함에서도 위험한 일을 거의 보지 못했다. 그러나 우리는 절망적으로 폭풍이 완전히 그치기를 고대했다.

태풍은 닷새 밤낮으로 계속되었다. 여섯째 날, 비록 바람은 내가 전에 만난 어느 태풍보다도 훨씬 더 지독하기는 했지만, 그래도 바람이 조금 잦아들었다. 처음 나흘 동안 우리의 항로는 남동쪽이었다. 우리는 뉴홀랜드의 해안을 따라 내려간 것이 분명했다.

다섯째 날, 추위가 극심해졌다. 해는 창백한 노란색 광채를 내며 떠올랐고, 수평선 위로 약간만 올라왔을 뿐이었다. 해는 많은 빛을 방출하지 않았다. 하늘에는 구름이 없었으나, 바람은 발작적이고 불안정한 듯 격렬하게 불다가 다시 바람이 거세지는 일이 있었다.

---

sole 유일한 **survivor** 살아남은 사람, 생존자 **overboard** 배 밖으로, 물속으로 **mate** 항해사 **cabin** 선실, 객실 **framework** 뼈대, 골격 **shatter** 산산이 부수다 **excessively** 엄청나게 **in every respect** 모든 점에서 **considerable** 상당한, 많은 **injury** 상해, 손상 **ballast** 밸러스트, 바닥짐 **damage** 손상을 주다, 훼손하다 **blast** 센 바람, 일진광풍 **violence** 격렬함, 사나움 **cessation** 중지, 중단 **dismay** 실망, 낙담 **encounter** 만나다, 마주치다 **sickly** 병약한, 창백한 **luster** 광택, 윤 **clamber** 기어오르다, 기어가다 **horizon** 수평선 **emit** 내뿜다 **fitful** 발작적인, 잠깐씩 하다가 마는 **unsteady** 불안정한 **fury** 격노, 격분

At around noon, our attention was again arrested* by the appearance of the sun. It gave out no light, but only a dull and sullen* glow* without reflection.* Just before sinking into the sea, its central fires suddenly went out, as if it were hurriedly extinguished* by an unknown power. It was now a dim,* sliver-like rim,* as it rushed down into the mysterious ocean.

We waited in vain* for the arrival of the sixth day. From that time, we were surrounded by darkness. We could not see anything that was just twenty paces away from the ship. Eternal* night continued to envelop* us. We observed* that, although the typhoon continued, there was no longer any foam. All around us were horror, and thick gloom, and a black desert.

Superstitious* terror crept* into the spirit of the old Swede, and my own soul was wrapped up* in silent wonder. We neglected all care of the ship and secured* ourselves, as well as possible, to the stump* of the mast.* We looked out bitterly into the ocean. We had no means of calculating* time, nor could we form any guess of our position. We were, however, well aware* that we had traveled more southward than any other navigator,* and were thus surprised at not meeting with ice.

In the meantime, every moment threatened* to be our last. It seemed as if every mountainous wave hurried to overwhelm* us. The wave surpassed* anything I had

정오쯤 해의 등장으로 인해 우리의 주의는 다시 해로 기울었다. 해는 빛을 내뿜지 않았으나 반사가 되지 않는 우중충하고 음침한 백열만은 내뿜었다. 바닷속으로 가라앉기 전에 마치 알지 못하는 힘에 의해 급히 꺼진 듯 해의 중심에 있는 불은 갑자기 꺼졌다. 신비한 바닷속으로 급히 들어갈 때 이제 해는 어두침침하고 은빛 같은 원형의 테두리가 되었다.

우리는 여섯째 날이 오기를 기다렸으나 소용없었다. 그때부터 우리는 어둠에 둘러싸였다. 우리는 배에서 겨우 스무 발자국 떨어져 있는 것도 볼 수 없었다. 영원한 밤이 계속하여 우리를 감쌌다. 비록 태풍은 계속되었지만, 더 이상 물보라는 일지 않는다는 것을 우리는 보고 알았다. 우리 주변에는 온통 공포, 짙은 음울함, 그리고 검은 사막뿐이었다.

미신적인 공포가 늙은 스웨텐 사람의 정신으로 슬금슬금 기어 들어갔고, 내 자신의 정신은 고요한 경이로움으로 감싸였다. 우리는 배의 모든 관리를 소홀히 하고 우리 자신을 돛대 그루터기에 묶어 가능한 한 안전하게 해 놓았다. 우리는 비통하게 바닷속을 바라보았다. 우리는 시간을 계산할 방법도 전혀 없었고, 우리의 위치를 가늠할 수도 없었다. 그러나 우리는 우리가 그 어떤 항해자보다도 더 남쪽으로 이동했다는 것은 잘 알았으므로 얼음을 만나지 않은 것에 놀랐다.

그동안 매 순간이 우리의 마지막이 될 것이라고 위협했다. 모든 집채만 한 파도들이 우리를 제압하려고 서두르는 듯했다. 파도는 내가 가능하다고 상상했던

---

arrest one's attention ~의 주의를 끌다 **sullen** 음침한, 음울한 **glow** 백열, 작열 **reflection** 반사, 반향 **extinguish** 끄다, 진화하다 **dim** 어둑한, 어스레한 **rim** (원형의) 가장자리, 테두리 **in vain** 헛되이, 공연히 **eternal** 영원한 **envelop** 감싸다, 뒤덮다 **observe** ~을 보고 알다 **superstitious** 미신의, 미신적인 **creep** 기다, 포복하다 **wrap up** 감싸다 **secure** 안전하게 하다 **stump** 그루터기 **mast** 돛대, 마스트 **calculate** 계산하다 **aware** 알고 있는 **navigator** 항해자 **threaten** 위협하다, 협박하다 **overwhelm** ~을 완전히 뒤덮다 **surpass** ~보다 낫다, 능가하다

imagined possible. It was a miracle* that we were not instantly buried. My companion spoke of the lightness of our cargo,* and reminded me of* the excellent qualities of our ship. Still, I could not help feeling utterly* hopeless,* and prepared myself gloomily for my death. At times, we gasped for breath* at extreme heights, and at other times we became dizzy* with the speed of our descent* into some watery hell.

We were at the bottom of one of these abysses* when my companion took me by the arm.

"Almighty God*!" he cried, shrieking* in my ears. "Look! Look!"

As he spoke, I became aware of a dull, sullen glare* of red light which streamed down* the sides of the vast abyss where we lay. Casting my eyes upward,* I saw something which froze my blood. At a great height directly above us, and on the very verge of* the precipitous* abyss, hovered* a gigantic ship! It was a galleon,* and looked to weigh at least four thousand tons.

The size of the ship exceeded* that of any ship in existence.* Her huge hull* was deep black. A single row* of brass* cannons* protruded* from her open ports.* But what mainly horrified* and astonished us was that she was sailing gracefully on that supernatural* sea in the ungovernable* typhoon.

어떤 것을 능가했다. 우리가 즉각적으로 파묻히지 않은 것은 기적이었다. 나의 동료는 우리의 짐의 가벼움에 대해서 말했고, 우리 배의 우수한 품질을 내게 상기시켜 주었다. 그러나 나는 완전히 희망이 없다고 느끼지 않을 수 없었고, 혼자서 우울하게 죽음을 맞을 준비를 했다. 때때로 우리는 극심한 파도의 높이에 숨을 헉 하고 멈추었고 또 어떤 때에는 어떠한 바다 지옥으로 떨어지는 굉장한 하강 속도에 어질어질해졌다.

나의 동료가 내 팔을 잡았을 때, 우리는 이 심연들 중 한곳의 바닥에 있었다.

"전능하신 하느님!" 내 동료가 내 귀에 대고 비명을 지르며 소리쳤다. "보소서! 보소서!"

그가 말할 때, 나는 우리가 누워 있는 드넓은 심연의 사방에서 새어 나오는 흐릿하고 음침한 붉은 섬광을 알아차리게 되었다. 위로 시선을 던졌을 때 나는 내 피를 얼어붙게 한 무엇인가를 보았다. 우리 바로 위로 상당한 높이에, 그리고 가파른 심연의 바로 앞에 거대한 배가 떠다니고 있었다! 그것은 갤리온선이었으며, 적어도 4,000톤은 나가는 것처럼 보였다.

배의 크기는 현존하는 어떠한 배의 크기도 능가했다. 배의 거대한 선체는 짙은 검은색이었다. 한 줄로 배열된 놋쇠 대포들이 열려 있는 포문에서 튀어나와 있었다. 하지만 우리를 소름 끼치고 놀라게 한 것은 대체로 그 배가 제어할 수 없는 태풍 속의 그 초자연적인 바다 위에서 우아하게 항해하고 있다는 것이었다.

---

miracle 기적 **cargo** 뱃짐, 화물 **remind A of B** A에게 B를 생각나게 하다, 상기시키다 **utterly** 완전히, 순전히 **hopeless** 희망 없는, 절망의 **gasp for breath** 거칠게 숨 쉬다, 숨이 가빠서 헐떡이다 **dizzy** 현기증 나는, 어지러운 **descent** 강하, 하강 **abyss** 심연, 깊은 구렁 **Almighty God** 전능하신 하느님 **shriek** 비명을 지르다 **glare** 번쩍이는 빛, 섬광 **stream down** 흘러나오다, 흘러넘치다 **cast one's eyes upward** 위로 시선을 던지다 **the very verge of** ~의 바로 직전의 **precipitous** 가파른, 깎아지른 듯한 **hover** 배회하다, 맴돌다 **galleon** 갤리온선 **exceed** 넘다, 상회하다 **in existence** 현존의, 존재하는 **hull** 선체 **row** 노 젓기, 배 젓기 **brass** 놋쇠, 황동 **cannon** 대포 **protrude** 돌출되다, 튀어나오다 **port** 포문 **horrify** 소름 끼치게 하다, 무섭게 하다 **supernatural** 초자연적인 **ungovernable** 다스리기 어려운, 제어할 수 없는

194

The massive* galleon came down at full speed* and collided* with our ship, which by now had begun to sink. The inevitable* result was that it hurled* me onto the galleon's deck.

To my surprise, none of the crew seemed to notice me. With little difficulty, I made my way to the main hatchway* which was partially open. I managed to* get into the hold* without being seen. I did not know what the crew would do to me, therefore, I decided to find a hiding place. I removed* a small portion of the shifting* board, which gave me a tiny space between the huge timbers* of the ship.

I had scarcely hidden myself when I heard footsteps in the hold. A man passed by my hiding place with a feeble* and unsteady* step. I could not see his face, but could make out* his general appearance. He looked extremely old and weak. His knees tottered* beneath a load of years, and his entire body quivered* under the burden of his own weight. He muttered* to himself in a low broken tone. I could not understand the language. He proceeded* to grope* in a corner among a pile of strange instruments* and decayed* charts* of navigation. At last he went on deck, and I saw him no more.

A long time has passed since I first trod* the deck of this terrible ship. I cannot understand these men! They are always deep in meditations* of a kind which I cannot

  거대한 갤리온선이 전속력으로 내려와 우리 배와 충돌했고, 그때에 우리 배는 침몰하기 시작했다. 불가항력적인 결과는 그것이 나를 갤리온선의 갑판 위로 내동댕이쳤다는 것이었다.

  놀랍게도 승무원들 중 아무도 나를 알아챈 것 같지 않았다. 그리 어렵지 않게 나는 일부분이 열려 있는 주 승강구로 나아갔다. 나는 들키지 않고 그럭저럭 배의 짐칸으로 들어갔다. 나는 승무원들이 나에게 무슨 짓을 할지 몰랐으므로 숨을 곳을 찾기로 결정했다. 나는 이동식 판자의 작은 부분을 치웠는데, 이는 나에게 배의 커다란 목재들 사이에 작은 공간을 만들어 주었다.

  내가 채 몸을 숨기기도 전에 짐칸에서 발자국 소리가 들렸다. 한 남자가 힘없고 불규칙한 걸음걸이로 내가 숨은 곳 옆을 지나갔다. 나는 그의 얼굴을 보지 못했지만, 그의 대략적인 모습을 분간할 수 있었다. 그는 매우 늙었고 허약했다. 그의 무릎은 세월이라는 짐에 눌려 비틀거렸고, 그의 온 몸은 자신의 몸무게라는 짐에 짓눌려 떨렸다. 그는 저음의 갈라진 목소리로 혼잣말을 했다. 나는 그 언어를 알아들을 수 없었다. 그는 이상한 도구들과 썩은 항해용 차트 더미 사이의 한구석을 손으로 더듬으며 나아갔다. 마침내 그는 갑판으로 갔고, 나는 더 이상 그를 보지 못했다.

  내가 이 끔찍한 배의 갑판을 처음 걸은 후로 오랜 시간이 흘렀다. 나는 이 사람들을 이해할 수가 없다! 그들은 언제나 내가 이해할 수 없는 종류의 명상에 깊이

---

massive 거대한 at full speed 전속력으로 collide 충돌하다, 부딪치다 inevitable 피할 수 없는 hurl 세게 내던지다 hatchway 승강구 manage to 이럭저럭 ~을 해내다, 용케 ~해내다 hold 배의 짐칸, 화물창 remove 치우다, 제거하다 shifting 이동하는 timber 목재 feeble 희미한, 미약한 unsteady 불안정한, 불규칙한 make out 분간하다, 알아보다 totter 비틀거리다 quiver 흔들리다, 떨리다 mutter 중얼거리다 proceed 나아가다, 가다 grope 손으로 더듬다 instrument 기계, 기구 decayed 부패한, 썩은 chart 해도 tread 걷다, 밟다 meditation 명상, 묵상

understand. The strangest thing is that they seem unable to see me. I do not need to hide myself. Not long ago, I ventured* into the captain's own private cabin and took the materials* with which I write, and wrote. I passed right by several members of the crew, but none of them even knew I was there! I shall continue this journal* from time to time. I may not find an opportunity* to deliver it to the world, so, at the last moment, I will enclose* the manuscript* in a bottle and throw it into the sea.

An incident has occurred* which has given me new reasons for meditation. Are such things the work of chance? I had ventured on deck and thrown myself down, without attracting any notice,* among a pile of ropes and old sails.* While thinking of my strange fate,* I unwittingly* painted the edges of a neatly-folded sail which was near me on a barrel* with a tar* brush. The sail has now been put up, and the tar has spread out into the word DISCOVERY.

I have recently observed the structure of the ship in detail.* Although well armed,* she is not a warship.* Her rigging,* build,* and general equipment* are not those of a warship. What she is not, I can easily see. What she is, I fear it is impossible to say.

잠겨 있다. 가장 이상한 일은 그들이 나를 볼 수 없는 것 같다는 것이다. 나는 내 자신을 숨길 필요가 없다. 얼마 전에 나는 위험을 무릅쓰고 선장의 개인 선실에 들어가 내가 쓸 필기구들을 가져와 글을 썼다. 나는 승무원 몇 명 바로 옆을 지나갔지만, 그들 중 아무도 내가 그곳에 있는 것조차 알지 못했다! 나는 이 일지를 때때로 계속 쓸 것이다. 나는 그것을 세상에 전달할 기회를 찾지 못할지도 모르므로 마지막 순간에 원고를 병에 넣어 바다로 던질 것이다.

나에게 명상을 할 새로운 이유를 준 사건이 일어났다. 그러한 일은 우연의 결과인가? 나는 위험을 무릅쓰고 갑판으로 나가 어떠한 주목도 끌지 않고 밧줄과 낡은 돛들 사이에서 아래로 몸을 푹 숙였다. 나의 이상한 운명에 대해 생각하는 동안 나는 나도 모르게 타르 붓으로 내 근처의 통 위에 있는 단정하게 접힌 돛의 모서리에 칠을 하고 말았다. 돛은 이제 돛대에 걸렸고, 타르는 '디스커버리'라는 단어 안으로 퍼졌다.

나는 최근에 배의 구조를 상세히 관찰해 왔다. 비록 무기를 잘 갖추고 있기는 하지만 이 배는 전함이 아니다. 배의 삭구, 구조, 그리고 일반 장비는 전함에 있는 것들이 아니다. 전함이 아니라는 것, 나는 쉽게 알 수 있다. 이 배는 어떤 배인가, 나는 말하기가 불가능할 것 같다.

---

venture 위험을 무릅쓰고 ~하다   material 재료   journal 일지, 일기   opportunity 기회
enclose 동봉하다   manuscript 원고, 필사본   occur 일어나다, 생기다   attract notice 주의를
끌다   sail 돛   fate 운명, 숙명   unwittingly 자신도 모르게, 부지불식간에   barrel 통   tar 타르
in detail 상세히   armed 무장한   warship 군함, 전함   rigging 삭구   build 구조, 만듦새
equipment 장비

I have been looking at the timbers of the ship. She is built of a material that I have never seen before. There is a peculiar character about the wood, which strikes me as unsuitable* for a ship. It is extremely porous* and rotten* all over.

About an hour ago, I made bold to stand among a group of the crew. They paid me no attention. Although I stood right in the middle of them all, they seemed utterly unconscious of* my presence. Like the one I had at first seen in the hold, they all seemed extremely old. Their knees trembled* with old age; their shoulders were bent*; their voices were low, tremulous* and broken; and their hair was gray. Strange mathematical instruments were scattered* all around them on every part of the deck.

The ship has been traveling southward for a long time now. It seems the further south we go, the worse the sea becomes. I have just left the deck, where I find it impossible to maintain footing. The crew, however, seem to experience little inconvenience. It appears to me a miracle of miracles that our enormous ship is not swallowed up* at once and forever. We are surely doomed to* hover continually on the brink of* eternity,* without ever taking a final plunge into* the abyss. From

나는 배의 목재들을 바라보고 있었다. 이 배는 내가 전에 한 번도 본 적이 없는 재료들로 만들어져 있다. 나무에는 특이한 특성이 있는데, 내게는 이것이 배를 위한 것으로는 적당하지 않다는 생각이 문득 든다. 몹시 작은 구멍들이 많고 온통 썩어 있다.

약 한 시간 전에, 나는 승무원들 무리 사이에 서 있을 정도로 대담해졌다. 그들은 나에게 주의를 기울이지 않았다. 내가 그들 모두의 한가운데에 서 있었음에도 불구하고, 그들은 나의 출현을 완전히 알아채지 못하고 있는 듯했다. 짐칸에서 처음에 보았던 남자처럼, 그들은 모두 다 몹시 늙은 듯했다. 그들의 무릎은 많은 나이 때문에 떨렸고, 그들의 어깨는 굽어 있었으며, 그들의 목소리는 저음이고 떨리는 데다 갈라져 있었고, 그들의 머리카락은 희끗했다. 이상한 수학 도구들이 온 갑판에, 그들 주위로 흩어져 있었다.

배는 지금까지 오랜 시간 동안 남쪽으로 이동해 왔다. 우리가 남쪽으로 가면 갈수록 바다는 점점 더 나빠지는 것 같다. 나는 막 갑판을 떠났는데 그곳에서 나는 발을 딛고 서 있는 것이 불가능하다는 것을 안다. 하지만 승무원들은 거의 불편함을 겪지 않는 것 같다. 나에게 있어서 우리의 거대한 배가 즉시, 그리고 영원히 파도에 삼켜지지 않는 것은 기적 중의 기적인 듯하다. 우리는 분명히 궁극적으로 심연으로 빠지는 법 없이 계속해서 영원의 가장자리에서 맴돌 운명이다. 내가

---

unsuitable 부적당한   **porous** 작은 구멍이 많은   **rotten** 썩은   **unconscious of** ~을 모르는, 알아채지 못하는   **tremble** 벌벌 떨다, 떨리다   **bent** 굽은, 휜   **tremulous** 떨리는   **scatter** 흩뿌리다, 흩어 버리다   **swallow up** 삼키다   **be doomed to** ~할 운명이다   **on the brink of** ~의 직전에   **eternity** 영원   **take a plunge into** ~ 안으로 뛰어들다

waves a thousand times more stupendous* than any I have ever seen, we glide away with ease.

I just saw the captain face to face in his own cabin. But, as I expected, he took no notice of me. Although there is nothing in his appearance which suggests he is more or less than man, I still found him awe-inspiring.* He is nearly as tall as I—that is, about five feet eight inches. He has a compact* body, neither robust* nor remarkably* otherwise. But a very strange expression reigns* on the face. The expression is an intense* evidence of old age. It is so utter* and extreme that it excites* within me an indescribable* sense. His forehead, although a little wrinkled,* seems to bear on it the stamp* of countless years. His gray hairs are records of the past, and his grayer eyes are prophets* of the future. His cabin floor was thickly strewn with* strange, iron-clasped* folios,* and molding* instruments of science, and obsolete* charts. His head was bowed down on his hands, and he stared at a paper which bore the signature* of a monarch.* He muttered to himself in a foreign tongue. Although I was standing right in front of him, his voice seemed to reach my ears from the distance of a mile.

본 것보다 수천 배는 더 거대한 파도로부터 우리는 쉽사리 미끄러져 간다.

   나는 방금 선장실에서 선장과 대면했다. 하지만 예상했던 대로 선장은 나에게 주목하지 않았다. 비록 선장의 용모에는 그가 인간 이상도 이하도 아니라는 것을 암시하는 것이 아무것도 없지만, 나는 여전히 그가 외경심을 일으키는 것을 발견했다. 그는 거의 나만 하니까, 즉 약 5피트 8인치 정도이다. 그는 다부진 몸을 가지고 있으며, 그렇다고 해서 원기 왕성하지도 않고 달리 눈에 띨 정도로 도드라지지도 않다. 하지만 얼굴에는 아주 이상한 표정이 드리워져 있다. 그 표정은 노령의 강렬한 증거이다. 그 증거는 아주 절대적이고 극단적이어서 내 안에서 형언할 수 없는 의미를 불러일으킨다. 그의 이마는, 비록 약간 주름이 있기는 했지만, 무수한 세월의 흔적을 이마에 간직하고 있는 듯하다. 그의 희끗한 머리카락들은 과거의 기록이며, 그보다 더 짙은 회색 눈은 미래의 예언자이다. 그의 선실 바닥은 쇠 걸쇠로 고정된 이상한 2절판으로 된 책, 곰팡이가 난 과학 도구, 그리고 닳아 빠진 해도들이 두껍게 흩어져 있었다. 그의 머리는 그의 손에 괴여 아래쪽으로 숙여져 있었고, 그는 왕의 서명이 들어 있는 종이를 응시했다. 그는 외국어로 혼잣말을 중얼거렸다. 나는 그의 바로 앞에 서 있었지만, 그의 목소리는 1마일은 떨어진 곳에서 내 귀에 도달하는 것 같았다.

---

stupendous 엄청나게 큰, 거대한　**awe-inspiring** 외경심을 일으키는　**compact** 체격이 탄탄한, 다부진　**robust** 원기 왕성한　**remarkably** 두드러지게, 현저하게　**reign** 군림하다, 지배하다　**intense** 강렬한, 격렬한　**utter** 절대적인, 철저한　**excite** 자극하다, (감정을) 일으키다 **indescribable** 형언할 수 없는　**wrinkled** 주름이 있는, 쭈글쭈글한　**stamp** 흔적, 특징　**prophet** 예언자　**be strewn with** ~로 흩어져 있다　**iron-clasped** 쇠 걸쇠로 잠겨진　**folio** 2절판으로 된 책 **mold** 곰팡이가 나다　**obsolete** 닳아서 없어진, 한물간　**signature** 서명　**monarch** 군주, 주권자

The ship and everything in it are filled with the spirit of the old. The entire crew glides to and fro like ghosts from centuries ago. Their eyes have an eager and uneasy meaning.

When I look around me, I feel ashamed of my former worries. Compared to the blasts* which have attended* us up to this time,* the tornadoes and typhoon I experienced on board the previous* ship are trivial.* This ship is surrounded by the blackness of eternal* night, and a chaos* of foamless* water. At the same time, about three miles on either side of us, are gigantic walls of ice. They tower away into the desolate* sky and look like the walls of the universe.

As I imagined, the ship seems to be in a current.* In fact, the word 'current' does not sufficiently* describe* the tide.* It howls* and shrieks by the white ice, and thunders* on southward at the speed of a waterfall.*

It is impossible to describe the horror that I felt. Yet, a curiosity to understand the mysteries of these awful regions predominates over* my despair.* It is clear that we are hurrying onward* to some exciting knowledge. It is probably a secret that is never to be known, that is death. Perhaps this current leads us to the South Pole* itself.

배와 그 안에 있는 모든 것은 나이 많은 사람들의 영혼으로 가득 차 있다. 승무원들 전원은 수백 년 전에 나온 유령들처럼 이리저리 미끄러지듯 다녔다. 그들의 눈에는 간절하고 불안한 조짐이 있었다.

내 주위를 둘러보면 나는 내가 이전에 했던 걱정들이 부끄럽게 느껴진다. 지금까지 우리를 따라다닌 돌풍과 비교하면, 내가 앞서 탔던 배를 타고서 겪은 토네이도와 태풍은 별것 아니다. 이 배는 영원한 밤의 암흑과 물보라가 일지 않는 바다의 혼돈에 둘러싸여 있다. 동시에 우리 양옆으로 약 3마일 거리에는 거대한 얼음벽이 있다. 그 얼음벽들은 황량한 하늘로 솟아 있고, 우주의 벽처럼 보인다.

내가 상상한 것처럼, 배는 조류 속에 있는 듯하다. 사실, '조류'라는 말은 조수를 충분히 묘사하지 못한다. 조류는 흰 얼음에 의해 울부짖고 비명을 지르며, 폭포가 쏟아지는 속도로 남쪽으로 우르릉 쾅쾅 큰 소리를 내며 이동한다.

내가 느꼈던 공포를 설명하는 것은 불가능하다. 하지만 이 끔찍한 지역의 수수께끼를 이해하려는 호기심이 나의 절망보다 더 우세하다. 우리가 어떤 흥미진진한 지식을 향해 서둘러 가는 것은 분명하다. 그것은 아마 한 번도 알려진 적이 없는 비밀, 즉 죽음일 것이다. 아마도 이 조류는 우리를 남극, 바로 그곳으로 인도할 것이다.

---

blast 돌풍, (혹 불어오는 한 줄기의) 강한 바람　**attend** ~을 따라가다　**up to this time** 지금까지　**previous** 앞의, 이전의　**trivial** 사소한, 별것 아닌　**eternal** 영원한　**chaos** 혼돈　**foamless** 거품 없는　**desolate** 황량한, 쓸쓸한　**current** 조류　**sufficiently** 충분히　**describe** 묘사하다　**tide** 조수　**howl** 울다, 울부짖다　**thunder** 천둥같이 큰 소리를 내며 질주하다, 우르릉 천둥소리를 내다　**waterfall** 폭포　**predominate over** ~보다 우세하다, ~을 지배하다　**despair** 절망　**onward** 앞으로 나아가는　**the South Pole** 남극

The crew walk on the deck with loud and tremulous steps. On their faces, however, is an expression more of hope than of despair. Indeed, they seem to show signs of hope at the prospect of* their own destruction. The wind is still carrying us forward. Oh, horror! The ice opens suddenly to the right, and to the left, and we are caught in the middle of a whirlpool. Now we are plunging madly into* the narrow center of the whirlpool. The ship is shaking violently as we are sucked* into the roaring,* bellowing,* and thundering ocean. Oh, God! We are going down.

승무원들은 큰 소리를 내며 전전긍긍하는 발걸음으로 갑판을 걷는다. 하지만 그들의 얼굴에는 절망보다는 희망의 표정이 깃들어 있다. 정말로 그들은 자신들이 죽음을 맞을 가망성에 희망의 신호를 보여 주는 듯하다. 바람은 여전히 우리를 앞으로 데려가고 있다. 오, 이 공포란! 얼음이 갑자기 오른쪽에서, 그리고 왼쪽에서 열리고, 우리는 소용돌이의 한가운데에 잡혀 있다. 이제 우리는 소용돌이의 좁은 중심으로 미친 듯이 내던져진다. 우리가 커다란 소리를 내고 고함지르면서 우르릉 쾅쾅 천둥소리를 내는 바다로 빨려 들어갈 배는 격렬하게 흔들리고 있다. 오, 맙소사! 우리는 가라앉고 있다.

---

at the prospect of ~할지도 모른다고 내다보고 **plunge into** ~로 던져 넣다, 내던지다 **suck** 빨다 **roar** 포효하다, 큰 소리를 지르다 **bellow** 고함을 지르다

You Are the Man

This event occurred* in Rattleborough in the summer of 1813. Mr. Barnabas Shuttleworthy, one of the wealthiest and most respectable* men of the county, had been missing for several days under circumstances* which gave rise to* suspicion* of foul play.*

Mr. Shuttleworthy had set out from Rattleborough very early one Saturday morning, on horseback. He had planned to go to a city, about fifteen miles away, and to return that night. Two hours after his departure,* however, his horse returned without him, and without the saddlebags* which had been strapped* on his back. The animal was also wounded,* and covered with mud.* These circumstances naturally gave rise to much

네가 범인이다

부유한 노신사가 실종되고, 이후 살해된 것으로 추정된다.
실종과 살인에 대한 증거 수집에는
노신사의 절친한 친구 굿펠로우 씨가 크게 기여하고
살인범으로는 노신사의 방종한 조카가 지목된다.

이 사건은 1813년 여름에 래틀보로에서 발생했다. 그 지역에서 가장 부유하고 가장 존경받는 남자인 바나바스 셔틀워디 씨가 폭행 치사를 당했을 의혹을 품게 하는 상황에서 며칠 동안 실종된 상태였다.

　셔틀워디 씨는 어느 토요일 아주 이른 아침에 말을 타고 래틀보로에서 출발했다. 셔틀워디 씨는 약 15마일 떨어져 있는 어떤 도시에 갔다가 그날 밤에 돌아올 계획이었다. 그러나 셔틀워디 씨가 출발한 지 두 시간 후, 그의 말은 주인 없이, 그리고 등에 가죽 끈으로 매어 놓았던 안낭 없이 돌아왔다. 그 동물 또한 부상당한 상태였고, 진흙을 뒤집어쓰고 있었다. 이러한 상황은 당연히 사라진 남자의 친구

---

occur 일어나다, 발생하다　respectable 존경할 만한　circumstances 상황, 환경　give rise to ~을 일으키다, 초래하다　suspicion 혐의, 용의　foul play 폭행 치사, 살인　departure 출발　saddlebag 안낭　strap 가죽 끈으로 잡아매다　wounded 부상한, 다친　mud 진흙

alarm[*] among the friends of the missing man. When it was found, on Sunday morning, that he had not yet returned, the whole county gathered to go and look for his body.

The most energetic[*] person in instituting this search[*] was Mr. Charles Goodfellow, an old friend of Mr. Shuttleworthy. Now, I do not know whether it is a marvelous[*] coincidence,[*] or whether it is that the name itself that has an effect on a person; but it is true that there has never been any person named Charles who was not an open, manly, and honest man. Every Charles I have known had a rich, clear voice that did you good to hear it, and an eye that looked you always straight in the face, as if to say: "I have a clear conscience.[*] I am afraid of no man. I never do something to harm others." And thus all the hearty,[*] careless,[*] "walking gentlemen[*]" of the stage are usually called Charles.

Now, Mr. Charles Goodfellow had only been in Rattleborough no longer than six months or so. Although nobody knew anything about him before he came to the county, he experienced no difficulty in becoming friends with all the respectable people in Rattleborough. Every man trusted and respected him greatly. And all this was because he had been christened[*] Charles, and because he possessed[*] an ingenuous[*] and handsome face.

들 사이에서 상당한 경악을 불러일으켰다. 일요일 아침에 셔틀워디 씨가 아직 돌아오지 않은 것으로 밝혀졌을 때, 온 마을 사람들은 그의 시체를 찾으려고 모였다.

이 수색을 행함에 있어 가장 에너지가 넘치는 사람은 셔틀워디 씨의 오랜 친구인 찰스 굿펠로우 씨였다. 자, 그것이 놀라운 우연의 일치인지, 혹은 사람에게 영향을 미치는 것이 이름 그 자체인지는 모르겠지만, 개방적이지도 않고 남자답지도 않고 정직하지도 않은 사람에게 찰스라는 이름이 붙여진 적이 없었던 것은 사실이다. 내가 알아 온 찰스라는 이름을 가진 모든 사람은 듣기에 좋은 그윽하고 맑은 목소리를 지녔고, 늘 당신의 얼굴을 똑바로 바라보고 마치 "나는 깨끗한 양심을 지녔소. 나는 아무도 두렵지 않소. 나는 다른 사람들에게 무언가 해를 준 적이 없소."라고 말하는 듯한 눈빛을 지녔다. 그래서 무대 위의 원기 왕성하고 부주의하며 '연기보다는 풍채로 한몫하는 남자 배우'는 모두 대개 찰스라고 불린다.

그런데 찰스 굿펠로우 씨는 래틀보로에 온 지 여섯 달 정도밖에 안 되었다. 찰스 굿펠로우 씨가 마을로 오기 전 그 사람이 어떤 사람이었는지 조금이라도 아는 사람은 아무도 없었지만, 그는 래틀보로의 모든 존경할 만한 사람들과 친구가 되는 데 어려움을 겪지 않았다. 모든 사람은 찰스 굿펠로우 씨를 대단히 신뢰하고 존경했다. 그리고 이 모든 것은 찰스 굿펠로우 씨가 찰스라는 세례명을 받았고 천진난만하고 잘생긴 얼굴을 지니고 있었기 때문이었다.

alarm 놀람, 공포 energetic 정력적인 institute a search 조사(수색)를 시작하다 marvelous 놀라운, 믿기 어려운 coincidence 우연의 일치, 부합 conscience 양심, 도의심 hearty 원기 왕성한, 쾌활한 careless 부주의한 walking gentleman 연기보다는 풍채로 한몫하는 남자 배우 christen 세례명을 주다 possess 소유하다 ingenuous 순진한, 천진난만한

I have already said that Mr. Shuttleworthy was one of the most respectable and wealthy men in Rattleborough, while Mr. Charles Goodfellow was like his brother. The two old gentlemen were next door neighbors. Mr. Shuttleworthy seldom, if ever, visited Mr. Charles Goodfellow, and never was known to take a meal in his house. This did not, however, prevent the two friends from* being very intimate.*

Mr. Charles Goodfellow never let a day pass without stepping in three or four times to see how his neighbor was. He would very often stay for breakfast or tea, and almost always for dinner. It is said that they also drank excessive* amounts of wine together. Mr. Charles Goodfellow's favorite beverage* was Chateau-Margaux.* It seemed that Mr. Shuttleworthy liked to see his fellow swallow* it.

One day, when the wine was in, Mr. Shuttleworthy said to his friend as he slapped* him on the back, "Charles, you are the heartiest old fellow I have ever met. And, since you love to drink that wine, I'll make you a present of* a big box of the Chateau-Margaux. I'll send an order to town this very afternoon for a double box of the best that can be got, and I'll make you a present of it."

Well, on the Sunday morning in question, when it became clear that Mr. Shuttleworthy had met with foul play, I never saw anyone so profoundly* shocked as Mr.

나는 이미 셔틀워디 씨가 래틀보로에서 가장 존경할 만하고 부유한 사람들 중한 명이라고 말했고, 한편 찰스 굿펠로우 씨는 그의 형제나 마찬가지였다. 두 노신사들은 옆집 이웃이었다. 셔틀워디 씨는 찰스 굿펠로우 씨를 좀처럼 방문하지 않았고, 그의 집에서 식사를 한 적도 없다고 알려져 있었다. 하지만 이것이 두 친구가 아주 친해지는 것을 방해하지는 않았다.

찰스 굿펠로우 씨는 자기 이웃이 어떻게 지내는지 보기 위해서 서너 번씩 그의 집 안에 발을 들여놓지 않고서는 하루를 보내는 법이 없었다. 찰스 굿펠로우 씨는 무척 자주 아침 식사나 차, 그리고 거의 언제나 저녁 식사를 하러 머무르곤 했다. 그들은 또한 함께 지나치게 많은 양의 포도주를 마셨다고 한다. 찰스 굿펠로우 씨가 가장 좋아하는 음료는 샤또 마고였으며, 셔틀워드 씨는 자신의 친구가 포도주를 들이키는 것을 보는 것을 좋아한 것 같았다.

어느 날 포도주가 들어갔을 때, 셔틀워디 씨는 자신의 친구의 등을 찰싹 때리며 친구에게 말했다. "찰스, 자네는 내가 여태껏 만난 사람들 중 가장 원기 왕성한 사람이네. 그리고 자네가 그 포도주를 마시는 것을 좋아하니까 내가 자네에게 샤또 마고를 큰 상자로 선물하겠네. 내가 바로 오늘 오후에 시내로 주문을 보내 입수할 수 있는 가장 좋은 포도주 두 병들이 한 상자를 주문해서 그것을 자네에게 선물로 주겠네."

자, 문제의 그 일요일 아침, 셔틀워디 씨가 폭행 치사를 당한 것이 분명해졌을 때, 나는 찰스 굿펠로우 씨만큼 깊이 충격을 받은 사람은 보지 못했다. 말이 주인

---

prevent A from B A가 B하는 것을 막다 **intimate** 친밀한, 친숙한 **excessive** 과도한, 지나친 **beverage** 마실 것, 음료 **Chateau-Margaux** 샤또 마고(포도주 브랜드) **swallow** 삼키다, (꿀꺽) 들이켜다 **slap** 찰싹 때리다 **make A a present of B** A에게 B를 선사하다 **profoundly** 깊이, 극심하게

Charles Goodfellow. When he first heard that the horse had come home without his master, and without his master's saddlebags, and all bloody from a pistol shot,[*] he turned as pale as if the missing man were his own dear brother or father. He shivered[*] and shook all over as if he had the plague.[*]

At first Mr. Charles Goodfellow was too overwhelmed with grief[*] to be able to do anything at all. For a long time, he endeavored[*] to dissuade[*] Mr. Shuttleworthy's other friends from making a stir[*] about the matter, thinking it best to wait for a while. He suggested that we wait a week or two, or a month or two, to see if something wouldn't turn up, or if Mr. Shuttleworthy wouldn't suddenly come home and explain his reasons for sending his horse on before.

I have often observed[*] people who are suffering under bitter[*] sorrow. Their powers of mind seem to be rendered[*] useless, and they have a horror of[*] anything like action. They like nothing in the world so well as to lie quietly in bed and "nurse[*] their grief," as the old ladies express[*] it.

The people of Rattleborough had, indeed, a very high opinion of[*] the wisdom and discretion[*] of Mr. Charles Goodfellow. Thus most of them agreed with him, and did not make a stir in the business "until something should turn up,[*]" as the honest old gentleman had said it.

없이, 주인의 안낭도 없이, 게다가 권총에 맞아 온통 피투성이가 되어 집으로 왔다는 말을 처음 들었을 때, 찰스 굿펠로우 씨는 실종자가 자신의 사랑하는 형제 혹은 아버지나 되는 양 창백해졌다. 찰스 굿펠로우 씨는 벌벌 떨고 마치 전염병에 걸린 것처럼 온몸을 떨었다.

처음에 찰스 굿펠로우 씨는 비통함을 금치 못하여 전혀 아무것도 할 수 없었다. 오랫동안 찰스 굿펠로우 씨는 잠시 기다리는 것이 최상이라고 생각하고 셔틀워디 씨의 다른 친구들이 그 문제에 대해 수선을 떠는 것을 단념시키려고 노력했다. 무슨 일이 발생하지 않을지, 혹은 셔틀워디 씨가 갑자기 집으로 와서 자신의 말을 먼저 보낸 이유를 설명하지 않을지 알아보기 위해 한두 주, 혹은 한두 달 기다려야 한다고 찰스 굿펠로우 씨는 제안했다.

나는 비통한 슬픔으로 인한 상황에서 고통을 겪는 사람들을 종종 관찰해 왔다. 그들의 정신력은 무기력해지는 것 같고, 그들은 어떠한 행동을 하는 것이 몸서리치게 싫어진다. 그들은 마치 노부인들이 그런 슬픔을 표출하듯 침대에 가만히 누워 '자신의 슬픔을 품는 일'만큼 세상에서 그들이 가장 좋아하는 일은 아무것도 없다.

래틀보로의 사람들은 정말로 찰스 굿펠로우 씨의 지혜와 분별력을 아주 높이 평가했다. 그래서 그들 대부분은 찰스 굿펠로우 씨에게 동의하고 그 정직한 노신사가 그렇게 말했던 것처럼 '무슨 일이 발생할 때까지' 그 일로 소란을 떨지 않았다.

---

pistol shot 권총 사격 **shiver** (추위·두려움 등으로) 몸을 떨다 **plague** 역병, 전염병 **be overwhelmed with grief** (누군가의 죽음으로 인한) 비통함을 금치 못하다, 매우 비통해하다 **endeavor** 노력하다 **dissuade** 단념시키다, ~을 못하게 설득하다 **make a stir** 수선을 떨다 **observe** 관찰하다, 주시하다 **bitter** 쓰라린, 비통한 **render** 만들다 **have a horror of** ~이 몸서리치게 싫다 **nurse** (감정·생각 등을) 품다 **express** 표현하다, 표명하다 **have a high opinion of** ~을 좋게 생각하다, 존경(존중)하다 **discretion** 분별력, 신중함 **turn up** (잃어버렸던 것이) 나타나다

Now Mr. Shuttleworthy had a nephew. He was a young man of very dissipated* habits, and generally* of rather bad character. This nephew, whose name was Pennifeather, would listen to reason in the matter of "lying quiet," but insisted on making immediate search for* the "body of the murdered* man." This was the expression he used.

"That is a rather strange expression," Mr. Charles Goodfellow had remarked. This remark* of him also had great effect on* the crowd,* and someone from the crowd asked, "How is it that young Mr. Pennifeather was so intimately* aware of* all the circumstances connected* with his wealthy uncle's disappearance,* as to feel authorized* to assert* that his uncle was 'a murdered man'?"

As a result of this, some arguments* occurred among various members of the crowd, and especially between Mr. Charles Goodfellow and Mr. Pennifeather. This was not surprising, for no good will had existed between the two men for the last three or four months.

In fact, Mr. Pennifeather, who lived with his uncle, had actually hit his uncle's friend for some excess* of liberty he had taken in the uncle's house. It is said that Mr. Charles Goodfellow behaved* with exemplary* moderation* in response to* the blow.* He arose* from the blow, adjusted* his clothes, and made no attempt at* retaliation* at all. He merely muttered* a few words

　그런데 셔틀워디 씨에게는 조카가 한 명 있었다. 그는 아주 방탕한 버릇을 지닌, 그리고 일반적으로 상당히 성격이 안 좋은 젊은이였다. 이름이 페니페더인 이 조카는 '조용히 있는' 문제의 이유를 경청했으나 '피살된 사람의 시신'에 대해 즉각적인 수색을 하자고 고집했다. 이것이 조카가 사용한 표현이었다.

　"그것은 상당히 이상한 표현이군."이라고 찰스 굿펠로우 씨는 말한 바 있었다. 찰스 굿펠로우 씨의 이러한 발언 역시 군중에게 큰 영향을 주었으나, 군중 가운데 누군가가 "젊은 페니페더 씨는 어떻게 그렇게 자기 숙부가 '피살된 사람'이라고 단언하도록 인정받은 것처럼 자신의 부유한 숙부의 실종과 관련된 모든 상황을 그리 상세하게 안단 말인가?"라고 물었다.

　이 말의 결과, 군중을 이룬 다양한 구성원들 사이에서, 특히 찰스 굿펠로우 씨와 페니페더 씨 사이에서 언쟁이 있었다. 이는 놀랄 만하지는 않는데, 지난 서너 달 동안 이 두 남자들 사이에는 호감이 전혀 존재하지 않았기 때문이었다.

　사실, 자기 숙부와 함께 사는 페니페더 씨는 실제로 숙부의 집에서 자기 숙부의 친구가 지나치게 제멋대로 구는 것에 대하여 그에게 주먹질을 한 적이 있었다. 찰스 굿펠로우 씨는 그러한 구타에 대한 반응을 본이 될 정도로 온건하게 행동했다고 한다. 찰스 굿펠로우 씨는 한 대 맞고 일어나 옷매무시를 바로 하고 전혀 보복을 가하려는 시도를 하지 않았다. 찰스 굿펠로우 씨는 그냥 '첫 번째 좋은 기회

dissipated 반탕한　generally 내제로, 일반적으로　make immediate search for ~에 대한 즉각적인 수색을 하다　murdered 피살된　remark 언급, 말　have great effect on ~에 대한 큰 영향[효력]이 있다　crowd 군중, 인파　intimately 상세하게　be aware of ~을 알다　connect 연결하다, 잇다　disappearance 사라짐, 실종　authorized 공인된, 인정받은　assert 강력히 주장하다　argument 논쟁, 언쟁　excess 초과, 지나침　behave 행동하다　exemplary 본이 되는, 모범적인　with moderation 절제 있게, 온건하게　in response to ~에 응하여　blow 강타, 구타　arise 일어나다　adjust (옷매무새 등을) 바로잡다, 정돈하다　make no attempt at ~에 대한 시도를 전혀 하지 않다　retaliation 앙갚음, 보복　mutter 중얼거리다

about "taking vengeance* at the first convenient opportunity.*"

The people of Rattleborough, mainly* through the persuasion* of Mr. Pennifeather, came at last to the decision that they would search for the missing Mr. Shuttleworthy. Once it was decided that a search would be made, it was considered almost a matter of course that the people would disperse* for the more thorough* examination* of the region.

By some ingenious* train of reasoning,* which I cannot remember, Mr. Charles Goodfellow finally convinced the people that this was an inappropriate* plan. Everyone was persuaded except Mr. Pennifeather. So, in the end,* it was arranged* that a search would be instituted, carefully and very thoroughly, by everyone in one big group. Mr. Charles Goodfellow was to lead the way.

No one could have been better suited* to lead the search than Mr. Charles Goodfellow. Everybody knew he had a keen* eye. However, although he led them into all kinds of holes and corners, by routes that nobody had ever suspected of* existing in the neighborhood, even after two weeks Mr. Shuttleworthy was not discovered. The poor gentleman had been tracked,* however, by his horse's shoes which were peculiar.* He was tracked to a spot about three miles to the east of the county, on the main road leading to the city.

가 왔을 때 앙갚음을 하는 것'에 대해서 중얼거렸을 뿐이었다.

래틀보로 사람들은 주로 페니페더 씨의 설득을 통해 마침내 실종된 셔틀워디 씨를 수색하겠다는 결정에 도달했다. 일단 수색이 이루어지는 것으로 결정되자마자 그 지역에 대한 보다 철저한 조사를 위해 사람들이 흩어지는 것이 거의 당연한 것으로 간주되었다.

내가 기억할 수 없는 연속된 몇몇 정교한 추론에 의해 찰스 굿펠로우 씨는 마침내 이것이 부적절한 계획이라고 사람들을 납득시켰다. 페니페더 씨를 제외한 모두가 설득당했다. 그래서 결국 모두가 하나의 큰 무리를 이루어 조심스럽고 아주 철저하게 수색을 시작하는 것으로 정해졌다. 찰스 굿펠로우 씨가 길을 이끌기로 되어 있었다.

찰스 굿펠로우 씨보다 수색을 이끄는 데 더 적합한 사람은 아무도 없었다. 찰스 굿펠로우 씨가 예리한 눈을 가지고 있다는 것은 모두가 알고 있었다. 하지만 찰스 굿펠로우 씨가 그 어떤 사람도 동네에 그런 길이 있다고 의심한 적도 없었던 길들로 그들을 구석구석으로 안내했음에도 불구하고, 2주가 지나도 셔틀워디 씨는 발견되지 않았다. 하지만 그 가엾은 신사는 특이한 말발굽을 따라 추적당했다. 셔틀워디 씨는 도시로 이어지는 주요 도로에서 그 지역 동쪽으로 약 3마일 정도 떨어진 지점으로 추적당했다.

---

vengeance 복수, 앙갚음 opportunity 기회 mainly 주로 persuasion 설득 disperse 흩어지다, 해산하다 thorough 철저한, 완전한 examination 조사, 검사 ingenious 기발한, 정교한 reasoning 추리, 추론 inappropriate 부적당한, 타당하지 않은 in the end 마지막에 arrange 정하다, 배열하다 suit ~에 알맞다, 적합하다 keen 날카로운, 예리한 suspect of (어떤 범죄를 저지른 것으로) 의심하다 track 추적하다 peculiar 특이한

Here the track made off* into a byway* through a piece of woodland.* The same path came out again onto the main road, cutting off* about half a mile from the regular* distance. Following the shoe marks down this lane,* the search party came at last to a pool of stagnant* water, half hidden by the brambles,* to the right of the lane.

The shoe marks stopped on the opposite* side of this pool. It appeared, however, that a struggle* of some nature had taken place* there. It seemed as if some large and heavy body, much larger and heavier than a man, had been drawn from the byway to the pool. The party searched the pool using sticks, but nothing was found.

The party was on the verge of* turning back, sad at having found nothing, when Mr. Charles Goodfellow suggested that they drain* all the water from the pool. This suggestion* was received with cheers, and many high compliments* were given to Mr. Charles Goodfellow for his wisdom. The pool was easily and swiftly* drained. When the bottom of the pool became visible, the people saw, right in the middle of the mud, a black silk vest.

Nearly everyone immediately recognized* it as the property* of Mr. Pennifeather. This vest was torn and stained* with blood, and there were several people among the party who had a distinct* remembrance* of its having been worn by its owner on the very

여기에서 말발굽의 자취는 삼림지의 한 부분을 지나 샛길로 벗어났다. 바로 그 길은 일반적으로 걸리는 거리를 약 반 마일 정도 단축하며 주요 도로로 다시 나왔다. 말발굽 자국을 따라 이 오솔길로 내려와 수색대 일행은 마침내 오솔길 오른쪽으로 검은 딸기나무들에 의해 반쯤 가려진 괴어 있는 웅덩이에 도달했다.

말발굽 자국은 웅덩이 반대편에서 멈추었다. 하지만 그곳에서 어떤 성질의 몸부림이 일어난 것 같았다. 어떤 크고 무거운, 사람보다 훨씬 더 크고 무거운 몸체가 샛길에서 웅덩이까지 끌려온 것 같았다. 일행은 막대기를 사용해서 웅덩이를 수색했지만, 아무것도 발견되지 않았다.

아무것도 발견하지 못한 것에 슬퍼하며 일행이 막 돌아가기 직전에 찰스 굿펠로우 씨는 웅덩이에서 물을 전부 빼내야 한다고 제안했다. 이러한 제안은 환호성으로 받아들여졌고, 많은 대단한 찬사가 찰스 굿펠로우 씨의 지혜에 퍼부어졌다. 웅덩이의 물은 쉽고 빠르게 빠졌다. 웅덩이의 바닥이 보이게 되었을 때, 사람들은 진흙 한가운데에서 검은 비단 조끼를 보았다.

거의 모두가 그것이 페니페더 씨의 소유물임을 즉각 알아보았다. 이 조끼는 찢어지고 피로 얼룩져 있었고, 그곳에는 셔틀워디 씨가 실종된 바로 그날 아침에 그 옷의 주인이 그 조끼를 입었다고 분명하게 기억하고 있는 몇몇 사람들이 있었다.

---

make off 급히 벗어나다 **byway** 옆길, 샛길 **woodland** 삼림지, 삼림 지대 **cut off** ~을 차단하다, 중단하다 **regular** 자주 다니는, 고정적으로 다니는 **lane** 좁은 길, 골목길 **stagnant** 흐르지 않는, 괴어 있는 **bramble** 검은 딸기나무, 들장미 **opposite** 반대편의, 맞은편의 **struggle** 악전고투, 몸부림 **take place** 일어나다 **on the verge of** ~하기 직전에, ~에 직면하여 **drain** 물을 빼내다 **suggestion** 제안 **compliment** 찬사, 칭찬 **swiftly** 신속히, 빨리 **recognize** 인지하다, 알아보다 **property** 소유물 **stain** 얼룩지다 **distinct** 뚜렷한, 또렷한 **remembrance** 추억, 기억

morning of Mr. Shuttleworthy's disappearance. There were also others who were ready to testify* on oath* that Mr. Pennifeather did not wear the vest during the remainder* of that memorable* day.

Things now took a bad turn for Mr. Pennifeather. Moreover, it was observed that he grew exceedingly* pale. When asked what he had to say for himself, he was utterly incapable of *saying a word. At this point, the few friends he had left him. Some of them were even more clamorous* than his old enemies for his immediate arrest.*

But, on the other hand, the magnanimity* of Mr. Charles Goodfellow shone forth with only the more brilliant luster* through contrast.* He made a warm and intensely* eloquent* defense* of Mr. Pennifeather, in which he alluded to* his own sincere* forgiveness* of that wild young gentleman for the insult* which he had put on him.

"I forgave Mr. Pennifeather, the heir* of Mr. Shuttleworthy, from the very bottom of my heart,*" he said. "I will also make every exertion* in my power* to soften down* the worst features* of this horrible* business."

Mr. Charles Goodfellow went on for some half hour in this manner. But warm-hearted* people are seldom good at making appropriate* remarks in times of distress.*

또한 페니페더 씨가 기억에 남을 만한 그날의 남은 시간 동안 그 조끼를 입지 않고 있었다고 서약을 하고 증언할 준비가 된 사람들도 있었다.

상황은 이제 페니페더 씨에게 나쁘게 돌아갔다. 게다가 페니페더 씨의 얼굴색이 몹시 창백해지는 것이 목격되었다. 변호를 해야 한다고 요구받았을 때, 페니페더 씨는 완전히 말 한 마디도 할 수가 없었다. 이 시점에서 그에게 있는 몇 안 되는 친구들이 그를 떠났다. 그들 중 일부는 심지어 그의 즉각적인 체포를 그의 오랜 적들보다 훨씬 더 시끄럽게 요구했다.

하지만 다른 한편으로는, 찰스 굿펠로우 씨의 아량이 대조를 통해 더 반짝거리는 광채와 함께 발산되었다. 찰스 굿펠로우 씨는 따뜻하고 강렬한 능변으로 페니페더 씨를 변호해 주었으며, 그러면서 그 거친 젊은이가 자신에게 주었던 모욕에 대하여 자신이 진실로 용서했음을 암시했다.

"저는 진심으로 셔틀워디 씨의 상속인인 페니페더 씨를 용서했습니다." 찰스 굿펠로우 씨가 말했다. "저는 또한 이 끔찍한 일의 최악의 국면을 진정시키기 위해 힘닿는 데까지 모든 노력을 할 것입니다."

찰스 굿펠로우 씨는 약 30분 동안 이러한 방식으로 말을 이어갔다. 하지만 마음씨가 따뜻한 사람들은 괴로운 시기에는 적절한 말을 하지 못한다. 그들은 대개

---

testify (법정에서) 증언하다　oath 선서, 서약　remainder 나머지, 잔여물　memorable 기억할 만한, 인상적인　exceedingly 극도로, 대단히　be incapable of ~을 할 수 없다　clamorous 떠들썩한, 시끄럽게 요구하는　arrest 체포　magnanimity (잘못을 저지른 사람을 용서하려고 하는) 아량, 관대함　luster 광택, 윤　contrast 대조, 대비　intensely 강렬하게　eloquent 연설을 잘하는　defense 방어, 변호　allude to ~을 암시하다　sincere 진실한, 정직한　forgiveness 용서　insult 모욕　heir 상속인　from the very bottom of one's heart 진심으로, ~의 마음 깊은 곳에서 우러나와　make every exertion 모든 노력을 하다　in one's power 힘닿는 데까지, 할 수 있는 범위 내에서　soften down 누그러지게 하다　feature 특징, 특색　horrible 끔찍한　warm-hearted 마음씨가 따뜻한　appropriate 적당한　in times of distress 괴로운 시기에

They usually run into* all sorts of blunders* and little arguments. In the hotheadedness* of their zeal* to serve a friend, despite* having the kindest intentions* in the world, they usually did infinitely* more to damage* his cause than to advance* it.

So, in the present instance, it turned out that Mr. Charles Goodfellow was actually making things worse for Mr. Pennifeather. Mr. Charles Goodfellow tried his best to defend his friend's nephew. However, it so happened, somehow, that every syllable* he uttered* had the effect of deepening the suspicion already attached to* Mr. Pennifeather. By the end of Mr. Charles Goodfellow's long speech, he had aroused* the fury of the crowd against Mr. Pennifeather.

One of the most inexplicable* errors committed* by Mr. Charles Goodfellow was his allusion* to the suspected as "the heir of Mr. Shuttleworthy." The people had really never thought of this before. They had only remembered certain threats* of disinheritance* uttered a year or two ago by the uncle who had no living relative except the nephew. They had, therefore, always looked on this disinheritance as* a matter that was settled.*

The residents* of Rattleborough were simple-minded* people. But the remark of Mr. Charles Goodfellow brought them at once to a consideration* of this point, and made them realize that the threats of disinheritance could simply have been nothing more than threats. And

온갖 종류의 실수와 언쟁에 말려든다. 친구를 도우려는 자신의 열의의 성급함으로 세상에서 가장 친절한 의도를 가지고 있음에도 불구하고, 그들은 대개 그러한 의도를 진척시키기보다는 자신의 대의를 무한히 깎아내린다.

그래서 이 순간에 찰스 굿펠로우 씨가 실제로 페니페더 씨의 상황을 악화시킨 것으로 판명되었다. 찰스 굿펠로우 씨는 자기 친구의 조카를 변호하려고 최선을 다했다. 하지만 어쩐지 우연하게도 찰스 굿펠로우 씨가 발언하는 말마다 이미 페니페더 씨에게 붙여진 의혹을 깊어지게 하는 효과를 낳았다. 자신의 긴 연설을 끝낼 무렵 찰스 굿펠로우 씨는 페니페더 씨에 대한 군중들의 분노를 불러일으켰던 것이었다.

찰스 굿펠로우 씨에 의해 저질러진 가장 설명할 수 없는 실수들 중 하나는 용의자를 '셔틀워디 씨의 상속인'이라고 한 그의 암시였다. 사람들은 정말로 전에는 이에 대해 생각해 본 적이 없었다. 그들은 그 조카 외에는 생존하고 있는 친척이 없는 숙부에 의해 한두 해 전에 언급된 상속권 박탈의 어떤 위협들만 기억했을 뿐이었다. 그래서 그들은 늘 이러한 상속권 박탈을 해결된 문제라고 간주해 왔다.

래틀보로 주민들은 소박한 사람들이었다. 하지만 찰스 굿펠로우 씨의 발언은 그들에게 즉시 이러한 점에 대해 고려해 보게 했고, 그들이 상속권 박탈의 위협이 단순히 위협에 지나지 않았음을 깨닫게 해 주었다. 그리고 즉시 당연한 의문이 생

---

run into ~와 마주치다　blunder 큰 실수　hotheadedness 성급함, 성마름　zeal 열심, 열성　despite ~에도 불구하고　intention 의향, 의도　infinitely 대단히, 무한히　damage 손상시키다　advance 진척시키다　syllable 음절　utter 발언하다, 입 밖에 내다　attach to ~에 붙이다　arouse 불러일으키다　inexplicable 설명할 수 없는, 불가해한　commit 범하다, 저지르다　allusion 암시, 언급　threat 위협, 협박　disinheritance 상속권 박탈　look on A as B A를 B라고 간주하다　settle 해결하다, 처리하다　resident 거주자　simple-minded 소박한, 머리가 둔한　consideration 고려, 숙고

straightway* came the natural question—who benefited*
the most from the death of Mr. Shuttleworthy? This
question was even more effective* than the vest at
fastening the terrible crime on* the young man.

The question, 'who benefits the most from the death
of Mr. Shuttleworthy?' very clearly implicated* Mr.
Pennifeather. His uncle had threatened him, after
making a will in his favor,* with disinheritance. But the
threat had not been actually kept. The original* will, it
appeared, had not been altered.*

If it had been altered, the only possible motive* for
murder on the part of Mr. Pennifeather would have
been the ordinary one of revenge. And even this would
have been counteracted* by the hope of getting back
into the good graces of* the uncle. But the will being
unaltered,* while the threat to alter remained suspended*
over the nephew's head, there appears at once the very
strongest possible inducement* for the murder. This was
the conclusion made by the wise and worthy* citizens of
Rattleborough.

Mr. Pennifeather was, accordingly,* arrested on
the spot.* After some further search, the crowd
proceeded homeward with him in custody.* On the
way back, however, another circumstance occurred
which confirmed* everyone's suspicions against Mr.
Pennifeather.

겠다. 셔틀워디 씨의 죽음으로부터 누가 가장 이득을 보았을까? 이러한 의문은 그 끔찍한 범죄의 혐의를 그 젊은이에게 씌움에 있어서는 조끼보다 훨씬 더 효과적이었다.

'셔틀워디 씨의 죽음으로 누가 가장 이득을 보는가?'라는 의문은 아주 명백히 페니페더 씨가 범죄에 연루되었음을 시사했다. 페니페더 씨의 숙부는 자신의 마음에 들게 유언장을 작성한 후 상속권 박탈을 가지고 페니페더 씨를 위협했었다. 하지만 그러한 위협이 실제로 지켜지지는 않았다. 원래의 유언장은 변경된 적이 없었던 것으로 보였다.

유언장이 수정되었다면, 페니페더 씨의 입장에서 살해에 대한 유일한 가능성 있는 동기는 복수라는 평범한 것이었을 터였다. 그리고 이것조차 숙부의 호의를 다시 얻으려는 희망에 의해 거슬러졌을 것이었다. 하지만 유언장은 변경되지 않았고, 유언장을 변경하겠다는 위협이 조카의 머릿속에 미결정된 채 남아 있었다면 즉각 가장 강력한 살인 동기가 생겨난다. 이것이 래틀보로의 현명하고 훌륭한 주민들에 의해 내려진 결론이었다.

따라서 페니페더 씨는 현장에서 체포되었다. 추가적인 수색이 이루어진 후, 군중은 페니페더 씨를 구인하여 집 방향으로 향했다. 하지만 돌아오는 길에 페니페더 씨에 대한 모두의 의혹을 재확인하는 또 다른 정황이 생겼다.

---

slraightway 즉시, 즉각 benefit 득을 보다 effective 효과적인 fasten a crime on ~에 죄를 씌우다 implicate (범죄에) 연루되었음을 시사하다 in one's favor ~의 마음에 들어, ~에게 유리하게 original 본래의, 원래의 alter 변경하다, 바꾸다 motive 동기, 동인 counteract 거스르다, 대항하다 get back into the good graces of ~의 호의를 다시 얻다 unaltered 변경되지 않은, 불변의 suspended 미결정의 inducement 유인, 동기 worthy 훌륭한, 덕망이 있는 accordingly 따라서, 그러므로 on the spot 현장에서 in custody 구인되어, 구류 중 confirm 재확인하다, 확증하다

Mr. Charles Goodfellow was seen suddenly to run forward a few paces, stoop,* and then apparently* to pick up some small object* from the grass. Having quickly examined it, he was seen making a sort of half attempt* at concealing* it in his coat pocket. But this action was noticed and consequently* prevented.

The object was found to be a Spanish knife which a dozen persons at once recognized as belonging to* Mr. Pennifeather. Moreover,* his initials* were engraved* on the handle.* The blade* of this knife was open and bloody.

Now no doubt remained regarding the guilt* of the nephew. Consequently, immediately on reaching Rattleborough, Mr. Pennifeather was taken before a magistrate* for trial.*

Here things again took a most unfavorable* turn for Mr. Shuttleworthy's nephew. The prisoner* was questioned* as to his whereabouts* on the morning of Mr. Shuttleworthy's disappearance. The nephew, however, had admitted* that he had been out hunting with his rifle* that very morning. He even went on to admit that he was hunting in the immediate neighborhood of the pool where the blood-stained vest was discovered through the wisdom of Mr. Charles Goodfellow.

찰스 굿펠로우 씨가 갑자기 몇 발자국 앞으로 달려가 몸을 웅크리고 풀밭에서 어떤 작은 물체를 분명히 집어 올린 것이 목격되었다. 그것을 재빨리 조사한 뒤, 찰스 굿펠로우 씨가 그것을 자기 외투 주머니에 감추려고 반쯤 시도하는 것이 목격되었다. 하지만 이러한 행동은 사람들 눈에 띄었고, 결과적으로 저지되었다.

그 물건은 열두 명이 즉시 페니페더 씨의 것이라고 알아본 스페인제 칼임이 밝혀졌다. 더욱이 페니페더 씨 이름의 머리글자가 손잡이에 새겨져 있었다. 이 칼의 칼날은 밖으로 나와 있었고 피가 묻어 있었다.

이제 조카의 죄와 관련하여 남아 있는 의혹은 없었다. 그 결과, 즉시 래틀보로에 도착하자마자 페니페더 씨는 재판을 받기 위해 치안 판사 앞으로 끌려갔다.

여기서 상황은 다시 셔틀워디 씨의 조카에게 가장 불리한 방향으로 바뀌었다. 피고인은 셔틀워디 씨의 실종 당일 아침 그의 행적에 대해 심문받았다. 그러나 피해자의 조카는 자신이 바로 그날 아침 자신의 라이플총을 가지고 사냥을 하러 나갔다는 것을 인정했다. 피해자의 조카는 심지어 계속해서 자신이 찰스 굿펠로우 씨의 지혜로 피가 얼룩진 조끼가 발견된 웅덩이와 바로 인접한 지역에서 사냥을 했다는 것조차도 인정했다.

---

stoop 웅크리다, 몸을 굽히다   apparently 분명히, 명백히   object 물건, 물체   attempt 시도, 기도   conceal 숨기다   consequently 그 결과   belong to ~에 속하다, ~의 것이다   moreover 더욱이, 게다가   initial 머리글자   engrave 새기다   handle 손잡이   blade 칼날   guilt 죄, 범죄   magistrate 치안 판사   trial 공판, 재판   unfavorable 불운한, 불리한   prisoner 재소자, 죄수   question 심문하다, 질문하다   whereabouts 소재, 행방   admit 인정하다   rifle 라이플총

Mr. Charles Goodfellow now came forward, and, with tears in his eyes, asked for permission* to be questioned. He said that a stern* sense of the duty he owed God would no longer permit* him to remain silent. He made every hypothesis* which imagination could suggest in order to account for* what appeared suspicious against Mr. Pennifeather. These circumstances were altogether too convincing, however, and too damning,* and he had decided to no longer hesitate.*

Mr. Charles Goodfellow said that he would tell all he knew although his heart should absolutely* burst in the effort. He then went on to state* that, on the afternoon of the day before Mr. Shuttleworthy's departure for the city, Mr. Shuttleworthy had mentioned to his nephew, in his presence,* that he was going to town to make a deposit* of an unusually large sum of* money in the "Farmers and Mechanics*) Bank." He said that Mr. Shuttleworthy had added* that he would keep his promise of rescinding* the original will, and of cutting the nephew off completely.

Mr. Charles Goodfellow now solemnly* called on the accused* to state whether what he had just stated was or was not the truth in every detail.* Much to the astonishment* of everyone present, Mr. Pennifeather frankly* admitted that it was the truth.

 찰스 굿펠로우 씨는 이제 앞으로 나갔고, 눈에 눈물이 맺힌 채 심문을 받도록 허락해 달라고 요청했다. 찰스 굿펠로우 씨는 자신이 신에게 빚지고 있는 엄격한 의무감이 이제 더 이상 자신이 침묵을 지키고 있는 것을 허락하지 않는다고 말했다. 찰스 굿펠로우 씨는 페니페더 씨에 대한 의혹으로 보이는 것들을 설명하기 위하여 상상력이 제시할 수 있는 모든 가설을 만들어 냈다. 하지만 이러한 상황은 모두 너무나 확신이 서고 너무나 불리해서 찰스 굿펠로우 씨는 더 이상 망설이지 않기로 작정했다.

 찰스 굿펠로우 씨는 비록 자신의 심장이 그러한 노력으로 완전히 터져야 한다고 할지라도 자신이 아는 모든 것을 이야기하겠다고 말했다. 그런 다음 찰스 굿펠로우 씨는 셔틀워디 씨가 도시로 출발하기 전날 오후 자신이 있는 앞에서 셔틀워디 씨가 자기 조카에게 자신은 '농상은행'에 이례적인 거액의 돈을 예금하러 읍내로 갈 것이라고 언급했다고 계속해서 진술했다. 찰스 굿펠로우 씨는 셔틀워디 씨가 원래의 유언장을 무효로 하고 조카와의 의를 완전히 끊겠다는 약속을 지킬 것이라고 덧붙여 말했다고 말했다.

 찰스 굿펠로우 씨는 이제 엄숙하게 피고인에게 자신이 진술한 것이 세부 사항까지 모두 진실인지 아닌지 진술하라고 요청했다. 참석한 모든 사람들에게는 아주 놀랍게도, 페니페더 씨는 그것이 사실이라고 솔직히 시인했다.

---

permission 허가, 허락 stern 엄격한, 단호한 permit 허락하다, 허가하다 hypothesis 가설, 가정 account for ~을 해명하다, ~의 이유가 되다 damning 유죄를 강력히 시사하는, 아주 불리한 hesitate 주저하다, 망설이다 absolutely 절대적으로, 완전히 state 진술하다 in one's presence ~의 면전에서, ~이 있는 상황에서 make a deposit 예금하다 a large sum of 거액의 mechanic 수리공, 기계공 add 덧붙여 말하다, 부언하다 rescind 무효로 하다, 폐지하다 solemnly 진지하게, 엄숙하게 the accused 피고인, 피의자 in every detail 상세히, 낱낱이 much to one's astonishment ~에게는 아주 놀랍게도 frankly 솔직히

The magistrate now considered it his duty to send a couple of police officers to search the room of the accused in the house of his uncle. From this search they almost immediately returned with the well-known wallet which the old gentleman had been in the habit of* carrying for years. Its valuable contents, however, were missing, and the magistrate endeavored, in vain,* to find out from the prisoner the use which had been made of them, or where they had been hidden. Indeed, he firmly* denied* all knowledge of the matter. The police officers also discovered, under the nephew's bed, a shirt and neck-handkerchief both marked with the initials of his name, and both hideously* smeared* with the blood of the victim.

At this point, it was announced* that the horse of the murdered man had just died in the stable* from the effects of the wound he had received. It was then proposed by Mr. Charles Goodfellow that a postmortem* examination of the beast should be immediately carried out. This suggestion was made with the view, if possible, of discovering the bullet.* This was accordingly done. And, as if to demonstrate* beyond any doubt the guilt of the accused, Mr. Charles Goodfellow, after considerable searching in the cavity* of the chest, was able to detect* and to pull out a bullet of very extraordinary* size.

치안 판사는 이제 피고의 숙부의 집에 있는 피고의 방을 수색하도록 두서너 명의 경찰관을 보내는 것이 자신의 의무라고 생각했다. 이 수색을 통해 그들은 노신사가 수년 동안 늘 습관처럼 가지고 다니던 것으로 잘 알려진 지갑을 가지고 이 수색에서 거의 즉각적으로 돌아왔다. 하지만 그 안의 값비싼 내용물들은 사라지고 없었으며, 치안 판사는 피고에게서 그것들의 사용처 혹은 그것들이 숨겨진 장소를 알아내려고 했지만 소용없었다. 실제로 피고는 그 사안에 대하여 모든 알려진 사실을 완강히 부인했다. 경찰관들은 또한 조카의 침대 아래에서 그의 이름의 머리글자가 찍혀 있는 셔츠와 목에 두르는 손수건을 발견했는데, 둘 다 희생자의 피가 끔찍하게 번져 있었다.

이 시점에서 피살자의 말이 입었던 상처의 영향으로 마구간에서 방금 죽었다고 알려졌다. 그런 다음 찰스 굿펠로우 씨에 의해 그 짐승에 대한 사후 부검이 즉시 실시되어야 한다고 제안되었다. 가능하다면 탄환을 발견할 수도 있다며 이러한 제안이 제기된 것이었다. 그에 따라 사후 부검이 이루어졌다. 또한 마치 피고의 죄가 의심의 여지가 없다는 것을 입증하기라도 하듯이, 찰스 굿펠로우 씨는 상당한 수색 후에 흉부에 뚫린 구멍에서 아주 예사롭지 않은 크기의 탄환을 발견하고 꺼낼 수 있었다.

---

be in the habit of 상습적으로 ~하다   **in vain** 헛되이   **firmly** 굳게, 확고하게   **deny** 부인하다
hideously 끔찍하게, 오싹하게   **smear** 번지다, 희미하게 되다   **announce** 알리다, 발표하다
stable 마구간, 외양간   **postmortem** 부검, 검시   **bullet** 탄환   **demonstrate** 증명하다   **cavity**
구멍, 움푹한 곳   **detect** 발견하다, 알아내다   **extraordinary** 예사롭지 않은

On examination, the bullet was found to be identical[*] to those used for Mr. Pennifeather's rifle. On finding this bullet, the magistrate refused to listen to any further testimony,[*] and immediately found Mr. Pennifeather guilty. He was to be sentenced[*] in a few days time, until which time he was to be kept in jail[*] without the possibility of bail.[*] Mr. Charles Goodfellow very warmly remonstrated[*] against the severity[*] of this decision, and offered to become a surety[*] in whatever amount might be required.

This generosity[*] on the part of Mr. Charles Goodfellow was only in accordance with[*] the general goodwill[*] of his amiable[*] and chivalrous[*] conduct[*] during the entire period of his short stay in Rattleborough. In the present instance, the worthy man was so entirely carried away by[*] the excessive warmth of his sympathy,[*] that he seemed to have quite forgotten, when he offered to go post bail for[*] his young friend, that he himself did not possess a single dollar's worth of property.

A few days later, Mr. Pennifeather was brought in for his sentencing. He was declared[*] "guilty of murder in the first degree." Soon afterward, the unhappy young man received a death sentence, and was remanded[*] to the county jail to await[*] his doom.[*]

조사에서 그 탄환은 페니페더 씨의 라이플 소총의 탄환들과 동일한 것으로 밝혀졌다. 이 탄환을 발견하자마자 치안 판사는 더 이상의 증언을 듣는 것을 거부했고, 즉시 페니페더 씨가 유죄라는 것을 알았다. 페니페더 씨는 며칠이라는 시간 내에 판결을 받게 될 것이었고, 그때까지는 보석의 가능성 없이 감옥에 갇혀 있게 예정이었다. 찰스 굿펠로우 씨는 아주 온정 있게 이러한 결정의 엄격함에 대해 항의했으며, 돈이 얼마가 들지라도 보석 보증인이 되겠노라고 제안했다.

찰스 굿펠로우 씨의 입장에서의 이러한 아량은 래틀보로에서의 그의 짧은 체류 전 기간 동안의 상냥하고 기사도적인 행위로 인한 전반적인 선의와 일치할 뿐이었다. 순식간에 그 훌륭한 남자는 동정심이라는 지나친 따뜻한 마음에 아주 완전히 휘말려서 그 젊은 친구를 위해 가서 보석금을 내겠다고 제안할 때 자신이 단돈 1달러의 재산도 소유하고 있지 않다는 것을 완전히 잊은 것 같았다.

며칠 뒤 페니페더 씨는 선고를 받으러 불려 나왔다. 페니페더 씨에게 '1급 살인죄'가 선고되었다. 잠시 후 이 불행한 청년은 사형 선고를 받았고, 자신의 운이 다한 운명을 기다리기 위해 지방 형무소로 송환되었다.

---

identical 동일한, 꼭 같은   **testimony** 증언   **sentence** 선고하다, 판결하다   **jail** 교도소
bail 보석금   **remonstrate** 불평하다, 항의하다   **severity** 가혹한 처사   **surety** 보석 보증인
generosity 아량, 관대함   **in accordance with** ~에 따라서, ~와 일치하여   **goodwill** 호의, 친절
amiable 서글서글한, 상냥한   **chivalrous** 기사도적인, 용기 있고 예의 바른   **conduct** 행위, 품행
be carried away by ~에 휘말리다   **sympathy** 동정   **post bail for** ~의 보석금을 내다, 보석
보증을 서다   **declare** 선고하다   **remand** 유치하다, 구금하다   **await** 기다리다   **doom** 운명, 파멸

In the meantime, the noble* behavior* of Mr. Charles Goodfellow had doubly endeared* him to the honest citizens of the county. He became ten times more popular than ever. Also, as a natural result of the hospitality* with which he was treated, he now frequently* held parties at his own house. The happiness was dampened* a little, of course, by the occasional* remembrance of the poor fate of the nephew of his late friend.

One fine day, this magnanimous* old gentleman was surprised at receiving a letter saying that he would be delivered a double box of Chateau-Margaux from the H.F.B. & CO.

The truth is that Mr. Charles Goodfellow had, since the death of Mr. Shuttleworthy, given up all expectation of ever receiving the promised Chateau-Margaux. He was now highly delighted, of course. With extreme joy, he invited a large party of friends to a dinner the following day, for the purpose of* showing off* the good old Mr. Shuttleworthy's present. He didn't say anything about "the good old Mr. Shuttleworthy" when he issued* the invitations.*

He did not mention to anyone that he had received a present of Chateau-Margaux. He merely asked his friends to come and help him drink some wine of a remarkable fine quality* and rich flavor* which he had ordered up from the city a couple of months ago. I have

한편 찰스 굿펠로우 씨의 고상한 행동은 두 배는 더 그를 그 마을의 정직한 시민으로 사랑받게 만들었다. 찰스 굿펠로우 씨는 전보다 열 배는 더 인기가 많아졌다. 또한 그가 받은 환대에 대한 당연한 결과로, 이제 찰스 굿펠로우 씨는 자기 집에서 자주 파티를 열었다. 물론 그러한 행복은 이따금씩 고인이 된 그의 친구의 조카의 가련한 운명에 대한 기억으로 기가 꺾였다.

어느 날씨 좋은 날, 이 관대한 노신사는 자신이 H.F.B 사로부터 샤또 마고 두 병들이 한 상자를 배송 받게 될 것이라고 쓰여 있는 편지를 받고 놀랐다.

사실 찰스 굿펠로우 씨는 셔틀워디 씨가 죽고 나서 약속 받은 샤또 마고를 언젠가 받을지도 모른다는 기대는 모두 접은 터였다. 물론 이제 찰스 굿펠로우 씨는 몹시 기뻤다. 몹시 기뻐서 찰스 굿펠로우 씨는 착한 노신사 셔틀워디 씨의 선물을 자랑하려는 목적으로 다음 날 많은 일행의 친구들을 저녁 식사에 초대했다. 초대장을 발행할 때 찰스 굿펠로우 씨는 '착한 노신사 셔틀워디 씨'에 관해서는 아무 말도 하지 않았다.

찰스 굿펠로우 씨는 자신이 샤또 마고를 선물 받았다고 그 누구에게도 언급하지 않았다. 찰스 굿펠로우 씨는 단지 자기 친구들에게 와서 자신이 몇 달 전에 도시에서 주문해 놓은 기가 막히게 품질이 좋고 향미가 풍부한 포도주를 마시는 것을 도와 달라고 청했을 뿐이었다. 나는 종종 왜 찰스 굿펠로우 씨가 자신의 옛 친

---

noble 고결한, 숭고한   behavior 행실, 품행   endear 사랑받다   hospitality 환대   frequently 자주, 종종   dampen 기가 꺾이다, 약화시키다   occasional 이따금씩, 가끔의   magnanimous 관대한, 도량이 넓은   for the purpose of ~하려는 목적으로   show off 자랑하다   issue 발행하다   invitation 초대장   quality 품질   flavor 풍미, 향미

often puzzled* myself on why it was that Mr. Charles Goodfellow came to the conclusion to say nothing about having received the wine from his old friend. I could never precisely* understand his reason for the silence. Being such a respectable person, he clearly had some excellent and very reasonable* reason, no doubt.

The next day arrived at last. A very large and highly respectable group of people gathered at Mr. Charles Goodfellow's house. Indeed, half the county was there, I myself included, but, much to the vexation* of the host, the Chateau-Margaux did not arrive until very late. And when the lavish* supper supplied by Mr. Charles Goodfellow had been done, the wine arrived. It came, however, in a strangely big box. It was decided that it should be lifted onto the table and opened before everyone present.

I lent a helping hand.* The next moment, we had the box on the table. Mr. Charles Goodfellow, who was very drunk by now and excessively red in the face, took a seat at the head of the table with an air of mock* dignity.* He thumped* furiously* on the table with a decanter,* calling on the company to keep order "during the ceremony* of opening the treasure chest."

After some hubbub,* quiet was at last fully restored.* Then, a profound and remarkable silence ensued.* Being then requested to force open the lid,* I complied, of course, with* an infinite* deal of* pleasure. I inserted* a

구로부터 포도주를 받은 것에 관해 아무 말도 하지 않기로 결론을 짓게 되었는지 혼동스러웠다. 나는 그 침묵에 대한 굿펠로우 씨의 이유를 정확하게 이해할 수 없었다. 그러한 존경할 만한 사람이라면 그에게는 분명히 어떤 아주 훌륭하고 납득할 만한 이유가 있었을 텐데 말이다.

마침내 그다음 날이 왔다. 아주 큰 무리의 대단히 훌륭한 무리의 사람들이 찰스 굿펠로우 씨의 집에 모였다. 실제로 나 자신을 포함한 마을 사람들의 절반이 그곳에 있었으나, 집주인이 몹시 짜증스럽게 느낄 정도로 샤또 마고는 아주 늦게까지 도착하지 않았다. 그리고 찰스 굿펠로우 씨에 의해 제공된 성대한 저녁 식사가 거의 끝날 무렵 포도주가 도착했다. 하지만 그것은 이상할 정도로 커다란 상자에 담겨 도착했다. 그 상자는 탁자에 올려 참석한 모두들 앞에서 개봉되기로 결정되었다.

나는 거들었다. 다음 순간에 우리는 상자를 탁자 위에 놓았다. 이때쯤 거나하게 취해서 얼굴이 엄청 빨개진 찰스 굿펠로우 씨는 허세 섞인 위엄을 부리며 식탁의 상석에 앉았다. 찰스 굿펠로우 씨는 '보물 상자를 여는 의식 동안' 일행들이 질서를 지킬 것을 요구하며 포도주 디캔터로 맹렬하게 탁자를 쾅쾅 쳤다.

얼마간 왁자지껄 떠드는 소리가 난 후 마침내 완전하게 평온을 되찾았다. 그런 다음 눈에 띄는 깊은 고요함이 뒤이어 찾아왔다. 그런 다음 뚜껑을 열어 달라는 요청을 받고, 나는 물론 무한한 기쁨을 느끼며 그 요청에 따랐다. 나는 끝을 밀어

---

puzzle 당혹시키다   **precisely** 정확하게, 정밀하게   **reasonable** 납득할 만한, 타당한   **vexation** 성가심, 짜증   **lavish** 호화로운, 성대한   **lend a helping hand** 돕다, 거들다   **mock** 허위의, 가짜의   **dignity** 존엄, 위엄   **thump** 쾅 치다   **furiously** 맹렬히   **decanter** 디캔터(포도주 등을 담는 마개 있는 유리병)   **ceremony** 의식   **hubbub** 왁자지껄 떠드는 소리   **restore** 회복시키다   **ensue** 뒤이어 일어나다   **lid** 뚜껑   **comply with** ~에 순응하다, ~에 따르다   **infinite** 무한한, 무한정의   **a deal of** 많은   **insert** 끼워 넣다, 삽입하다

chisel,* and I gave it a few slight taps* with a hammer, and the top of the box flew suddenly off.

At the same time, there sprang up into a sitting position, directly facing the host, the bruised,* bloody, and nearly rotten* body of the murdered Mr. Shuttleworthy himself. It gazed into the face of Mr. Charles Goodfellow for a few seconds, fixedly* and sorrowfully with its decaying* eyes. Then, to everyone's horror, it uttered slowly, but clearly and impressively,* the words; "You are the man!" Then, falling over the side of the box as if it were thoroughly satisfied, it stretched out* its limbs* quiveringly* on the table.

The scene that ensued is beyond description.* The rush for the doors and windows was terrific, and many of the most robust men in the room fainted* immediately through sheer* horror. But after the first wild, shrieking burst of fear, all eyes were directed to* Mr. Charles Goodfellow. I will never be able to forget the more than mortal* agony* which was depicted* in that ghastly* face of his, which had so lately been red with triumph and wine.

For several minutes, he sat rigid* like a statue* of marble.* His eyes seemed to be turned inward* and absorbed in* the contemplation* of his own miserable, murderous* soul.

Then, all of a sudden, with a quick leap, he sprang from his chair. He fell heavily with his head and

넣고 그것을 망치로 가볍게 톡톡 몇 번 두드렸고, 상자의 윗부분은 갑자기 튕겨 나갔다.

동시에 피살된 셔틀워디 씨의 멍투성이에다가 피투성이인, 그리고 거의 다 썩은 시신이 집주인을 똑바로 마주한 채 앉은 자세로 튀어나왔다. 그 시신은 썩어 가는 눈으로 단호하면서도 구슬프게 찰스 굿펠로우 씨의 얼굴을 잠시 똑바로 쳐다보았다. 그런 다음 모두가 공포를 느낄 정도로 그 시신은 천천히 그러나 분명하고 인상적으로 다음과 같이 말했다. "네가 범인이다!" 그런 다음 마치 아주 만족스럽다는 듯이 상자 한쪽으로 쓰러져 사지를 덜덜덜덜 떨며 탁자 위에 쭉 뻗었다.

그에 이어 일어난 장면은 형언하기 힘들다. 문이란 문과 창문이라는 창문으로 모두 돌진해 가는 기세는 엄청났으며 방 안에 있던 가장 혈기왕성한 남자들 중 많은 사람들이 순전한 공포로 그 즉시 기절하고 말았다. 하지만 최초의 정신 사납고 비명이 이어지는 공포의 발작 후에 모든 사람들의 시선이 찰스 굿펠로우 씨를 향했다. 나는 바로 그 직전까지 승리감과 포도주로 불콰해졌던 찰스 굿펠로우 씨의 섬뜩한 얼굴에 그려진 치명적인 고뇌 이상의 표정을 절대 잊지 못할 것이다.

몇 분 동안 찰스 굿펠로우 씨는 대리석 조각상처럼 경직된 채 앉아 있었다. 찰스 굿펠로우 씨의 눈은 퀭해지고 살인을 저지른 애처로운 자신의 영혼에 대해 생각하는 데 열중해 있는 듯했다.

그런 다음 갑자기 찰스 굿펠로우 씨는 의자에서 재빠른 동작으로 단번에 벌떡 일어섰다. 찰스 굿펠로우 씨는 자신의 머리와 어깨를 탁자 위로 무겁게 떨어뜨리

---

chisel 끌, 조각칼 **give ~ a tap** ~을 가볍게 두드리다 **bruised** 멍든 **rotten** 썩은 **fixedly** 뚫어지게 **decaying** 썩어 가는 **impressively** 인상적으로, 인상 깊게 **stretch out** (팔다리를) 뻗다 **limb** 사지 **quiveringly** 덜덜 떨며, 흔들리며 **beyond description** 이루 말할 수 없는 **faint** 혼절하다, 기절하다 **sheer** 완전한, 순전한 **direct to** ~로 향하다 **mortal** 치명적인 **agony** 심한 고통, 고뇌 **depict** 그리다, 묘사하다 **ghastly** 무시무시한, 섬뜩한 **rigid** 경직된, 뻣뻣한 **statue** 조각상 **marble** 대리석 **inward** 안으로, 속으로 **be absorbed in** ~에 골몰하다, ~에 열중하다 **contemplation** 묵상, 숙고 **murderous** 사람을 죽이려 드는, 살인을 저지른

shoulders onto the table and came in contact with* the body. He began to pour out rapidly and vigorously* a detailed confession* of his hideous crime.

What he said was this: He had followed his victim to the vicinity of* the pool; there he shot Mr. Shuttleworthy's horse with a pistol; he killed Mr. Shuttleworthy with the butt end*; he stole the wallet, and, supposing the horse dead, dragged it with great labor* to the brambles by the pond. He slung* the body of Mr. Shuttleworthy over his own horse, and thus took it to a secure* place of concealment* a long distance off through the woods.

The vest, the knife, the wallet, and the bullet had all been placed in their respective* places by Mr. Charles Goodfellow, with the view of* avenging* himself on Mr. Pennifeather. He had also plotted* the discovery of the stained* handkerchief and shirt.

Toward the end of the speech, the words of the guilty wretch* faltered* and grew hollow.* When he was finally finished, he arose, staggered backward from the table, and fell dead.

The means by which this well timed* confession was made, although efficient,* were simple indeed. Mr. Charles Goodfellow's excess* of frankness* had disgusted* me, and excited my suspicions from the beginning. I was present* when Mr. Pennifeather had

고 시신과 조우했다. 찰스 굿펠로우 씨는 자신이 저지른 끔찍한 범죄에 대한 상세한 자백을 신속하고 격렬하게 쏟아내기 시작했다.

찰스 굿펠로우 씨가 말한 것은 이것이다. 그는 웅덩이 근처까지 희생자를 따라갔다. 그곳에서 권총으로 셔틀워디 씨의 말을 쏘았다. 그는 개머리판으로 셔틀워디 씨를 죽였다. 그는 지갑을 훔치고 말이 죽었다고 생각하고 힘들게 고생을 하여 연못 옆에 있는 검은 딸기나무 덤불로 말을 끌고 갔다. 그는 셔틀워디 씨의 시신을 그의 말 위에 던져 올렸고, 그렇게 숲을 지나 먼 곳에 떨어져 있는 안전한 은닉 장소로 말을 데려갔다.

조끼, 칼, 지갑, 탄환은 모두 페니페더 씨에게 복수할 생각으로 찰스 굿펠로우 씨에 의해 각각의 장소에 놓였던 것이었다. 찰스 굿펠로우 씨는 또한 얼룩진 손수건과 셔츠가 발견될 일도 몰래 꾸몄다.

이야기가 끝나갈 무렵, 유죄인 악당의 말은 어눌해지고 공허해졌다. 드디어 이야기를 마쳤을 때, 찰스 굿펠로우 씨는 일어나 비틀거리며 탁자 뒤쪽으로 물러나더니 쓰러져 죽었다.

이 시기 적절한 자백을 이루어낸 방법은, 비록 효율적이기는 했지만, 정말로 간단했다. 찰스 굿펠로우 씨의 지나친 솔직함은 나에게 혐오감을 유발했고, 처음부터 나의 의심을 돋우었다. 나는 페니페더 씨가 찰스 굿펠로우 씨를 때렸을 때 같

---

come in contact with ~와 조우하다, ~와 접촉하다   vigorously 힘차게, 격렬하게   confession 자백, 고백   the vicinity of ~의 부근   butt end 개머리(판)   with great labor 아주 힘든 노력을 하여, 대단히 힘들게 고생하여   sling 내던지다, 던져 올리다   secure 안전한   concealment 은폐, 은닉   respective 각각의, 각자의   with the view of ~할 요량으로   avenge 복수를 하다   plot 몰래 꾸미다, 음모하다   stained 얼룩진   wretch 철면피, 악당   falter 더듬거리다   hollow 공허한   well timed 시기적절한, 시기가 좋은   efficient 효율적인   excess 과도함   frankness 솔직함   disgust 역겹게 하다, 혐오감을 유발하다   present 참석한, (사람이) 있는

struck him, and the wicked* expression which then arose on his face, although momentary,* assured* me that his threat of vengeance would, if possible, be fulfilled.*

I was thus prepared to expose the plot* of Mr. Charles Goodfellow in a very different view* from that in which it was regarded by* the good citizens of Rattleborough. I saw at once that all pieces of evidence came either directly* or indirectly,* from Mr. Charles Goodfellow. But the fact which clearly opened my eyes to the true state* of the case was the affair* of the bullet, found by Mr. Charles Goodfellow in the carcass* of the horse.

I had not forgotten, although the people of Rattleborough had, that there was a hole where the bullet had entered the horse, and another where it went out. If the bullet were found in the animal then, after having made its exit, I saw clearly that it must have been deposited by the person who found it.

The bloody shirt and handkerchief confirmed the idea suggested by the bullet, for the blood on examination proved to be wine, and nothing more. When I came to think of these things, and also of the late increase of generosity and expenditure* on the part of Mr. Charles Goodfellow, I entertained a strong suspicion that* he was a real murderer.

In the meantime, I carried out a rigorous* private search for the body of Mr. Shuttleworthy. I searched in areas that were as far and different as possible from

이 있었고, 당시 그의 얼굴에 떠오른 사악한 표정은, 비록 순간적이기는 했지만, 가능하기만 하다면 그의 복수의 위협이 실제로 이루어질 것이라고 나에게 확신시켜 주었다.

그래서 나는 래틀보로의 마음씨 좋은 주민들에 의해 여겨졌던 것과는 아주 다른 관점으로 찰스 굿펠로우 씨의 음모를 파헤칠 준비가 되어 있었다. 나는 즉시 직접적이든 간접적이든 찰스 굿펠로우 씨로부터 모든 증거들이 나왔다는 것을 알았다. 하지만 그 사건의 진정한 사태에 대해 나의 눈을 분명히 뜨이게 해 준 사실은 찰스 굿펠로우 씨에 의해 말의 사체에서 발견된 탄환에 관한 사안이었다.

래틀보로 사람들은 잊고 있었지만, 나는 탄환이 말의 몸속으로 들어간 구멍이 있고 탄환이 나온 또 다른 구멍이 있다는 것을 잊지 않았다. 만약 탄환이 사출구를 만들어 놓고 나서 그 다음에 죽은 동물에게서 발견되었다면, 나는 그 탄환이 그것을 발견한 사람에 의해 심어진 것이 틀림없다는 것을 분명히 알았다.

피 묻은 셔츠와 손수건은 탄환에 의해 제기된 생각을 확고히 굳혀 주었는데, 조사 결과 피라는 것이 실은 포도주이고 그 이상은 아니라는 것이 입증되었기 때문이었다. 이러한 것들에 대해 생각이 미쳤고, 찰스 굿펠로우 씨 측의 후한 인심과 돈 지출이 최근 증가한 것에도 생각이 미쳤을 때 나는 그가 진짜 살인자라는 강한 의심을 품었다.

한편 나는 셔틀워디 씨의 시신에 대해 개인적으로 철저한 조사를 했다. 나는 찰스 굿펠로우 씨가 수색대를 지휘했던 지역들과는 가능한 멀리 떨어져 있고 그

---

wicked 사악한 **momentary** 순간적인 **assure** 보장하다, 확인하다 **fulfill** 다하다, 이행하다 **expose a plot** 음모를 폭로하다 **in a different view** 다른 관점으로 **be regarded by** ~에 의해 여겨지다, 간주되다 **directly** 직접적으로 **indirectly** 간접적으로 **state** 상태 **affair** 사건, 일 **carcass** 사체, 시체 **expenditure** 지출, 비용 **entertain a strong suspicion that** ~라는 강한 의심을 품다 **rigorous** 철저한

those to which Mr. Charles Goodfellow conducted[*] the search party. The result was that, after some days, I came across an old, dry well, the mouth of which was nearly hidden by brambles. And there, at the bottom, I discovered the body of Mr. Shuttleworthy.

Now it so happened that I had overheard[*] the conversation between the two old friends when Mr. Charles Goodfellow had tried to hold the host to the promise of[*] a box of Chateaux-Margaux. I got a stiff[*] piece of whalebone,[*] thrust[*] it down the throat of the body, and put the body in an old wine box which was slightly shorter than the body. Thus I had to press down[*] forcibly[*] on the lid to keep it down[*] while I secured[*] it with nails.[*] This ensured[*] that as soon as the nails were removed, the top would fly off and the body up.

Having thus arranged the box, I addressed it as already told. Then, having written a letter in the name of the wine merchants[*] with whom Mr. Shuttleworthy dealt,[*] I gave instructions[*] to my servant to wheel[*] the box to Mr. Charles Goodfellow's door in a handcart[*] at a given signal from myself. For the words which I intended the body to speak, I depended on my ventriloquial[*] abilities.

I think there is nothing more to be explained. Mr. Pennifeather was released[*] right away,[*] and he inherited[*] the fortune[*] of his uncle. Fortunately, he learned a lesson from the experience and turned over a new leaf,[*] and lived a long and happy life.

지역들과는 다른 지역들을 수색했다. 그 결과는 며칠 후에 내가 검은 딸기나무 덤불에 의해 입구가 거의 가려진 오래된 마른 우물을 우연히 발견했다는 것이었다. 그리고 그곳 바닥에서 나는 셔틀워디 씨의 시신을 발견했다.

그때 아주 우연히 내가 찰스 굿펠로우 씨가 집주인에게 샤또 마고 한 상자에 대한 약속을 꼭 지키게 하려고 애쓸 때 두 명의 나이 많은 친구들 사이의 대화를 엿들은 것이 떠올랐다. 나는 뻣뻣한 고래수염 조각을 구해서 그것을 시신의 목구멍 속에 밀어 넣었고, 그 시신을 시체보다 길이가 약간 짧은 오래된 포도주 상자에 넣었다. 그리하여 나는 못으로 뚜껑을 고정시키는 동안 시체를 계속 일어서지 않고 있게 하기 위하여 뚜껑을 억지로 내리누르고 있어야 했다. 이것은 못이 제거되자마자 상자 뚜껑이 날아가고 시신이 일어설 것임을 보장해 주었다.

그렇게 상자를 준비한 후, 나는 이미 말한 대로 그것을 부쳤다. 그런 다음 셔틀워디 씨가 거래한 포도주 상인들의 이름으로 편지를 쓰고 나서 내 하인에게 나한테서 신호를 받았을 때 그 상자를 손수레에 실어 찰스 굿펠로우 씨의 집으로 운반하라고 지시를 해 두었다. 시체가 이야기하도록 내가 의도했던 말에 대해 말하자면 나는 내 복화술 능력에 의존했다.

더 이상 설명할 것은 없다고 생각한다. 페니페더 씨는 즉시 석방되었으며, 자기 숙부의 재산을 물려받았다. 다행히도 페니페더 씨는 그 경험으로 교훈을 배워 마음을 고쳐먹고 오래도록 행복한 삶을 살았다.

---

conduct 지휘하다　overhear 우연히 듣다　hold A to the promise of B A에게 B라는 약속을 지키게 하다　stiff 뻣뻣한　whalebone 고래수염　thrust 쑤셔 넣다　press down 꽉 누르다 forcibly 우격다짐으로, 강제로　keep down 일어서지 않고 있다　secure 단단히 고정시키다 nail 손톱　ensure 보장하다, 반드시 ~이게 하다　merchant 상인　deal with ~와 거래하다 instructions 지시, 명령　wheel 수레로 운반하다　handcart 손수레　ventriloquial 복화술의 release 석방하다　right away 즉시　inherit 상속하다, 물려받다　fortune 재산　turn over a new leaf 마음을 고쳐먹다, 생활을 일신하다

The Telltale* Heart

It is true! I had been very dreadfully* nervous.* I still am. But why would you say that I am mad? My disease had sharpened* my senses. It had neither destroyed* nor dulled* my senses. Above all, my sense of hearing became very acute.* I heard all things in the heavens and on earth. I heard many things from hell.* How, then, am I mad? Listen carefully and observe* how calmly* I can tell you the whole story.

It is impossible to say how the idea first entered my brain. Once conceived,* however, it haunted* me day and night. I had no objective.* There was no passion* involved,* either.

숨길 수 없는 심장 소리

나는 이웃 노인을 좋아하지만
독수리의 눈을 닮은 그 노인의 한쪽 눈만은
나에게 살인의 충동을 일으킬 만큼 혐오스럽다.
어느 날 밤 나는 더 이상 참지 못하고 노인을 죽인다.

사실이다! 나는 몹시 초조했었다. 지금도 여전히 그렇다. 하지만 여러분은 왜 나를 미쳤다고 말하려고 하는가? 나의 병은 나의 감각들을 벼렸다. 그것은 나의 감각들을 파괴하지도 않았고 무디게 하지도 않았다. 무엇보다도 나의 청각은 아주 예민해졌다. 나는 천지만물의 모든 소리를 들었다. 나는 지옥으로부터 많은 것들을 들었다. 그런데 어떻게 내가 미쳤다는 것인가? 주의 깊게 귀를 기울이고 내가 얼마나 차분하게 전체 이야기를 할 수 있는지 잘 보아라.

그 생각이 어떻게 내 머리에 처음 들어왔는지는 말하기 불가능하다. 하지만 그 생각을 일단 마음에 품고 나자마자 그 생각은 밤낮으로 내 머리에서 떠나지 않았다. 나에게는 아무런 목적이 없었다. 그와 관련된 열정도 전혀 없었다.

---

telltale 숨길 수 없는 **dreadfully** 몹시, 지독한 **nervous** 불안한, 신경질적인 **sharpen** 예리하게 하다, 벼리다 **destroy** 파괴하다 **dull** 둔하게 하다, 무디게 하다 **acute** 예민한, 잘 발달된 **hell** 지옥 **observe** 관찰하다, 주시하다 **calmly** 고요히, 침착하게 **conceive** 마음속으로 품다, 상상하다 **haunt** 늘 따라다니다, 머리에서 떠나지 않다 **objective** 목표, 목적 **passion** 열정, 걱정 **involved** 관련된

I loved the old man. He had never done anything wrong to me. He had never given me insult.* He had no substantial* wealth which I wanted to take from him. I think it was his eye! Yes, that was it! He had the eye of a vulture*—one pale blue, clouded eye. Whenever I caught sight of* the eye, my blood ran cold. And so, slowly but surely, I made up my mind to take the life of the old man, and thus rid* myself of the eye forever.

Now this is the important point. You think I am mad. Madmen know nothing. But you should have seen me. You should have seen how wisely I proceeded,* with what foresight* I went to work! I was careful! I was never kinder to the old man than during the whole week before I killed him. And every night, about midnight, I turned the latch* of his door and opened it very, very gently! And then, when I had made an opening sufficient* for my head, I put in a dark lantern. It was closed so that no light shone out, and then I thrust in* my head.

Oh, you would have laughed to see how cunningly* I thrust in my head! I moved it slowly—very, very slowly, so that I would not disturb* the old man's sleep. It took me a whole hour every night to place my whole head within the opening far enough for me to see him as he lay on his bed. Ha! Would a madman have been as wise as this? And then, when my head was well in the room, I undid* the lantern cautiously,* for the hinges* creaked.*

나는 그 노인을 좋아했다. 노인은 나에게 잘못을 한 적이 한 번도 없었다. 노인은 나에게 모욕을 준 일도 없었다. 노인은 내가 그로부터 빼앗고 싶은 상당한 재산을 가지고 있는 것도 아니었다. 내 생각에 그것은 노인의 눈이었다! 그렇다. 바로 그것이었다! 노인은 독수리의 눈을 지니고 있었다. 엷은 파란색의 흐리멍덩한 눈이었다. 내가 노인의 눈을 볼 때마다 나의 피는 차가워졌다. 그리하여 서서히, 하지만 분명히 나는 그 노인의 생명을 빼앗고, 그렇게 해서 나에게서 그 눈을 영원히 제거하기로 작정했다.

자, 이것이 중요한 점이다. 여러분은 내가 미쳤다고 생각한다. 미친 사람들은 아무것도 모른다. 하지만 여러분은 나를 보았어야 한다. 내가 어떤 선견지명을 가지고 일을 착수하여 얼마나 현명하게 일을 진행시켜 나갔는지 보았어야 한다! 나는 주의 깊었다! 나는 내가 노인을 죽이기 전 일주일 동안 그에게 전에 없이 더욱 친절히 대했다. 그리고 매일 밤 자정 무렵에, 나는 노인의 방문의 걸쇠를 돌리고 아주아주 살살 그것을 열었다! 그런 다음, 내 머리가 들어갈 정도의 충분한 틈을 만들었고 어둡게 켠 등불을 집어넣었다. 등불은 어떠한 불빛도 새어 나가지 않도록 닫혀 있었고, 그런 다음 나는 내 머리를 밀어 넣었다.

오, 내가 얼마나 교묘하게 내 머리를 안으로 밀어 넣었는지 보았다면 여러분은 웃었을 것이다! 나는 노인의 잠을 방해하지 않도록 천천히, 아주아주 천천히 머리를 움직였다. 노인이 자기 침대 위에 누워 있는 것을 보려고 매일 밤 충분히 멀리 내 머리 전체를 틈 사이로 밀어 넣는 데에는 한 시간이 꼬박 걸렸다. 하! 미친 사람이 이만큼 현명할 수 있단 말인가? 그런 다음 내 머리가 방 안에 무사히 들어가면 나는 조심스럽게 등불을 원상태로 돌렸는데, 경첩들이 끼이익 하는 소리를 냈

---

insult 모욕 substantial 상당한, 많은 vulture 독수리, 콘도르 catch sight of ~을 보다 rid 없애다, 제거하다 proceed 착수하여 계속하다, 시작하다 foresight 선견지명, 통찰력 latch 걸쇠, 빗장 sufficient 충분한 thrust in ~에 밀어 넣다, 찔러 넣다 cunningly 교묘하게 disturb 방해하다, 어지럽히다 undo 원상태로 돌리다 cautiously 조심스럽게 hinge 경첩, 돌쩌귀 creak 삐걱거리다

I undid it just so much that a single thin ray fell on the vulture eye.

I did this work for seven long nights—every night just at midnight—but I found the eye always closed. So it was impossible for me to kill the old man, for it was not the old man who made me nervous, but his evil* eye. And every morning, when the day broke, I went boldly* into the room and spoke courageously* to him. I would call him by name in a hearty* tone and inquire* how he had passed the night. So you see, he needed to have been a very clever and cunning* man if he were to suspect* that every night, just at twelve, I looked in on him while he slept.

On the eighth night, I was more than usually cautious in opening the door. A watch's minute hand seemed to move more quickly than my hands did. Never before that night had I felt the extent* of my own powers—of my intelligence.* I could scarcely contain* my feelings of triumph.* To think that there I was, opening the door, little by little, and he did not even dream of my secret deeds* or thoughts!

I nearly chuckled* at the idea; and perhaps he heard me; for he moved on the bed suddenly, as if he were startled.* Now you may think that I drew back.* You are wrong. His room was pitch-black,* for the shutters* had been closed through fear of* robbers.* Consequently,* I knew that he could not see the opening of the door, and

기 때문이었다. 나는 한 줄기의 가는 빛이 독수리눈에 떨어지도록 아주 많이 등불 덮개를 열었다.

나는 7일 밤 내내, 매일 밤 자정 무렵에 이 일을 했으나, 그 눈이 늘 감겨 있다는 것을 알았다. 그래서 나는 그 노인을 죽이는 것이 불가능했는데, 나를 초조하게 만드는 것은 그 노인이 아니라 그의 사악한 눈이었기 때문이었다. 그리고 매일 아침 날이 밝으면, 나는 대담하게 방 안으로 들어가 노인에게 용감하게 말을 걸었다. 나는 다정한 말투로 노인의 이름을 불렀고 밤새 잘 주무셨는지 물었다. 그러니까 여러분도 알다시피, 만약 노인이 매일 밤 12시 정각에 자신이 잠자는 동안 내가 자기를 들여다보고 있다고 의심할 수 있으려면 그는 아주 영리하고 꾀 많은 사람이어야 했다.

8일째 되는 날, 나는 문을 여는 것에 여느 때보다도 더 조심스러웠다. 손목시계의 분침은 내 손보다 더 빨리 움직이는 듯했다. 그날 밤 이전에는 내 자신의 능력, 나의 지능 수준을 전혀 느껴 본 적이 없었다. 나는 나의 승리감을 억누르기가 거의 힘들었다. 내가 그곳에 있고, 조금씩 문을 열고 있고, 노인은 나의 비밀스러운 행동이나 생각을 꿈도 꾸지 못했다는 것을 생각해 보라!

나는 그 생각에 거의 킬킬거렸고, 아마도 노인은 내 소리를 들었을지도 모른다. 왜냐하면 그가 놀란 것처럼 갑자기 침대 위에서 몸을 움직였기 때문이었다. 이제 여러분은 내가 뒷걸음질 쳤다고 생각할지도 모르겠다. 여러분이 틀렸다. 노인의 방은 칠흑같이 어두웠는데, 강도가 들까 무서워 덧창을 닫아 놓았기 때문이었다. 그 결과 나는 노인이 문이 열린 것을 보지 못했다는 것을 알았고, 계속해서

---

evil 나쁜, 사악한   boldly 대담하게   courageously 용감하게, 용기 있게   hearty 애정 어린, 다정한   inquire 묻다, 알아보다   cunning 교활한   suspect 추측하다, 의심하다   extent 범위, 정도   intelligence 지능, 이해력   contain (감정을) 억누르다, 참다   triumph 승리, 정복   deed 행위   chuckle 킬킬 웃다   startled 깜짝 놀란   draw back 뒷걸음질 치다, 물러나다   pitch-black 새까만, 칠흑과 같은   shutter 덧문, 겉창   through fear of ~이 무서워서   robber 강도, 도둑   consequently 그 결과

I kept pushing it on steadily,* ever so steadily.

My head was in, and I was about to open the lantern when my thumb slipped from the tin* fastening.* The old man sprang up in bed and cried out, "Who's there?"

I kept still and said nothing. For a whole hour I did not move a muscle,* and in the meantime,* I did not hear him lie back down. He was still sitting up in the bed, listening—just as I had done, night after night, listening to the death watches* in the wall.

All of a sudden I heard a slight groan,* and I knew it was the groan of mortal* terror. It was not a groan of pain or of grief. Oh, no! It was the low, stifled* sound that rises from the bottom of the soul when overwhelmed* by awe.* I knew the sound well. Many a night, just at midnight, when all the world slept, it had welled up* from my own bosom,* deepening, with its dreadful echo, the terrors that distracted* me. I say I knew it well. I knew what the old man felt, so I pitied* him.

In all honesty,* I chuckled inside. I knew that he had been lying awake ever since the first slight noise, when he had turned in the bed. Since then, his fears had been growing. He had been trying to ignore* his fears, but he could not do it. He had been saying to himself, "It is nothing but the wind in the chimney,* or maybe it was only a mouse crossing the floor," or "It is merely a cricket* which has made a single chirp.*"

착실하게 아주 착실하게 문을 열었다.

나의 머리가 안으로 들어가고 내가 막 등불을 열려는 순간 내 엄지손가락이 양철 죔쇠에서 미끄러졌다. 노인은 침대에서 벌떡 일어나 "거기 누구야?"라고 소리쳤다.

나는 가만히 있었고 아무 말도 하지 않았다. 한 시간 내내 나는 근육 하나도 움직이지 않았고, 그러는 동안 나는 노인이 다시 자리에 눕는 소리를 듣지 못했다. 노인은 여전히 귀를 기울이며 침대에 앉아 있었다. 마치 내가 밤마다 벽 속에 있는 저승사자에게 귀를 기울이는 것처럼.

갑자기 나는 희미한 신음 소리를 들었고, 그것이 극심한 공포의 신음 소리라는 것을 알았다. 그것은 고통이나 슬픔으로 인한 신음 소리가 아니었다. 오, 이런! 그것은 외경심에 휩싸였을 때 영혼의 밑바닥에서 솟아오르는 작고 숨이 콱 막히는 듯한 소리였다. 나는 그 소리를 잘 알았다. 무수한 밤, 자정이 되어 모든 세상이 잠들었을 때, 그 소리는 무시무시한 메아리, 나의 정신을 분산시키는 공포와 함께 깊어지며 내 가슴 깊은 곳에서 솟아 나왔다. 나는 그 소리를 잘 알고 있었다고 말한다. 나는 노인이 무엇을 느끼는지 알았으므로 그를 동정했다.

솔직하게 말해서, 나는 속으로 키득거렸다. 나는 노인이 침대에서 돌아누우면서 최초로 약간의 소리를 낸 이후로 줄곧 깨어 있다는 것을 알고 있었다. 그때 이후로 노인의 두려움은 커지고 있었다. 노인은 자신의 두려움을 무시하려고 해 보았지만, 그럴 수가 없었다. 노인은 속으로 '그냥 굴뚝에서 나는 바람 소리일 뿐이야. 아니면 마루를 가로질러 가는 쥐일 뿐이겠지.' 혹은 '그냥 한 번 귀뚤 하는 소리를 낸 귀뚜라미일 뿐이야.'라고 말하고 있었다.

---

steadily 꾸준히, 끊임없이   tin 양철   fasten 죔쇠, 채우는 기구   muscle 근육   in the meantime 그동안, 한편   death watch 사형수 감시인, 저승사자   groan 신음 소리   mortal 치명적인, 대단히 심각한   stifled 숨이 막힌   overwhelm 압도하다, 휩싸다   awe 외경   well up 솟아 나오다   bosom 가슴   distract 정신을 분산시키다, 산만하게 하다   pity 동정하다, 측은함을 느끼다   in all honesty 아주 솔직히 말해서   ignore 무시하다, 모르는 체하다   chimney 굴뚝   cricket 귀뚜라미   make a chirp 귀뚤귀뚤 울다

Yes, he had been trying to comfort himself* with these assumptions.* But it was all in vain.* It was all in vain because Death had stalked* with his black shadow before him, and enveloped* the victim.*

When I had waited patiently* for a very long time, without hearing himlie down, I resolved* to open a little crevice* in the lantern. So I opened it until a dim ray shot out from the crevice and fell full on the vulture eye. It was open! It was wide, wide open! And I grew furious* as I gazed on it. I saw it clearly. It was all a dull blue, with a hideous,* cloudy veil* over it that chilled* the very marrow* in my bones. I could not see anything else on the old man's face. I had directed* the ray, as if by instinct,* precisely* on the damned* eye.

And have I not told you that what you mistake for* madness is actually* an over-acuteness* of the sense? Now, there came to my ears a low, dull, quick sound, similar to the sound a watch makes when wrapped in cotton. I knew that sound well, too. It was the beating of the old man's heart. The sound only increased my fury, as the beating of a drum stimulates* the soldier into courage.

But even then I refrained* and kept still. I hardly breathed. I held the lantern perfectly still. I tried to see how steadily I could maintain the ray on the eye. Meanwhile, the hellish* beating of the heart increased. It

그렇다. 노인은 이러한 가정들로 자위하려고 애썼다. 하지만 모두 소용없었다. 죽음이 자신의 검은 그림자와 함께 노인 앞으로 몰래 접근해 그 희생자를 감쌌기 때문에 모두 헛수고인 것이었다.

노인이 눕는 소리도 듣지 않고 아주 오랜 시간 동안 참을성 있게 기다렸을 때, 나는 등불에 있는 작은 틈을 열기로 결정했다. 그래서 나는 그것을 열었고 마침내 희미한 불빛 줄기가 그 틈에서 나와 독수리눈에 전적으로 떨어졌다. 그 눈이 열렸다! 그 눈은 크게, 크게 뜨여졌다! 그 눈을 응시하는 동안 나는 점점 더 화가 났다. 나는 그 눈을 분명히 보았다. 그것은 소름 끼치는 구름 베일을 덮은 듯 전체가 흐리멍덩한 파란색이어서 나의 뼈골까지 오싹하게 만들었다. 나는 노인의 얼굴에서 그것 외에는 아무것도 볼 수 없었다. 나는 마치 본능에 의해서인 것처럼 정확히 그 망할 눈에 빛을 겨냥했다.

여러분이 광기라고 오해하는 것이 실제로는 감각의 지나친 예리함이라고 내가 말하지 않았던가? 이제 내 귀에, 솜에 싸였을 때 손목시계가 내는 소리와 유사한 낮고 둔탁하고 빠른 소리가 들렸다. 나는 그 소리도 잘 알았다. 그것은 노인의 심장이 고동치는 소리였다. 그 소리는 마치 북 치는 소리가 군인에게 용기를 불러일으키듯 나의 분노를 증가시킬 뿐이었다.

하지만 그때조차도 나는 자제하고 조용히 있었다. 나는 숨도 거의 쉬지 않았다. 나는 아주 가만히 등불을 들었다. 나는 내가 얼마나 꾸준하게 빛을 비출 수 있는지 알아보려고 애썼다. 한편 그 빌어먹을 심장 박동 소리는 점점 커졌다. 매

---

comfort oneself 자위하다 **assumption** 가정, 가설 **in vain** 헛되이, 공연히 **stalk** (사냥감·사람 등에게) 몰래 접근하다 **envelop** 봉하다, 감싸다 **victim** 희생자, 피해자 **patiently** 인내심 있게 **resolve** 결심하다 **crevice** 갈라진 틈, 균열 **furious** 격한, 노하여 펄펄 뛰는 **hideous** 끔찍한, 소름 끼치는 **veil** 베일, 면사포 **chill** 춥게 하다, 오싹하게 하다 **marrow** 골수, 뼈골 **direct** 향하다, 겨냥하다 **instinct** 본능 **precisely** 정확히 **damned** 넌더리 나는, 망할 **mistake A for B** A를 B로 오해하다 **actually** 실지로, 실제로 **over-acuteness** 지나친 날카로움 **stimulate** 불러일으키다, 고무하다 **refrain** 그만두다, 삼가다 **hellish** 지독히 기분 나쁜

grew quicker and quicker, and louder and louder every second. The old man's terror was extreme*!

I have already told you that I am a nervous person. And now imagine the uncontrollable* terror I felt at hearing such a strange noise among the dreadful silence of the night! Yet, I continued to stand still for a few more minutes. But the beating grew louder and louder! I thought the old man's heart was going to burst.* And now a new anxiety seized* me. What if the sound is heard by a neighbor? The old man's last moment had come!

With a loud scream,* I threw open the lantern and leaped* into the room. He shrieked* once, and once only. In an instant, I dragged* him to the floor and pulled his heavy bed over him. I then smiled happily as I pressed down as hard as I could. But, for many minutes, the heart kept on beating with a muffled* sound.

This, however, did not bother* me. I was sure that the sound could not be heard through the walls. At last, the heart stopped. The old man was dead. I removed the bed and examined* the body. Yes, he was dead. I placed my hand over the heart and held it there for many minutes. There was no heartbeat.* He was clearly dead. His disgusting* eye would trouble me no more.

If you still think I am mad, you will change your mind when I tell you how wisely I hid the body. I worked hurriedly,* but in silence. First, I dismembered* the

순간마다 박동 소리는 점점 더 빨라지고 점점 더 커졌다. 노인이 느끼는 공포는 극심했다!

내가 신경이 예민한 사람이라고 나는 이미 여러분에게 말한 바 있다. 그러면 이제 그날 밤의 그 지독한 고요 속에서 내가 그처럼 이상한 소음을 듣고 내가 느낀 걷잡을 수 없는 공포를 상상해 보라! 하지만 나는 몇 분 더 계속 가만히 서 있었다. 하지만 박동 소리는 점점 더 커졌다! 나는 노인의 심장이 터질 것이라고 생각했다. 그리고 이제 새로운 걱정이 나를 사로잡았다. 그 소리가 이웃에게 들리면 어떡한단 말인가? 노인의 마지막 순간이 다가왔다!

커다란 비명을 지르며 나는 등불의 문을 열어젖히고 방 안으로 껑충 뛰어 들어갔다. 노인은 한 번, 딱 한 번만 외마디 비명을 질렀다. 잠시 후 나는 노인을 바닥으로 끌어내리고 그의 무거운 침대를 끌어다 노인의 몸 위에 놓았다. 그런 다음 가능한 세게 누르며 행복하게 미소를 지었다. 하지만 오랫동안 심장 소리는 잘 들리지 않게 소리를 죽이기는 했지만 계속 뛰었다.

하지만 이것이 나를 신경 쓰이게 하지는 않았다. 나는 소리가 벽을 통해 들릴 리는 없다고 확신했다. 마침내 심장이 멈췄다. 노인은 죽었다. 나는 침대를 치우고 시체를 조사했다. 그렇다. 노인은 죽었다. 나는 내 손을 노인의 심장에 얹고 오랫동안 손을 치우지 않았다. 심장 박동은 없었다. 노인은 분명히 죽었다. 노인의 혐오스러운 눈은 더 이상 나를 괴롭히지 않을 것이다.

여러분이 여전히 내가 미쳤다고 생각한다면, 내가 얼마나 현명하게 시신을 숨겼는지 말해 줄 때 생각을 바꿀 것이다. 나는 서두르기는 했지만 조용히 작업을

---

extreme 극도의, 극심한　uncontrollable 억제하기 어려운, 걷잡을 수 없는　burst 부풀어 터지다　seize 붙잡다　scream 절규, 쇳소리　leap 껑충 뛰다　shriek 비명을 지르다　drag 끌다　muffled 소리가 차단된, 소리를 죽인　bother 신경 쓰이게 하다　examine 조사하다, 검사하다　heartbeat 심장 박동　disgusting 혐오스러운, 역겨운　hurriedly 서둘러서　dismember 사체를 자르다, 주검을 훼손하다

body. I cut off the head and the arms and the legs.

I then removed three planks* from the flooring* of the old man's room, and placed all the dismembered body parts under the flooring. I then replaced* the planks so cleverly, so cunningly, that no human eye could have detected* anything wrong. There was nothing to wash out. This was because I had dismembered the body in a tub*!

By the time I finished, it was four o'clock. It was still dark as midnight. As the bell sounded the hour, there came a knocking at the street door. I went down to open it with a light heart, as I had nothing to fear. There entered three men, who introduced themselves as police officers. A neighbor, startled by a shriek during the night, had informed* the police that something was going on. The officers had come to search the premises.*

I smiled. After all, what did I have to fear? I welcomed the police officers in. I said that the shriek was my own caused by a nightmare.* I said that the old man was out of the country. I took my visitors all over the house. I told them to search well. I led them, at last, to the old man's room. I showed them his treasures* which were secure and untouched. In the enthusiasm* of my confidence,* I brought chairs into the room and asked them to sit for a while. Carried away by my perfect triumph, I placed my own seat over the very spot* where I had put the body.

했다. 우선 나는 시체를 토막 냈다. 나는 머리와 팔과 다리를 잘라 냈다.

  그런 다음 나는 노인의 방의 마루청에서 세 개의 널빤지를 떼어 내고 절단된 시신의 부분들을 모두 마루청 밑에 두었다. 그런 다음 나는 판자를 아주 영리하고 아주 교묘하게 제자리에 놓아서 인간의 눈으로는 잘못된 것을 아무것도 발견할 리 없을 터였다. 이는 내가 시신을 욕조에서 잘랐기 때문이었다!

  내가 일을 끝냈을 무렵은 4시였다. 날은 자정 때만큼이나 여전히 어두웠다. 종소리가 시간을 알릴 때, 길과 접한 문에서 문 두드리는 소리가 났다. 나는 두려워할 것이 아무것도 없었으므로 가벼운 마음으로 문을 열려고 내려갔다. 세 명이 들어왔는데, 그들은 자신들을 경찰관이라고 소개했다. 밤중에 비명 소리에 깜짝 놀란 어느 이웃이 경찰관에게 무슨 일이 일어나고 있다고 알린 것이었다. 경찰관들은 가택 수색을 나왔던 것이었다.

  나는 미소를 지었다. 어쨌든 내가 두려워할 것이 무엇이라는 말인가? 나는 경찰관들을 기꺼이 안으로 들였다. 비명은 악몽을 꾸어서 내가 낸 소리라고 나는 말했다. 노인은 국외에 있다고 말했다. 나는 방문객들을 온 집 안으로 데리고 다녔다. 나는 그들에게 잘 수색해 보라고 말했다. 마침내 나는 그들을 노인의 방으로 안내했다. 나는 경찰관들에게 손도 대지 않은 채 안전하게 있는 노인의 보물을 보여 주었다. 나의 자신감에 대한 맹신으로 나는 의자를 방 안으로 들여와 그들에게 잠시 앉으라고 했다. 나의 완벽한 승리감에 도취되어 나는 내가 앉을 의자를 내가 시신을 둔 바로 그 지점에 놓았다.

---

plank 널빤지　**flooring** 바닥재, 마루청　**replace** 제자리에 놓다　**detect** 발견하다, 알아내다
tub 욕조　**inform** 알리다　**premises** 구내, 부지　**nightmare** 악몽　**treasure** 보물, 귀중품
enthusiasm 열광, 열의　**confidence** 자신, 확신　**spot** 장소, 지점

The police officers were satisfied. My calm manners had convinced* them. I was strangely at ease.* They sat, and while I answered cheerily,* they chatted* about trivial* things. But all of a sudden,* I felt myself getting pale and wished them to leave. My head ached,* and I thought I heard a ringing in my ears. But still they sat and chatted. The ringing became more distinct.* It became louder and more distinct. I talked more freely to get rid of* the feeling, but it only made things worse. The noise became clearer and clearer until, at last, I found that the noise was not within my ears.

I now grew very pale, but I talked more fluently* and with a heightened* voice. Yet the sound increased. What was I to do? It was a low, dull, quick sound, similar to the sound a watch makes when wrapped in cotton. I gasped for breath, but the officers did not seem to hear it. I began to talk even more quickly, but the noise steadily increased. I got up and talked about trivial things, but the noise steadily increased.

Why would they not leave? I paced the floor to and fro with heavy strides,* as if I were irritated* by the observations of the men, but the noise steadily increased. Oh God! What could I do? I foamed.* I raved*! I swore*! I swung* the chair on which I had been sitting, and grated* it on the floorboards,* but the noise became even louder! And still the men chatted

경찰관들은 만족했다. 나의 차분한 태도는 그들에게 확신을 주었다. 나는 이상하게 마음이 놓였다. 그들은 앉았고, 내가 기분 좋게 대답하는 동안 사소한 것들에 관해서 이야기를 나누었다. 하지만 갑자기 나는 내가 창백하게 질리고 있다고 느꼈고 그들이 떠나기를 바랐다. 나의 머리는 아팠고, 귀에서 이명이 난다는 생각이 들었다. 하지만 여전히 경찰관들은 앉아서 이야기를 나누고 있었다. 울리는 소리는 점점 더 뚜렷해졌다. 이명은 점점 더 커졌고 더욱 또렷해졌다. 나는 그러한 기분을 없애려고 더욱 허심탄회하게 말했지만, 그것은 상황을 더욱 악화시킬 뿐이었다. 소리는 점점 더 분명해졌고 마침내 나는 그 소리가 귓속 안에서 나는 것이 아니라는 것을 알았다.

나는 이제 몹시 창백하게 질려 갔으나 높아진 목소리로 더욱 막힘없이 말했다. 그러나 소리는 더욱 커졌다. 나한테 무엇을 어쩌라고? 그것은 손목시계가 솜에 싸여 있을 때 나는 소리와 비슷한, 낮고 둔탁하고 빠른 소리였다. 나는 숨이 막혀 헉헉거렸지만 경찰관들은 그 소리를 듣지 못한 듯했다. 나는 훨씬 더 빠르게 이야기하기 시작했지만, 그 소리는 계속해서 커졌다. 나는 일어나서 소소한 것들에 대해 말하기 시작했으나, 그 소리는 꾸준히 커졌다.

왜 그들은 떠나지 않으려는 것인가? 나는 무거운 발걸음으로 그들의 관찰에 의해 짜증이 난다는 듯이 이리저리 마루를 쿵쿵대며 걸어 다녔지만 그 소리는 꾸준히 커졌다. 오, 신이여! 저는 어떻게 해야 합니까? 나는 거품을 물었다! 나는 횡설수설했다! 나는 욕을 했다! 나는 내가 앉아 있는 의자를 흔들었고, 마루청에 의자를 끼이익 끼이익 소리가 나게 긁었으나, 그 소리는 훨씬 더 커졌다. 그리고 여

---

convince 확신시키다, 납득시키다 at ease 마음이 편안한, 걱정 없는 cheerily 기분 좋게, 명랑하게 chat 담소하다, 잡담하다 trivial 하찮은, 사소한 all of a sudden 갑자기 ache 아프다, 쑤시다 distinct 뚜렷한, 똑똑한 get rid of ~을 제거하다 fluently 유창하게 heightened 높아진, 고조된 stride 큰 걸음, 활보 irritated 짜증 난 foam 거품을 물고 화내다 rave 헛소리하다 swear 욕을 하다 swing 흔들다, 뒤흔들다 grate 갈다, 삐걱거리게 하다 floorboard 바닥 널, 마루청

pleasantly and smiled. Was it possible that they did not hear the noise?

Almighty God! No, no! They could hear it! They suspected*! They knew I had killed the old man! They were making fun of* my horror! Anything was better than this agony*! I could no longer bear those hypocritical* smiles! I felt that I had to scream or die!

"Villains*!" I shrieked. "Stop playing games with me! I acknowledge* my crime*! Tear up* the planks! Here! Here! It is the beating of the old man's hideous heart!"

전히 경찰관들은 즐겁게 잡담하고 미소를 지었다. 그들이 저 소리를 듣지 못했다는 것이 가능한가?

전능하신 신이여! 안 돼요, 안 돼! 경찰관들은 그 소리를 들었을 것이다! 그들은 의심했다! 그들은 내가 노인을 죽인 것을 알았다! 그들은 나의 공포를 놀리고 있었다! 그 어느 것도 이러한 극심한 고통보다 더 나았다! 나는 더 이상 그런 위선적인 미소를 참을 수 없었다! 나는 내가 비명을 지르거나 죽어야 한다고 느꼈다!

"악당들아!" 나는 비명을 질렀다. "나를 가지고 그만 장난쳐! 나는 내 죄를 인정한다! 널빤지를 뜯어내라! 여기다! 여기! 그것은 노인의 소름 끼치는 심장 박동 소리다!"

---

suspect 의심하다　**make fun of** ~을 놀리다, 조소하다　**agony** 심한 고통　**hypocritical** 위선적인, 위선의　**villain** 악한, 악인　**acknowledge** 인정하다　**crime** 죄, 범죄　**tear up** 뿌리째 뽑다, 잡아 벗기다